SD에듀에서
알려드립니다!

발행
변경 안내

KB182156

안녕하세요, 〈이슈&시사상식〉 독자 여러분

〈이슈&시사상식〉을 애독해주신 독자 여러분 덕분에 2006년 창간호부터 2023년 상반기까지 무사히 출간을 이어올 수 있었습니다. 아쉬운 점도 없지 않았지만 여러 분야의 주요 이슈 및 최신 시사와 함께 다양한 읽을거리를 제공했다는 평을 받았습니다.

그러나 최신이슈의 보강 등 밀도 있는 내용 구성에 대한 독자님들의 니즈에 부합하기 위해 6월호(196호)를 끝으로 발행주기를 변경하게 되었습니다. 이에 〈이슈&시사상식〉 197호부터는 월간 발행(연 12회)에서 격월간 발행(연 6회, 짝수달)으로 전환됨을 알려드립니다.

격월간지로 새롭게 개편될 2023년 〈이슈&시사상식〉 197호는 8월 초 출간 예정입니다.

독자 여러분의 관심과 성원에 항상 감사드리며, 변화를 맞이한 〈이슈&시사상식〉의 새로운 모습도 응원해주시기를 부탁드립니다.

감사합니다.

SD에듀 올림

편집부 통신

지난해 12월 챗GPT가 첫 공개된 이후 전 세계적으로 생성형 인공지능(AI) 챗봇에 대한 관심이 뜨겁습니다. 챗GPT가 각종 시험 응시부터 논문 및 과제 작성뿐만 아니라 소설이나 그림 등의 창작활동을 비롯해 법원 판결문 등 사고능력이 필요한 문서작업까지 가능하다는 사실이 알려지면서 일상생활 및 업무 영역에서 어디까지 활용할 수 있는지 논란이 됐기 때문인데요. 실제로 챗GPT와 같은 생성형 AI 챗봇을 활용해 도움을 받았다는 의견도 있지만, 생성형 AI가 데이터베이스를 기반으로 정보를 대량으로 학습하는 과정에서 무분별하게 수집·사용되는 자료들이 무단으로 이용된 사례도 나오고 있어 전문가들조차 의견이 분분한 상황입니다. 또한 수집되는 자료의 정확성과 신뢰성을 장담할 수 없고, 부정행위에 악용될 가능성까지 거론돼 실생활에서 본격적으로 활용될 수 있기까지는 상당한 시간이 걸릴 것으로 보입니다. 이처럼 우리는 언제나 새로운 기술이 등장하면 이전에 알지 못했던 대상에 대한 호기심과 그로 인해 야기될 문제를 예측할 수 없다는 두려움을 동시에 갖게 되곤 합니다. 그래서 그것이 온전히 받아들여지기까지는 시간이 필요하죠. 생성형 AI 챗봇 역시 획기적인 기술이라는 것은 틀림없는 사실이지만, 여러 문제가 거론되고 있는 만큼 허용범위와 활용방안에 대해서는 조금 더 시간을 두고 논의하는 과정이 필요할 것 같습니다.

발행일 | 2023년 4월 25일   발행인 | 박영일   책임편집 | 이해욱   편저 | 시사상식연구소   편집/기획 | 김준일, 김은영, 이세경, 남민우, 김유진
표지디자인 | 김지수   내지디자인 | 장성복, 채현주, 곽은슬, 윤준호   동영상강의 | 조한   마케팅홍보 | 오혁종   창간호 | 2006년 12월 28일
발행처 | (주)시대고시기획   등록번호 | 제10-1521호   주소 | 서울시 마포구 큰우물로 75[도화동 538번지 성지B/D] 9F   대표전화 | 1600-3600
홈페이지 | www.sdedu.co.kr   인쇄 | 미성아트

성공적인 직장인 데뷔

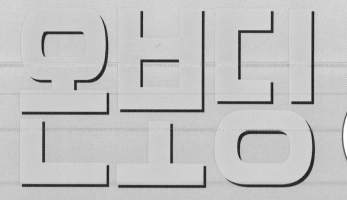

온보딩

'배에 올라탄다'는 의미로서 기업의 신규입사자가 조직에 순조롭고 빠르게 적응할 수 있도록 업무내용·프로세스와 커뮤니케이션 방식 등 조직문화를 교육하는 과정을 말한다.

온보딩이란?

누구에게나 첫 출근날은 설레고 한편으로는 긴장되는 순간이다. 신입사원으로서 어떤 업무를 맡게 될지, 내가 직장생활에 잘 적응할 수 있을지에 대한 걱정도 마음 한 편에 있을 것이다. 기업들은 이러한 신입사원들의 성공적인 적응을 위해 다양한 프로그램을 개발해 진행하고 있다. 이번 호에서 살펴볼 '온보딩(On-Boarding)'이 그중 하나다.

toss

첫 출근한 직원에게 토스가 추구하는 가치와 문화를 소개하는 이메일을 발송하고, 서른 가지의 미션을 함께 제시한다. 3개월간의 신입교육기간 동안 이승건 비바리퍼블리카 대표와 직접 티타임을 가지며, 동료들과 기업이 나아갈 방향과 업무 방식에 대한 이야기를 나누고 토론도 할 수 있다.

kakaobank

입사 첫날 신입사원을 환영하는 '웰컴 세션'을 열어 기업과 조직문화를 소개하는 자리를 갖는다. 이 세션에서 현재 기업이 어떤 업무 프로세스를 갖췄고, 어떤 협의과정을 거쳐 정해졌는지 상세히 설명해준다. 이를 통해 신입사원은 업무 프로세스로 보는 기업의 메시지를 이해하게 되고, 소속감을 확인할 수 있다.

FINISH
기업의 다양한 온보딩 프로세스

idus

입사 첫날, 회사 입구에 신입사원을 소개하는 팝업을 세우고, 아이디어스의 근무환경과 프로세스를 익힐 수 있는 오리엔테이션을 진행한다. 또 입사 후 한 달 동안 '타운홀 미팅'에 참여해 자기소개시간을 보내며 조직원들과 가까워지는 기회를 얻게 된다. 팀 상급자와도 지속적으로 면담해 필요한 지원은 무엇인지 소통하는 시간을 갖는다.

HYBE
WE BELIEVE IN MUSIC

6개월간의 온보딩 프로세스인 'Win Together Program'을 실행하고 있다. 여기서 신입직원은 직속 상사 및 동료들로부터 지속적인 조언과 피드백을 받으며 자연스럽게 조직에 동화되는 과정을 거친다. 이외에도 랜덤 런치박스, 치어스데이, 컬처데이, 히트맨과 수다 등 다채로운 조직 동화 행사를 마련해 직원이 기업을 믿고 일할 수 있는 환경을 조성했다.

온보딩은 왜 필요할까?

❶ 직원 이직과 퇴사로 인한 기업의 손실 감축

❷ 신입사원과 기업이 동반 성장하는 환경 구축

❸ 직원과 기업의 소통을 통해 건강한 조직문화 조성

❹ 업무에 대한 두려움과 새 조직에 대한 불안감 해소

구분	내용
입사 직후	환영 행사, 기업 안내, 기본 업무 프로세스 교육
입사 후 6개월	중간 업무 평가, 내외부 조직원과 교류 행사, 조직문화에 동화되기 위한 멘토링
입사 후 6개월~1년	실무투입대비 교육, 역량강화훈련

단순히 기업의 정보와 업무내용, 근무환경에 대한 정보만을 전달하는 오리엔테이션과 달리, 온보딩은 3개월부터 1년까지 장기적으로 진행되며 기간에 따라 세부 프로그램도 달라진다.

온보딩과 오리엔테이션의 차이는?

85%는 1년도 안 돼서 퇴사?

취업포털 '사람인'이 2022년 국내기업 1,000여 곳을 대상으로 조사한 결과에 따르면 기업의 84.7%가 1년 내에 조기퇴사자를 경험한 것으로 알려졌다. 직원 채용에 상당한 기간과 비용을 소요하는 기업으로서는 뼈아픈 대목이다. 신규직원들의 고충을 헤아리고 조직에 동화되도록 돕는 온보딩이 더욱 절실한 이유다.

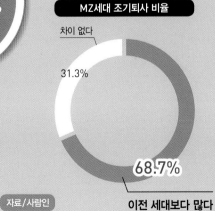

MZ세대 조기퇴사 비율

차이 없다
31.3%

68.7%
이전 세대보다 많다

자료/사람인

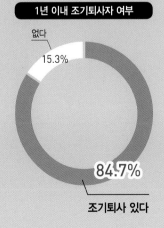

1년 이내 조기퇴사자 여부

없다
15.3%

84.7%
조기퇴사 있다

05 월

SUN	MON	TUE	WED
	1 대 한국도박문제예방치유원 블로그 기자단 모집 마감 대 서울국제환경영화제 자원활동가 모집 마감	**2** 대 카카오 제주임팩트챌린지 모집 마감 채 국립박물관문화재단 필기 시작	**3**
7 대 청년미디어인권교육 모집 마감 대 기후변화 장학생 모집 마감 자 전산회계운용사 1급 4회 필기 실시	**8** 공 생활 속 공유 아이디어 공모전 접수 마감 공 국립해양박물관 해양문화상품 공모전 접수 마감	**9**	**10**
14 채 한국관광공사·강원랜드 필기 실시 공 한국조폐공사 대국민 영상 공모전 접수 마감 자 CS리더스관리사 실시	**15** 대 KOREN 대학생 기자단 모집 마감	**16** 공 관광지식 카드뉴스 공모전 접수 마감	**17**
21 대 댕댕트래킹 2023 모집 마감 채 대전광역시공공기관통합채용 필기 실시	**22** 공 허위정보 예방 시민참여 공모전 접수 마감	**23**	**24**
28	**29** 대 2030청년영화제 지원자 모집 마감	**30**	**31** 공 인천 시민 영상콘텐츠 공모전 접수 마감 공 대한민국 미래세대 정책 아이디어 경진대회 접수 마감

공모전·대외활동·자격증 접수/모집 일정

❖ 일정은 향후 조율될 수 있습니다. 참고 뒤 상세일정은 관련 누리집에서 직접 확인해주세요.

THU	FRI	SAT
4 채 한국영상자료원 필기 실시 공 장애인 인시개선 자품 공모전 접수 마감	**5** 대 해양예보서비스 SNS 홍보단 모집 마감 채 서민금융진흥원 필기 실시	**6** 채 해군부사관후보생 필기 실시 채 새마을금고중앙회·서울시복지재단 필기 실시
11 공 '배우고 즐기고 나누는' 환경 교육 영상 공모전 접수 마감	**12** 공 대한민국 대학생 광고대회 KOSAC 접수 시작	**13** 채 건강보험심사평가원·국민건강보험공단·국가철도공단·부산광역시공공기관 통합채용 필기 실시 자 세무사 1차 실시
18 공 전국 애송시 낭송 대회 접수 마감	**19**	**20** 채 전라북도공공기관통합채용·신용보증기금·주택도시보증공사 필기 실시 자 한국실용글쓰기 실시 자 한경TESAT 실시
25	**26**	**27** 채 축산물품질평가원·기초과학연구원 필기 실시 자 ERP정보관리사 실시 자 공인노무사 필기 실시

대외활동 Focus **7일 마감**

2023 기후변화장학생

기후변화 장학생

국회기후변화포럼에서 주최하는 2023 기후변화 장학생 모집이 7일 마감된다. 어려운 환경에서도 기후변화에 대한 관심과 학업의지가 높은 대학생 3명을 선발해 장학금을 지급한다.

채용 Focus **21일 실시**

대전광역시
DAEJEON METROPOLITAN CITY

대전광역시공공기관통합채용

대전광역시 산하의 공공기관 신규직원을 선발하는 2023년 상반기 통합채용이 실시된다. 일반직과 공무직을 채용하며 21일 필기시험을 치를 예정이다. NCS와 일반상식, 전공, 인성검사를 치른다.

공모전 Focus **12일 시작**

대한민국 대학생 광고대회 KOSAC

한국광고총연합회에서 대학 및 대학원 재(휴)학생을 대상으로 광고대회를 연다. 대국민참여 캠페인을 제안하는 주제로 지도교수를 선임한 2~5인의 팀으로 참여 가능하다.

자격증 Focus **27일 실시**

공인노무사

노동법률, 경영자문, 인사노무 등 노동전문 서비스를 제공하는 전문자격 공인노무사 1차 시험이 27일 실시된다. 응시에 영어 어학 자격이 필요하며 1·2차 필기시험과 3차 면접 시험으로 진행된다.

Vol 195

CONTENTS

May

HOT ISSUE

2023.05.

필수 시사상식

취업! 실전문제

상식 더하기

HOT
ISSUE

1 위

미국 불법 도감청 정황,
용산 안보실도 털렸나?

소셜미디어에 유출된 미국정부의 기밀문건으로 그동안 미국이 한국 등 동맹국들을 도·감청해온 정황이 드러났다. 특히 유출된 문건에는 용산 대통령실 청사에 있는 국가안전보장회의(NSC)에서 우리나라 외교안보의 컨트롤타워인 김성한 전 대통령실 국가안보실장과 이문희 전 외교비서관 등 외교안보라인 관계자들이 미국의 압박을 받는 상황에서 우크라이나에 포탄을 지원하는 방안에 대해 고심한 대화도 그대로 포함돼 있다. 그러나 대통령실은 미국에 대한 항의나 관련 조사 없이 9줄짜리 짧은 입장문을 내고 "터무니없는 거짓의혹"이라고 밝혔다.

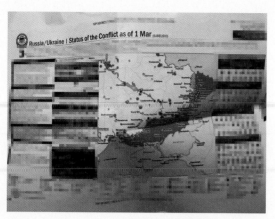

우크라이나 전황이 표시된 유출문서

4월 8일(현지시간) 뉴욕타임스 등 외신에 의하면 디스코드, 텔레그램, 트위터 등 SNS에 사진으로 촬영된 비밀문건늘이 올라왔다. 대략 100여 쪽에 달하는 이 비밀문건은 미국 국가안보국(NSA), 중앙정보국(CIA), 국무부 정보조사국 등 정부 정보기관의 보고서를 미국 합동참모본부가 정리한 것으로 알려졌다.

해당 비밀문건에는 우크라이나 전쟁과 관련해 우크라이나군의 현재 상황과 훈련내용은 물론 서방세계로부터 지원받은 무기와 훈련과정까지 자세히 담겨 있다. 게다가 다른 문건에는 미국 항공모함 조지 H. W. 부시호와 잠수함들의 우크라이나 주변 작전계획까지 포함됐다.

용산 대통령실 청사 NSC 내용 포함

기밀문건에는 3월 초에 열린 국가안전보장회의(NSC)에서 우크라이나에 포탄을 제공하는 것을 고민하면서 "바이든 대통령이 한국 대통령에게 직접 전화해 압박할 것을 우려했다"는 내용이 상세하게 언급돼 있다. BBC가 확보한 문건에는 '미국의 우크라이나 탄약 지원 관련 최종사용자 문제에 봉착한 한국'이라는 제목으로 이문희 전 국가안보실 외교비서관과 김성한 전 국가안보실장의 실명을 밝힌 글이 실렸다.

문서에는 한국 외교·안보 고위공직자들이 미국의 탄약 지원 요청과 살상무기 지원불가 방침이 충돌하는 상황을 두고 고심하고, 정책을 바꿔 우크라이나에 살상무기를 지원할 경우 대중이 이를 4월 말 예정된 윤석열 대통령의 미국 국빈방문의 대가로 여길 가능성이 있다는 우려가 담겼다. 또한 이에 155mm 포탄 33만발을 폴란드로 우회지원한다는 대안도 언급됐다. 특히 주목할 것은 해당 문건에 '도감청에 의해 확보됐다'는 의미의 'SIGINT(신호정보, Signals Intelligence)'가 적혀 있다는 점이다. 결국 두 달여 만에 대통령 청사를 용산으로 이전하면서 도감청에 완벽하게 대비하지 못했다는 비판이 쏟아졌다.

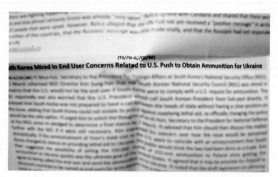

'한국'이라고 명시된 제목의 유출 문서

이에 대통령실은 9일 "도청은 없었다"고 단언하고도 "과거 전례와 다른 나라의 사례를 검토하면서 대응"하고 "제기된 문제에 대해서 미국 측과 필요한 협의를 할 예정"이라고 했다. 다만 과거에도 한국과 다른 나라 등에 대해 비슷한 의혹이 불거졌지만 동맹관계에 큰 영향을 주지는 않았다고 강조했다. 한미동맹이 굳건한 만큼 이번 의혹 역시 동맹관계를 흔들 사안은 아니라는 것이다. 미국을 통해 우크라이나에 무기를 '우회지원'하는 방안을 논의했다는 것에 대해서도 "이게 보도됐지만 확정된 사안은 아니다"라고 반박했다. 그러나 12일 '155mm 포탄을 한국이 미국에 대여한다'는 내용의 계약이 한미 간에 합의된 것으로 드러나 논란이 됐다.

대통령실 … 내용은 가짜·왜곡, 도감청도 부인

또한 대통령실은 이틀 후인 11일 "용산 대통령실 도감청 의혹은 터무니없는 거짓의혹임을 명백히 밝힌다"며 앞선 발언을 스스로 부인하는 등 적극적으로 논란확산 차단에 나섰다. 주권국으로서 미국에 강력하게 항의하고 도감청 경위에 대한 조사 및 우리 내부의 정보보안과 대책을 다시 점검하라는 더불어민주당을 향해서는 "허위 네거티브 의혹을 제기해 국민을 선동하기에 급급하다"며 "한미동맹을 흔드는 '자해행위'이자 '국익침해' 행위"로서 "한미 정보동맹을 강화하고 발전시켜야 할 중차대한 시점에 더불어민주당의 외교 자해행위에 대해서는 국민들께서 판단하실 것"이라고 비판했다.

한미 정상회담 의제 협의차 출국하던 김태효 국가안보실 1차장도 미국에 이 문제를 제기할 뜻이 없음을 분명히 했다. 오히려 김 차장은 **"악의적 도청은 없었다"**고 한 데 이어 "미국은 세계 최강의 정보국"이고 "그러한 미국의 능력과 역량을 우리가 함께 업고 활동한다는 것은 큰 자산"이라며 미국 입장을 옹호하는 발언으로 논란을 일으켰다. 이에 정부에 친화적이었던 국내 언론마저 "위조된 정보라 도청은 눈감는 건가", "상대방은 동맹국 정부를 믿지 못해 수단·방법을 가리지 않고 정보를 캐내는데, 한국은 미국의 그런 능력 덕분에 더 안심할 수 있다며 자위하는 모습이다"라며 신랄한 비판을 이어갔다.

반면 미국은 보도가 나간 바로 다음 날 해당 문서의 형식이 보고문서와 유사하다고 확인하면서 이번 사건이 국가안보에 위협을 초래하고 있다고 밝혔다. 존 커비 NSC 전략소통조정관은 이날 백악관 브리핑에서 온라인상의 기밀문건 유출의혹과 관련해 "이 문건들은 공공영역(Public Domain)에 있어서는 안 되는 것"이라면서 "이런 종류의 문서가 (유출돼) 공

공영역에 있는 것에 대해서는 변명의 여지가 없다"고 말했다. 그러면서 "우리는 정보뿐만 아니라 정보가 수집된 방식도 보호해야 한다"고 말했다.

또한 유출의혹 기밀문건의 진위와 관련해서는 "그중 일부가 조작됐다는 것을 안다"면서 "일부 사례의 경우 온라인상에 올라온 정보는 우리가 생각하는 원래 소스에서 변경됐다"고 말했다. 우리 대통령실의 '거짓의혹' 주장의 근거로 보인다. 그러나 '만약 그 문서들이 완전히 가짜라면 그렇다고 이야기할 것이고, 따라서 그들 문서에 대해 걱정하지 않는다고 말해야 한 것 아니냐'는 기자의 질문에 커비 조정관은 **그들 문서가 가짜라고 말하지 않았다. 다만 절충됐다고 말했을 뿐**이라고 해 도감청 자체는 사실임을 인정했다. 실상 미국은 도감청 그 자체보다 유출된 문서가 얼마나 되는가를 더 심각하게 받아들이는 모양새다. 현재 조사결과 최초 유출은 정보부 소속 하위계급 병사의 개인 대화방에서였던 것으로 확인됐다.

동맹국 도감청을 사실상 인정한 커비 조정관

한편 17일(현지시간) 미국 국방부는 '한미 국방장관이 통화로 문서가 조작됐다는 데 동의했다는 데 위조증거가 있느냐'는 질문에 "일부 유출문건의 유효성을 물은 것 같은데, 특정문서에 대해선 언급하지

않겠다"고 즉답을 피했다. 이어 '도청이 사실이면 한국에 사과할 것인가'라는 질문엔 "다시 말하지만 이 사안은 검토가 진행 중이다. 본질적으로 범죄여서 법무부가 다루고 있는 사안"이라고만 언급했다.

미국이 도감청한 것으로 추정되는 나라는 우리나라 외에도 이스라엘, 이집트, 프랑스, 영국, 튀르키예 등이다. 대부분 전통적으로 미국의 우방국이자 동맹국들이다. 그중에서 이스라엘과 프랑스는 즉각적으로 문건 속 도청내용이 '허위정보'라고 전면 부인했다. 이스라엘은 관련 문건 중 '모사드 고위 지도자들이 이스라엘정부를 비난하는 행동을 노골적으로 요구하는 등 정부의 사법개혁(사법부 무력화 법안)에 반대하는 모사드 관리와 시민들을 지지한다는 사실을 신호정보로 파악했다'는 내용에 대해 네타냐후 총리실 명의로 성명을 내고 "모사드와 그 고위인사들은 시위문제에 전혀 관여하지 않으며 모사드 설립

미국 도감청 기밀문서 주요내용

한국
- 바이든 대통령이 우크라이나 무기 지원을 압박할 수 있다는 한국 당국자들의 우려
- 폴란드를 경유해 우크라이나에 포탄 지원 구상

우크라이나
- 우크라이나군의 무기 운용현황
- 미국 국방부, 우크라이나군에 "미국 미사일시스템 도입" 촉구

이스라엘
- 대외 첩보기관 모사드의 국내 반정부시위와 관련자 파악 정황

이집트, 아랍에미리트(UAE)
- 러시아에 미사일과 포탄, 탄약 등을 은밀히 공급할 계획 수립

튀르키예
- 러시아 민간 용병회사 바그너그룹과의 무기구입 논의

프랑스, 영국
- 우크라이나 전선에 특수작전 요원 파견·활동 정황

때부터 이어져 내려온 국가에 대한 봉사라는 가치에 전념하고 있다"고 선을 그었다.

프랑스 역시 자국군이 우크라이나에 있다고 지목한 문건내용을 부인했다. 해당 문건은 북대서양조약기구(NATO, 나토) 회원국인 프랑스와 미국, 영국, 라트비아의 특수작전 요원 100명 미만으로 구성된 소규모 파견대가 우크라이나에서 활동하고 있다는 내용을 시사했다. 이와 관련해 세바스티앙 르코르뉘 프랑스 국방부 장관은 "우크라이나 작전에 연관된 프랑스군은 없다"면서 "인용된 문서는 프랑스군에서 나온 것이 아니며 출처가 불분명한 문서에 대해서는 언급하지 않는다"고 강조했다.

이렇듯 이스라엘과 프랑스가 문서내용을 즉각 부인한 것에는 내용이 사실일 경우 국내외적으로 곤란해질 수 있기 때문이라는 분석이다. 이스라엘의 경우 모사드는 이스라엘의 대외 첩보기관으로 국내 문제에 개입하지 못하게 돼 있다는 데 이유가 있다. 관련 내용을 인정할 경우 네타냐후식 사법개혁안으로 연일 이어지고 있는 정권반대 시위에 기름을 부을 수 있는 것이다. 프랑스는 그동안 미국과 나토가 자신들은 우크라이나를 지원할 뿐 러시아와 전쟁하는 건 아니라는 입장을 견지해왔다는 것이 걸림돌이다. 따라서 미국의 도감청을 비판하기 위해서는 군대 파견을 사실로 인정해야 하고, 이는 곧 러시아와 우크라이나 간의 전쟁이 실상은 러시아와 나토 또는 서방 전체의 전쟁이었음을 시인하는 셈이 된다. 제3차 세계대전 가능성에 대한 부담감이 클 수밖에 없다.

반면 러시아는 미국정부가 동맹국에 대해 도감청한 것이 특별한 일이 아니라는 입장이다. 실제로 2013년 에드워드 스노든에 의해 미국 정보당국의 무차별적 정보수집이 폭로된 적 있다. 당시 미국 중앙정보

국(CIA)에서 일했던 스노든은 국가안보국(NSA)이 프리즘 프로젝트*(PRISM PROJECT)라는 감시프로그램을 통해 자국민 수백만명의 개인정보를 무단으로 수집할 뿐만 아니라 한국, 일본, 프랑스, 독일 등 우방국 정상들도 감시하고 있다고 폭로해 세계적인 파장을 불러일으켰다.

프리즘 프로젝트

미국 국가안보국(NSA)에서 2007년부터 사용한 것으로 알려진 광범위 통신감청시스템이나. 정확히는 수집된 초기정보들을 조합 · 분석한 후 유의미한 자료로 만드는 정보분석 소프트웨어 서버를 말한다. 미국정부의 대외감시법령(FISA)에 따라 미국 대외첩보감시법원(USFISC)의 관할하에서 이뤄졌다. 9 · 11 테러 이후 위험인물 외의 불순분자들의 존재를 확인한 정부가 새로운 정보의 수집과 검열이 필요하다는 판단으로 시행됐다.

특히 NSA가 독일 앙겔라 메르켈 당시 총리의 휴대전화까지 감청했다는 사실이 드러나면서 양국은 한동안 갈등을 빚기도 했다. 그 여파로 버락 오바마 대통령이 동맹국 정상을 상대로 한 도감청을 중단하겠다고 약속한 바 있다. 2021년에는 NSA가 2012~2014년 동안 독일, 스웨덴, 노르웨이, 프랑스의 지도자급 정치인과 정부 고위 관계자를 감청한 사실이 덴마크 공영방송 보도로 밝혀지기도 했다. 스노든의

마크롱 대통령과 메르켈 전 총리의 공동기자회견

폭로와 미국 대통령의 약속 이후에도 NSA의 감청이 계속됐다는 의미다. 당시 에마뉘엘 마크롱 프랑스 대통령과 메르켈 전 총리는 공동기자회견을 통해 "동맹국 사이에서 용납할 수 없는 일"이라며 해명을 촉구하기도 했다.

도감청은 명백한 주권침해 … 용산 이전도 문제

정부와 여당은 한미동맹을 위해 '미국을 이해해야 한다', '거짓의혹이다'라며 '위조문건을 맹신하고 반미선동을 하는 건 중국, 러시아, 민주당뿐'이라고 목소리를 높이는 가운데 야당과 시민단체는 미국이 우리의 주권을 훼손했다고 강력하게 비판하고 나섰다. 이재명 민주당 대표는 미국 CIA가 우리나라 대통령실을 도청했다는 의혹이 사실이라면 미국의 사과와 윤석열정부의 강력한 항의가 필요하다고 밝혔고, 시민단체 전국민중행동도 '도청은 우리나라 주권을 침탈하는 명백한 범죄행위'로서 '정부가 미국정부와 협의하겠다는 굴욕적인 태도'를 보였다면서 미국에 분명히 항의해야 한다고 촉구했다.

한편 대통령실 용산 졸속 이전문제도 다시 수면 위로 떠올랐다. 1년 전 대통령실 이전 논란이 이어지던 무렵에도 도청위험에 대해 여러 차례 경고했던 국가정보원 출신 김병기 민주당 의원은 이번 도청 의혹과 관련해 "대통령실 이전 당시 공사현장은 그야말로 '도떼기시장'이었다. 그때 벽이든 어디든 도청장치가 섞여 들어갔을 가능성을 '제로'라고 장담할 수 없다"며 "과연 미국만 도청을 했는지, 지금 이 순간엔 도청을 안 하고 있는지, 어디에 어떻게 설치를 했는지 아무 입증도 하지 못하고 있어 더 심각한 상황"이라고 직격했다. 시대

2위

학원가에도 퍼진 마약범죄
수사·교육 당국 비상

4월 4일 오전 시음행사 중인 음료를 마신 고등학생 자녀의 몸에 이상이 생겼다는 112신고가 접수됐다. 경찰의 수사 결과 3일 오후 서울 강남구청역과 대치역 인근에서 2명씩 짝을 이룬 일당 4명이 학생들에게 '집중력 강화 음료' 시음행사를 한다며 학생들에게 필로폰 성분이 첨가된 음료수를 건네 마시게 한 것으로 밝혀졌다. 이들은 구매의사를 확인하는 데 필요하다며 부모의 전화번호를 받아갔고, 피해학생의 학부모들은 조선족 말투를 쓰는 일당으로부터 "자녀가 마약을 복용했다고 경찰에 신고하거나 학교에 알리겠다"는 내용의 협박전화를 받았다.

학원 주변에서
된 음료/간식을 주는 경우
ㅏ 마시지 말기 바랍니다.

원 주변에서 학생들에게
식의 배포를 일체 금합니다.

대치

총책 추정 한국인, 작년 10월 출국

4월 10일 서울경찰청 마약범죄수사대는 길모 씨에게 **필로폰***이 든 마약음료 제조를 지시한 한국 국적의 20대 이모 씨와 현지에서 범행에 가담한 중국 국적 30대 박모 씨를 '윗선'으로 특정해 발표했다. 국내에서 보이스피싱에 가담한 전력이 있는 이씨는 지난해 10월 출국해 중국에 체류 중인 것으로 알려졌다. 경찰은 이들의 신병을 확보하기 위해 체포영장을 신청하는 한편 출입국당국에 입국 시 통보를, 중국 공안에 공조수사를 요청했다. 경찰은 시중에 유통됐다가 수거된 마약음료 감식과 중국에서 건너온 빈 병의 배송경로를 추적한 결과 이들이 길씨 등 국내 공범들에게 범행을 지시하고 마약음료 제조용 빈 병과 상자·판촉물을 보낸 것으로 파악했다.

필로폰

매우 강력한 중추신경 흥분제로 각성작용을 일으키는 합성화합물질이다. 투여하면 졸음과 피로감이 사라지고, 육체적 활동이 증가할 뿐 아니라 쾌감이나 행복감을 느끼게 돼 오남용될 위험성이 있다. 특히 내성과 심각한 의존성이 생기고, 투여를 중단할 경우 금단증상이 유발돼 향정신성의약품인 마약류로 분류, 법적으로 강력히 규제되고 있다.

앞서 마약음료를 제조·공급한 혐의(마약류관리법 위반)로 지난 7일 체포된 길씨는 경찰에서 "친구 이씨 지시로 필로폰과 우유를 섞어 음료를 제조한 뒤 고속버스와 퀵서비스를 이용해 서울에 보냈다"고 진술했다. 경찰은 구인구직 사이트에 시음행사 아르바이트생을 모집한다는 광고 글의 IP(인터넷주소), 아르바이트생들에게 범행을 지시한 카카오톡 아이디, 이들에게 일당을 지급한 금융계좌 등을 분석하고, 지정된 장소에 마약을 가져다 두는 이른바 '던지기' 수법으로 길씨에게 필로폰을 공급한 중국 국적 박모 씨를 검거해 검찰에 송치했다.

보이스피싱 조직 연루 정황 잇따라

길씨와 중계기를 이용해 학부모 협박용 인터넷전화 번호를 국내 휴대전화 번호로 변작해준 혐의(전기통신사업법 위반)로 체포된 김모 씨는 보이스피싱 조직에 전화번호를 변작해주는 전문업자로 조사됐다. 경찰은 김씨를 검거하며 노트북 6대, USB 모뎀 96개, 휴대전화 유심 368개를 압수했다. 모뎀 사용기록 등을 분석한 결과 김씨는 전체 피해금액 8억 2,600만원가량의 보이스피싱 43건에 연루된 것으로 파악됐다. 김씨는 전화번호 1개를 변작해주는 대가로 1만원씩 받았다고 진술했다. 경찰은 김씨가 여러 보이스피싱 조직으로부터 돈을 건네받아 이 가운데 일부를 장비 구입에 쓴 것으로 보고 있다. 김씨는 그러나 "길씨와는 모르는 사이이며, 보이스피싱 범죄에 쓰이는 것으로 알았다"며 마약음료와의 연관성을 부인하는 것으로 전해졌다.

강남구청역과 대치역 인근에서 학생들에게 마약음료를 직접 나눠준 아르바이트생 4명은 모두 체포되거나 자수했다. 이 가운데 20대 김모 씨는 과거 현금수거책으로 보이스피싱 수십건에 가담한 전력이 있는 것으로 확인됐다. 경찰은 구인광고를 통해 시음행사 아르바이트를 한 나머지 3명과 달리 김씨는 마약음료 사건을 꾸민 일당과 이전부터 함께 일했을 가능성이 있다고 보고 통신·금융거래 내역을 추적 중이다. 경찰은 이씨 등 연루된 인물 상당수가 보이스피싱 조직과 직·간접 연결된 점, 협박전화 발신지가 중국인 점 등을 토대로 중국에 거점을 둔 보이스피싱 조직이 마약을 동원해 피싱사기를 벌인 신종 범죄로 보고 있다.

경찰은 아르바이트생들이 마약음료를 나눠주며 수집한 부모 전화번호 등을 토대로 추가 피해자가 있는지 확인 중이다. 그러나 상당수 학부모가 피해신고를 꺼리는 것으로 알려졌다. 17일까지 확인된 피해자는 자녀가 가져온 마약음료를 나눠 마신 학부모 1명을 포함해 모두 9명이다. 이씨 일당은 전화와 카카오톡 메시지 등으로 피해 학부모 6명을 협박했다. 일당은 피해자 1명에게 1억원을 요구했고, 다른 피해자들에게는 구체적인 금액을 제시하지 않은 것으로 조사됐다. 경찰은 제조된 마약음료 100병 가운데 18병이 시중에 유포됐고, 이 가운데 8병은 학생이나 학부모가 마신 것으로 파악했다. 시음행사 아르바이트생 2명도 마약성분이 든 사실을 모른 채 음료를 마셨다고 진술했다. 경찰은 미개봉 상태인 마약음료 36병을 수거하고 나머지 44병은 지시를 받은 아르바이트생들이 폐기처분했다고 밝혔다.

마약범죄 범정부 특별수사본부 구성

이처럼 최근 불특정 청소년을 상대로 마약류를 마시게 하는 신종범죄가 적발되는 등 마약범죄에 대한 사회적 불안감이 커지자 수사·교육 당국과 지방자치단체 등이 범정부 특별수사본부를 구성하기로 했다. 대검찰청, 경찰청, 관세청, 교육부, 식품의약품안전처, 서울시는 10일 서울 서초구 대검 청사에서 마약범죄 유관기관 협의회를 열고 마약수사의 컨트롤타워 역할을 할 '마약범죄 특별수사본부(특별수사본부)'를 설치하기로 했다고 밝혔다.

중점 수사대상은 ▲ 청소년 대상 마약 공급 ▲ 인터넷 마약 유통 ▲ 마약 밀수출·입 ▲ 의료용 마약류 제조·유통이다. 특별수사본부는 밀수-유통-투약 전 단계에서의 정보 획득과 수사착수, 영장신청, 재판단계까지 기관별 공동대응체계를 구축할 방침이다. 마약범죄가 의심되는 출입국 내역이나 수출입 통관내역, 인터넷 마약류 모니터링 결과, 마약류통합관리시스템 분석내용 등 평소 모니터링 자료도 공유해 수사 효율성을 높이기로 했다. 적발한 마약 밀

수·밀조·유통 사범에게는 범죄단체죄를 적용해 재판에서 무거운 형량을 구형해 범죄에 상응하는 처벌을 끌어낼 계획이다. 특히 청소년 상대 마약 공급 사범이나 상습투약 사범은 원칙적으로 구속수사하고, 마약 유통으로 벌어들인 범죄수익은 특별법을 적용해 완전히 박탈할 방침이다.

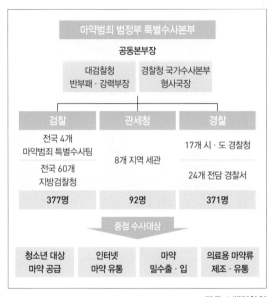

자료 / 대검찰청

한편 이번 사건처럼 **국내 마약범죄가 단순 투약·유통에서 벗어나 다양한 강력범죄와 결합해 우리 사회 곳곳에 침투할 것이라는 우려도 제기됐다.** 국내에서 유통되는 마약이 늘고 가격이 하락하면서 마약범죄가 날로 진화하고 있다. 이에 발맞춰 기존 범죄조직들도 마약을 활용한 새로운 범죄시도에 적극적인 것으로 관측된다. 전문가들은 마약범죄와 다른 범죄의 결합이 가속화되면 국내서도 외국처럼 마약 이권을 두고 범죄조직 간 강력범죄를 벌이는 일도 빈번해질 수 있다고 경고했다. 시대

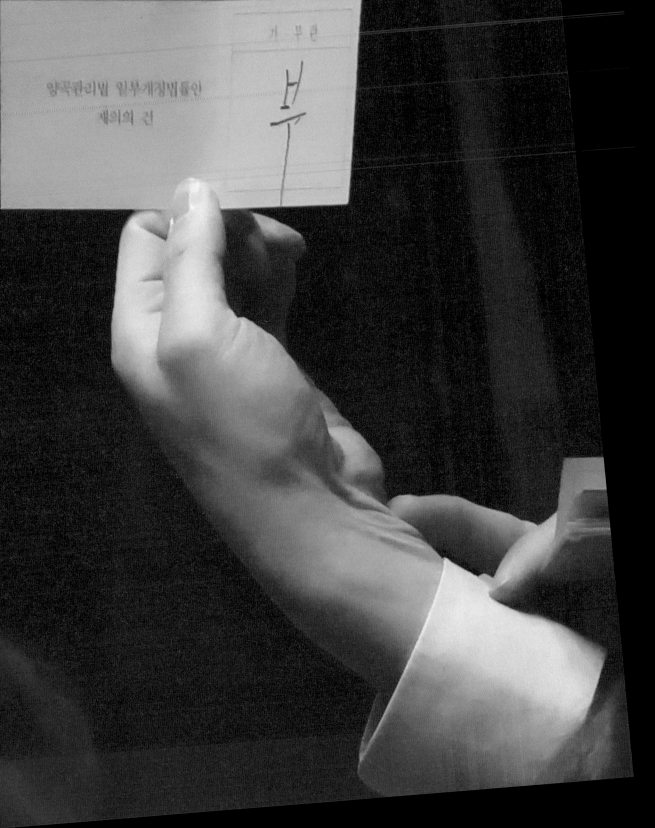

3위

대통령 거부권에 이은 재투표,
양곡관리법 결국 폐기

윤석열 대통령이 재의요구권(거부권)을 행사한 양곡관리법 개정안이 4월 13일 국회 본회의에서 다시 표결에 부쳐졌으나 결국 부결됐다. 국회는 이날 오후 본회의에서 양곡관리법 개정안 재의의 건에 대해 무기명 투표를 실시했다. 표결결과는 재석의원 290명 중 찬성 177명, 반대 112명, 무효 1명으로 부결이었다. 과잉생산된 쌀을 정부가 사들이도록 강제하는 이 개정법안은 논란 속에 폐기됐지만, '쌀값 안정화' 관련 논의는 이어질 전망이다.

대통령 거부권 논란 속에 이어진 재투표

초과생산된 쌀의 정부매입을 의무화하는 내용의 **양곡관리법(양곡법) 개정안***은 국민의힘 반대 속에 더불어민주당 등 야당 주도로 3월 23일 국회 본회의를 통과했으나, 윤석열 대통령은 4월 4일 이 법안에 대해 '전형적 포퓰리즘 법안'이라며 취임 후 처음으로 거부권을 행사했다. 대통령의 거부권 행사로 정국은 급격히 얼어붙었고, 민주당은 즉각 반발하며 재의결 추진방침을 밝혔다. 헌법 53조에 따르면 대통령이 거부권을 행사한 법안이 다시 의결되려면 재적의원 과반수 출석과 출석의원 3분의 2 이상의 찬성이 필요하다. 따라서 의석 분포상 민주당이 정의당과 야권성향 무소속 의원을 모두 끌어 모아도 여당인 국민의힘(115석)이 '집단 부결'에 나서면 가결이 불가능했다.

양곡관리법 개정안

쌀 초과생산량이 3~5% 이상이거나 가격이 5~8% 이상 떨어지면 과잉생산된 쌀을 정부가 의무적으로 수매해 쌀 가격을 안정화한다는 것이 핵심이다. 매입규모는 초과생산량 전체로 가격은 최저가가 아닌 시장가로 한다는 내용도 포함됐다. 윤석열정부는 이 법안에 대해 초과생산량을 무제한 사들이도록 법적으로 강제하면 과잉생산구조를 고착시킬 것이라 보고 반대입장을 내왔다.

민주당은 본회의 전 의원총회를 열어 당론가결을 결의했고, 국민의힘도 소속의원들에게 총동원령을 내렸다. 민주당은 본회의 개의 직후 재투표 안건을 상정하기 위해 '의사일정 변경 동의의 건'을 제출해 재석의원 285명 중 찬성 176명, 반대 109명으로 통과시켰다. 이에 따라 여야 원내대표가 의사일정에 합의하지 않은 재투표 안건이 추가안건으로 전격 상정돼 표결에 부쳐졌다. 국회법 등에 따라 의사일정 변경 동의안이 가결되면 해당 추가안건은 국회의장 동의 없이도 본회의에 상정된다.

양곡관리법 재의안에 무기명 투표하는 여야 의원들

표결 전후로 여야는 치열한 대립각 세워

여야 의원들은 본회의 표결 전 찬반토론에서 거센 공방을 벌였다. 박덕흠 국민의힘 의원은 "정부의 쌀 매입 의무화가 시행되면 밭농사에 비해 쌀농사가 크게 늘어날 것이 불 보듯 뻔하다"며 "결국 쌀 매입에 대한 정부의 재정부담이 늘어나고, 쌀 이외 다른 작물과의 형평성 문제가 생길 것"이라고 지적했다. 반면 김승남 민주당 의원은 "양곡법은 쌀값폭락을 막기 위한 최소한의 안전장치이자 '쌀값 정상화법'"이라며 "대다수 국민과 농민들은 인기영합주의라는 윤 대통령 주장에 공감하지 않는다"고 맞섰다.

여야는 법안 폐기 후에도 상대를 향해 비난전을 펼쳤다. 윤재옥 국민의힘 원내대표는 민주당의 재투표 강행에 대해 "'자기편만 보는 정치'의 단면이 아닌가"라며 "이런 과정을 통해 윤 대통령과 정부에 조금이라도 부정적인 타격을 가할 의도가 있다고밖에 볼 수 없다"고 비판했다. 이에 맞서 박홍근 민주당 원내대표는 "국회 입법권을 정면으로 부정하고 무시한 대통령에 대해 강력히 규탄한다"며 "대통령의 지시에 일사분란하게 움직이는 '용산 출장소' 국민의힘의 행태에 대해 분명히 경고한다"고 지적했다.

논란만 키운 채 사라진 양곡법 개정안

산지 쌀값은 풍작으로 인해 2021년 10월부터 하락세를 보였고, 지난해 9월에는 전년 동기보다 20%

넘게 떨어졌다. 이에 농업현장에선 쌀값을 지지하기 위한 대책이 필요하다는 요구가 이어져 왔고, 민주당은 양곡법을 개정해야 한다는 입장이었다. 그러나 국민의힘은 양곡법을 개정하더라도 막대한 재정만 투입될 뿐 쌀값을 지지할 수 없다며 실효성에 의문을 제기해왔다. 주무부처인 농림축산식품부 역시 쌀 과잉생산을 유도해 쌀값 하락과 농가소득 감소를 초래할 것이라며 반대입장을 고수했다.

국회 밖에서도 찬반은 이어졌다. 한국농촌경제연구원은 정부 의무수매 비용은 매년 증가해 2030년 1조 4,659억원으로 늘지만, 산지 쌀값은 2030년 80kg에 17만 2,709원으로 지금의 18만 7,000만원보다 낮은 수준이 될 것으로 예측했다. 그러나 경제정의실천시민연합(경실련)은 연구원이 쌀 생산량을 과도하게 추산했다며, 이 연구결과가 왜곡됐다고 주장했다. 그러면서 정부가 쌀을 사들여 시장에서 빼는 것을 뜻하는 '시장격리'에 598~4,448억원이 든다는 예측결과를 내놨다. 이에 대해 연구원은 경실련이 개정안으로 인한 변화를 반영하지 않고 분석했다고 재반박했다.

축산관련단체협의회는 양곡법 개정이 축산분야 예산축소로 이어질 것이라고 반발했고, 한국후계농업경영인중앙연합회는 "밀, 콩 등의 자급률 제고에 부정적인 영향을 미쳐 식량안보 강화에 차질이 불가피

하다"고 우려를 나타냈다. 전국농민회총연맹은 국회 본회의에 오른 개정안 자체가 농민들의 요구가 반영되지 않은 '누더기 법안'이라고 비판하면서 '생산비가 보장되는 쌀 최저가격제'를 포함한 전면개정을 요구하고 있다.

한편 일부 농민단체는 농업문제를 정쟁의 수단으로 삼았다며 정치권을 성토하기도 했다. 한국농축산연합회는 "정치권의 찬반논쟁은 시급한 농업현안을 삼키는 블랙홀이 됐다"고 비판했고, 한국쌀전업농중앙연합회는 "농업계의 의견을 충분히 수렴하지 않고 눈앞에 보이는 사안만을 두고 정치적 입장차만 보이는 정치권에 깊은 유감을 표한다"고 했다.

양곡법 폐기에 이어 간호법 제정안도 보류돼

한편 이날 본회의에서 민주당이 강행처리하겠다고 예고했던 간호법 제정안 상정도 보류됐다. 김진표 국회의장은 여야 원내대표와 논의한 뒤 "정부와 관련단체 간 협의가 이 문제로 진행되고 있어 여야 간 추가적 논의를 거쳐 합리적 대안을 마련할 수 있도록 간호법 대안은 다음 본회의에서 처리하도록 하겠다"고 밝혔다.

민주당이 주도하는 간호법 제정안은 현행 의료법 내 간호 관련내용을 분리한 것으로 간호사·전문 간호사·간호조무사의 업무를 명확히 하고 간호사 등의 근무환경·처우개선에 관한 국가책무 등을 주요내용으로 한다. 이에 정부·여당은 간호법 제정안 명칭을 '간호사 처우 등에 관한 법률'로 바꿔 추진하고 간호사 업무 관련내용은 기존 의료법에 존치하자는 중재안을 냈으나, 간호협회는 강력 반발했다. 시대

4위

정부, 국가결산보고서 발표 …
나라살림 적자·국가부채 최대치 경신

4월 4일 정부가 세입·세출 및 재정, 국가채무 등을 확정한 2022회계연도 국가결산보고서를 국무회의에서 심의·의결했다. 국가결산보고서는 감사원 결산검사를 서쳐 5월 밀 국회에 제출된다.

나라살림 적자 26.4조↑, 관리재정수지 적자 최대

결산보고서에 따르면 2022년 총세입은 573조 9,000억원으로 전년도 결산 대비 49조 8,000억원 증가하고, 총세출은 559조 7,000억원으로 전년보다 62조 8,000억원 증가했다. 이에 총수입(총세입+기금수입)에서 총지출을 뺀 통합재정수지는 64조 6,000억원 적자를 기록했다. 또 통합재정수지에서 국민연금 등 4대 보장성 기금을 차감해 정부의 실질적인 재정상태를 보여주는 관리재정수지도 117조원 적자로 적자규모가 전년(-90조 6,000억원)보다도 26조 4,000억원 늘었다. 이로써 관리재정수지 적자는 코로나19 사태 첫해인 2020회계연도(112조원)를 넘어 역대 최대치를 새로 썼다.

국내총생산(GDP) 대비 관리재정수지 적자 비율은 -5.4%까지 치솟았다. 세금이 1년 전보다 50조원

넘게 더 걷혔는데도 나라 살림살이는 오히려 악화했다는 의미다. 실제로 정부는 지난해 막대한 세수를 확보하고도 빚을 갚기보다 5월 추경 등을 통해 수십 조원의 현금을 지출했다. 그 결과 채무상환액은 1조 2,000억원에 그쳤다.

2022회계연도 국가결산 결과

자료 / 기획재정부

국가채무 1,068조 … 1인당 2,068만원씩 빚

국가부채 역시 2,326조 2,000억원을 기록, 1년 전보다 130조 9,000억원(6.0%) 늘었다. 기존 사상 최고치인 2,195조 3,000억원을 1년 만에 또다시 경신한 것이다. 지난해 정부의 총수입(617조 8,000억원)보다 지출(682조 4,000억원)이 컸던 가운데 이 재정적자를 보전하고자 국채발행을 84조 3,000억원 늘린 여파다.

정부는 국가부채와 국가채무(나라빚)를 다른 개념으로 보는데, 국가부채는 지급 시기와 금액이 확정

되지 않은 비확정부채까지 포함한 개념이기 때문이다. 확정부채 성격인 강한 국가채무는 지난해 1,067조 7,000억원으로 한 해 동안 97조원 늘었다. 이로써 작년 GDP 대비 국가채무비율은 49.6%로 1년 전인 46.9%보다 2.7%포인트(p) 높아졌고, 그 결과 통계청 추계인구(2022년 기준 5,162만 8,000명)로 나눈 1인당 국가채무는 2,068만원으로 2,000만원을 처음으로 돌파했다. 이는 1년 새 192만원(2021년 1,876만원) 늘어난 것이다. 정부는 이번 결산을 계기로 재정건전성에 대한 보다 엄중한 인식하에 재정준칙 법제화 등을 통해 건전재정 기조를 정착시키겠다는 입장이다.

한편 올해 국세수입이 당초 예산은 물론 지난해 결산치보다 줄어들 것으로 전망됐다. 대기업 등의 법인세 인하와 종부세 폐지에 따라 세수가 줄어든 것이 주요 원인이다. 그런데 정부는 세수 부족을 메꾸기 위해 유류세 인하를 단계적으로 정상화하는 방안을 유력하게 검토하고 있는 것으로 알려졌다. **유류세*** 인하 조치는 올해로 3년째 시행되고 있는데, 이로 인한 세금(교통·에너지·환경세) 감소분은 작년 한 해만 5조 5,000억원에 달했다. 그러나 유통·운송·생활 등 소비자 후생수준을 높이고, 물가상승에 의한 충격을 완화한다는 목적을 가진 유류세 인하 조치를 종료하면 유가가 지속적으로 오르고 있는 상황에서 그 고통은 고스란히 서민들의 몫이 될 수

밖에 없다. 한편 승용차 개별소비세 인하(현재 30%) 조치도 중단될 가능성이 있다.

유류세

휘발유, 경유, 액화석유가스(LPG) 등에 부과되는 세금 및 준조세를 말하며, 고급휘발유, LPG, 부탄연료에는 판매부과금이 추가된다. 휘발유 1L를 기준으로 교통세, 주행세, 교육세, 부가가치세, 개별소비세, 관세 등이 붙는다. 정부는 유류에 대해 L당 정해진 액수로 세금을 부과하는데, 현재 휘발류와 경유의 유류세를 각각 25%, 37%씩 인하하고 있다.

HOT ISSUE **5위**

학교폭력 가해 처분, 모든 대입전형에 의무 반영

2026학년도 대학입시부터 학교폭력(학폭) 가해학생에 대한 처분결과가 수시는 물론 대학수학능력시험(수능) 점수 위주인 정시모집 전형에도 의무적으로 반영된다. 4월 12일 정부는 한덕수 국무총리 주재로 제19차 학교폭력 대책위원회(학폭위)를 열고 '학교폭력 근절 종합대책'을 심의·의결했다.

학교폭력 근절 대책 발표하는 한덕수 국무총리

모든 대입전형에 학폭 가해이력 반영

국가수사본부*장에 임명됐다가 낙마한 정순신 변호사 아들의 학폭 파장을 계기로 정부는 11년 만에 학

폭 근절 종합대책을 대대적으로 손질했다. 지금은 학생부 교과, 학생부 종합 등 학생부 위주 전형에만 학폭위 조치사항이 평가에 고려되지만, 현재 고등학교 1학년이 치르는 2026학년도 대입부터 모든 전형에 학폭위 조치사항이 반영된다. 대입전형 기본사항은 각 대학이 따라야 하는 대입전형 원칙을 제시하는 것으로 입학일 기준 2년 6개월 전에 공표해야 한다는 규정에 따라 구체적인 내용은 오는 8월에 공개될 예정이다. 현 고2 학생들에게 적용되는 2025학년도 대입전형 기본사항은 이미 지난해 발표됐기 때문에 학폭위 조치 반영을 의무화할 수단이 없다. 다만 최근 학폭 경각심이 높아지면서 일부 대학을 중심으로 학폭위 조치를 자율적으로 반영하겠다는 움직임이 나타나고 있다.

교육부는 중대한 학폭 가해학생의 경우 당락을 좌우할 수준으로 학폭위 조치가 대입에 반영될 것이라면서도 구체적인 반영 방식, 기준은 대학별로 결정할 것이라고 설명했다. 특히 인성이 중시되는 교·사대나 학교장 추천 전형 등 일부 학과나 전형에는 학폭 가해학생의 지원을 원천적으로 금지하는 대학들도 나타날 수 있다.

학생부 보존기간 2년 → 4년으로

중대한 학폭을 저지른 가해학생에게 내려지는 6호(출석정지), 7호(학급교체), 8호(전학) 조치의 학생부 보존기간은 엄벌주의 흐름을 반영해 졸업 후 최대 2년에서 4년으로 연장된다. 정부는 또 학생부에 기재된 학폭위 조치를 삭제하기 위한 심의에서 피해학생의 동의 여부와 가해학생이 제기한 불복소송 여부도 확인하겠다는 방침이다. 가해학생이 반성하지 않고 학생부 조치사항 기재를 회피할 목적으로 자퇴하는 것을 막기 위해 학폭위 조치 결정 전에는 자퇴할 수 없게 했다. 자퇴생들의 학폭 조치사항 여부도 대입에 반영할 방침이다.

학교장이 가·피해 학생을 즉시 분리해야 하는 기간은 3일에서 7일 이내로 연장된다. 분리 이후 학교장이 피해학생을 보호하기 위해 조치할 수 있는 '가해학생 대상 긴급조치'에 학급교체도 추가하고, 가해학생의 출석정지 처분 역시 학폭위 심의결정까지 가능하도록 '학교폭력 예방 및 대책에 관한 법률(학폭예방법)'도 개정한다. 아울러 피해학생이 요청할 경우 학교장이 가해학생을 대상으로 출석정지나 학급교체 처분을 할 수 있도록 피해학생에게 분리요청권도 부여한다. 가해학생이 학폭위 결정에 불복해 집행정지를 신청하거나 소송 등을 제기할 경우 피해학생에게 이를 통보하고, 가해학생이 제기한 불복절차에서 피해학생이 진술권을 얻을 수 있도록 국선대리인 선임 등도 지원한다.

학교폭력 발생 시 피해학생 보호체계 강화

가해·피해학생 즉시분리 기간
현행 3일 → 7일 이내로 연장

학교장 긴급조치
현행 1호 서면사과 2호 접촉·협박·보복 금지 3호 학교봉사 5호 특별 교육이수 또는 심리치료 6호 출석정지(10일 이내) → '심의결정 시'까지 7호 학급교체 → 추가

★ 피해학생 요청 시 학교장은 학교 전담기구 판단 아래 6·7호 긴급조치 가능

피해학생에게 가해학생 분리요청권 부여
6호 출석정지   7호 학급교체

자료 / 교육부

정부는 피해학생 전문 지원기관도 올해 303곳에서 내년 400곳으로 확대하기로 했다. 아울러 교원이 학폭 대응과정에서 분쟁에 휘말릴 경우 고의가 아니거나 중대한 과실이 없는 한 교원의 민·형사상 책임을 면제할 수 있도록 관련 법을 개정할 방침이다. 학폭 책임교사의 부담을 경감하기 위해 수업을 대폭 줄여주고 가산점 확대, 수당 인상 등도 검토하기로 했다.

6위

정치적 기소 vs 사법정의 …
트럼프, 형사 기소

도널드 트럼프 전 미국 대통령이 성관계 입막음용 돈을 주고 이를 장부에 허위기재한 혐의로 기소됐다. 전직 미국 대통령들 중 첫 기소 사례로 대통령선거를 1년을 앞둔 시점에서 트럼프의 지지층이 결집하는 가운데 대선에 어떤 영향을 끼칠지 관심이 집중되고 있다.

뉴욕 맨해튼 형사법원에 출석한 트럼프 전 미국 대통령

선거자금법 위반·회계사기 혐의 … 최대 136년형

뉴욕 맨해튼 지방검찰청 대배심*(Grand Jury)은 지난 3월 30일(현지시각) 트럼프 전 대통령을 기소하기로 결정했다. 뉴욕 맨해튼 지방검찰이 **트럼프 전**

대통령에게 적용한 혐의는 기업문서 조작과 관련된 총 34가지로 그중 가장 구체적인 혐의내용은 전직 성인영화 배우에게 회삿돈을 주고 성추문을 막으려 했다는 것이다.

> **대배심**
>
> 정부의 기소재량권 남용을 제한하기 위해 국민이 기소하는 철학에 기한 것으로 영미법 국가에서 일반시민 가운데 무작위로 선발된 16~23명의 집단을 말하며, 과반수 찬성이 있어야 형사사건 피의자로 기소할 수 있다. 반면 12명(영국 8명)으로 구성하는 미국의 소배심(Petit Jury)은 공판에 있어서 사실문제(유무죄)를 만장일치로 결정한다. 한편 소배심이 평결을 공개하는 것과 달리 대배심의 평결과정은 일체 비공개로 한다.

트럼프 전 대통령은 2016년 대통령선거 출마 직전 성인영화 배우였던 스토미 대니얼스가 10년 전 자신과 깊은 관계를 맺었던 것을 언론에 폭로하겠다고 하자 당시 개인변호사를 통해 먼저 13만달러를 지불하게 하고 나중에 '트럼프그룹'을 통해 이를 변제한 후 회사 회계장부에 이를 '법률자문비용'이라고 기재해 기업문서 조작을 금지한 뉴욕주 법률을 위반했다는 게 주요 혐의다. 비밀을 유지하는 대가로 금품을 지급하는 건 불법이 아니지만, 트럼프 일가가 운영하는 트럼프그룹이 변제하고 이를 통해 선거에 도움을 받았다는 점에서 선거자금법 위반에 해당한다는 게 검찰 측 주장이다. 이 외에도 트럼프 전 대통령은 사생활 폭로 입막음용으로 최소한 3건의 금전 제공을 한 것으로 검찰은 보고 있다. 만일 트럼프 전 대통령의 혐의(기업문서 조작, 회계사기 혐의)가 모두 유죄로 인정되면 각 건당 4년씩해서 최대 136년형을 선고받을 수 있다.

공화당 정치탄압 반발, 민주당 반사이익 기대

트럼프 전 대통령은 법정에서 무죄를 주장했다. 그는 기소인부절차 후 플로리다주 자택으로 돌아가 기자회견을 열고 자신의 기소에 대해 민주당이 "완벽하게 무고한 사람"을 기소했다며 "미국에서 여태 본 적 없는 규모의 엄청난 선거개입이 벌어졌다"고 주장했다. 하지만 기업활동, 2020년 대선결과 조작 시도, 기밀자료 유출, 의사당 난동사건 선동을 이유로도 수사를 받고 있어 추가기소의 가능성도 있다.

문제는 트럼프 전 대통령이 가상대결 여론조사에서 조 바이든 대통령과 호각세를 보이는 등 공화당의 2024년 대선 유력주자라는 점이다. 중범죄 혐의가 적용됐기 때문에 유죄가 인정되면 징역형의 실형이 선고될 수도 있지만, 투옥된 사람의 선거출마를 금지하는 규정은 없는 만큼 그가 이번 기소를 정치적 홍보와 지지층 결집의 수단으로 이용할 것이라는 전망이 나오고 있다.

'바이든 탄핵'과 '트럼프 승리' 구호가 공존한 형사법원 앞

2021년 1월 6일 대선결과에 불복하는 지지자들의 의사당 난동을 사주한 전력으로 정치·사회적 긴장감이 높아지고 있다는 것도 불안한 요소다. 실제로 공화당원 58%를 포함해 전체 71%의 응답자가 트럼프 전 대통령의 혐의를 사실로 믿고 있음에도 이번

기소가 정치적 동기에 의한 것으로 본다고 대답한 51% 중 80%가 공화당원들로 알려졌다. 수사를 이끌고 있는 앨빈 브래그 검사장은 이미 트럼프 전 대통령 추종자로 추정되는 이한테 살해협박 우편물을 받았다. 반면 민주당은 모든 것이 적법하게 진행되고 있으며 누구도 법 위에 있지 않다는 입장이다. 척 슈머 상원 민주당 대표는 미국의 사법체계에 어떠한 외부 개입이나 위협이 자리할 곳은 없다고 강조했고, 바이든 대통령은 트럼프 전 대통령 기소와 관련한 질문에 미국의 사법체계를 믿는다며 말을 아끼며 거리를 두고 있다.

코인열풍 끝 참극 …
투자실패 원한에 납치살인

3월 29일에 발생한 '강남 40대 여성 납치·살해' 사건이 가상화폐 투자를 둘러싸고 이해관계로 얽힌 인물들이 반년 전부터 계획해 저지른 청부살인으로 밝혀졌다.

'강남 납치·살인' 3인조 (왼쪽부터 이경우, 황대한, 연지호)

투자실패 책임 놓고 소송 중 범행 계획

경찰은 주범인 이경우가 피해자 A씨를 납치·살해할 계획을 구상한 뒤 피해자와 투자실패의 책임을

놓고 갈등을 빚던 재력가 유상원과 황은희 부부, 범행을 직접 저지른 황대한, 연지호에게 각각 제안한 것으로 파악했다. 유씨 부부는 2020년 10월께 A씨를 통해 미세먼지 관련 P코인에 1억원 상당을 투자했다. 그러나 국내 가상화폐거래소에 상장된 P코인이 한 달여 만에 급락하자 투자자들 사이에 시세조종 세력이 있다는 의심이 제기됐고, 황은희를 의심한 A씨와 이경우는 일부 투자자와 함께 2021년 3월 서울 강남의 한 호텔에 투숙 중이던 황은희를 찾아가 4억원 상당의 가상화폐를 빼앗았다.

이후 이경우는 유씨 부부에게 찾아가 공갈사건을 사과한 뒤 이들과 소송 중이던 A씨에게 접근해 부부에게 소송에 필요한 정보를 제공하며 신뢰를 쌓았다. 부부와 가까워진 이경우는 지난해 7~8월 A씨 납치 살해를 구상한 뒤 황대한에게 A씨의 재산, 재력가 부부와의 갈등관계를 언급하며 범행을 제안했다. 각종 소송으로 A씨와 갈등을 빚던 부부도 해당 제안에 동의하며 착수금 2,000만원을 포함해 총 7,000만원의 범행자금을 지급하고, 범행에 구체적으로 개입한 정황도 확인됐다. 황대한은 범행자금 중 일부를 건네받은 뒤 연지호를 끌어들이는 등 범행을 준비한 것으로 조사됐다.

납치 후 빼앗을 코인 없자 계획대로 살해

황대한과 연지호는 3월 29일 오후 11시 46분께 서울 강남구 역삼동에서 귀가하는 A씨를 납치해 휴대전화 4대와 현금 50만원이 든 가방을 빼앗았다. 이들은 대전으로 내려가던 중 경기 용인시에서 이경우를 만나 휴대전화와 A씨에게서 캐낸 계좌 비밀번호 등을 전달했다. 이경우는 30일 오전 1시께 용인에 있는 호텔에서 유상원에게 A씨의 휴대전화와 비밀번호를 넘겼지만, 계좌조회 결과 A씨가 가상화폐를 보유하지 않은 것으로 확인되자 일당은 애초 계획대로 A씨를 살해하고 대전 대청댐 인근 야산에 시신을 암매장했다.

사실혼 관계인 유상원과 황은희는 5일과 8일 각각 경찰에 체포된 후 13일 강도살인 혐의로 검찰에 송치됐으며, 이경우를 포함한 3인조는 9일 강도살인, 사체유기, 마약류관리법 위반 혐의로 검찰에 송치됐다. 경찰은 일당에게 마취제와 주사기를 넘겨준 이경우의 아내도 마약류관리법 위반 혐의 등으로 경찰에 송치했다. 범행모의 과정에 가담한 혐의(강도예비)로 송치된 20대 이씨를 포함해 사건 관련 피의자는 7명이다.

배후로 지목된 재력가 유상원

한편 지난 3월 24일에는 전 세계 가상화폐 가치의 폭락 도미노를 불러온 테라·루나 폭락사태*의 핵심 인물인 **권도형 테라폼랩스 대표가 11개월간의 도피생활 끝에 유럽 발칸반도 몬테네그로에서 체포**됐다. 당시 권 대표는 일행과 함께 몬테네그로에서 위조여권을 사용해 출국하려다 적발돼 체포된 것으로 알려졌다. 권 대표의 체포소식이 알려지자 사건을 수사 중인 미국과 우리나라는 권 대표의 송환을 위한 범죄인 인도를 즉각 청구했다. 현재 권 대표는 미국에서 증권사기 등 총 8개 혐의로 기소된 상태다. 다만 국제법상 피의자를 체포한 국가가 송환국을 결정하고 있고, 여러 나라가 동시에 인도를 요청할 경우 범죄의 심각성이나 범죄자의 국적에 따라 우선순위를 부여하고 있어 국내송환을 장담할 수 없는 상황이다. 또 몬테네그로에서 권 대표의 위조여권 사건에 대한 형사절차가 진행 중이라 실제 송환까지는 상당한 시일이 걸릴 전망이다.

테라·루나 폭락사태

블록체인 기업 테라폼랩스가 발행한 가상화폐 테라와 루나가 2022년 5월 동반 폭락한 것을 말한다. 테라는 한때 전 세계에서 가장 큰 가상화폐 중 하나로 꼽혔으나 가상화폐시장이 얼어붙으면서 가치가 지속적으로 하락했고, 자매 코인인 루나도 동반 하락함에 따라 대규모 폭락사태로 이어졌다. 이후 가상화폐 헤지펀드 및 거래소 등의 연쇄파산이 잇따르며 코인시장에 위기를 초래했고, 현재까지 전 세계에서 약 50조원 이상의 피해가 발생한 것으로 알려졌다.

HOT ISSUE

8위

전두환 손자 전우원 씨, 5·18 앞에서 무릎 꿇고 사죄해

5·18 민주화운동 단체와 만난 전직 대통령 고(故) 전두환 씨의 손자 전우원 씨가 3월 31일 "제 할아버지 전두환 씨가 5·18 학살의 주범"이라며 무릎 꿇고 대신 사죄한다는 뜻을 밝혔다. 전씨는 이날 오전 광주 서구 5·18 기념문화센터 리셉션 홀에서 5·18 유족·피해자들과 만났다.

5·18 유가족에게 큰절하며 사죄하는 전우원 씨

전우원 씨, "할아버지는 역사의 큰 죄인"

전씨는 이 자리에서 "전두환 씨는 5·18 앞에 너무나 큰 죄를 지은 죄인"이라며 "민주주의의 발전을 도모하지 못하고 오히려 민주주의가 역으로 흐르게 했다"고 평가했다. 이어 "가족들에게 (5·18에 대해) 물어보면 오히려 5·18은 민주화운동이 아니라 폭동이라고 했다"고 덧붙였다. 또 "이제는 제가 얼마나 큰 죄인인지 알게 됐다. 제가 의로워서가 아니라 죄책감이 너무 커서 이런 사죄를 하는 것"이라고 설명했다. 그는 "두려움을 이겨내고 용기로 군부독재에 맞서다 고통을 당한 광주시민께 가족들을 대신해 다시 한 번 사죄한다"며 "더 일찍 사죄의 말씀을 드리지 못해 진심으로 죄송하다"고 강조했다.

전씨는 5·18 당시 가족을 잃은 오월어머니들 앞에서 무릎 꿇고 큰절을 하기도 했다. 오월어머니들도 울먹이며 "용기를 내줘서 고맙다"며 전씨를 꼭 안거나 손을 붙잡았다. 조진태 5·18 기념재단 상임이사는 "할아버지가 생전에 저지른 만행에 대해 손자가 직접 사죄하는 모습을 보면서 마음이 무거웠다"며 "역사는 결국 시간이 흐르며 정당한 평가가 내려질 수밖에 없다는 생각"이라고 말했다. 이어 "진상규명 이후에는 사죄와 용서, 화해와 상생으로 가야 하는

국립5·18민주묘지에서 참배하는 전우원 씨

데 이런 점에서 이번 사죄가 하나의 계기, 전환점이 될 수 있을 것"이라고 기대했다. 전씨는 이후 국립 5·18 민주묘지를 방문해 희생자 묘역 앞에서 또 무릎을 꿇었다. 희생자들의 묘비를 하나하나 겉옷으로 닦으며 영령의 넋을 위로했다.

전두환 일가의 첫 사과, 미납 추징금 환수 과제도

전씨는 5·18에 대해 전두환 일가 중 처음으로 여러 차례 고개를 숙이고 사죄했다. 전씨는 뉴욕에 체류하던 3월 13일부터 SNS 등을 통해 가족들의 비자금 의혹, 자신과 주변인들의 마약 투약사실 등을 폭로하며 세간의 이목을 집중시켰다. 그는 이 과정에서 "할아버지는 학살자라고 생각한다. 나라를 지킨 영웅이 아니라 범죄자일 뿐이다"고 밝히며 12·12 군사반란과 5·18 유혈진압 등에 대한 반감을 드러내기도 했다. 5·18 민주화운동에 대해 사죄의사를 밝힌 전씨는 광주 방문을 예고했고, 3월 28일 인천공항에 도착 직후 마약투약 혐의로 경찰에 체포돼 조사를 마치고 38시간 만에 석방됐다.

전씨의 폭로와 사과가 다른 일가의 양심고백과 반성으로 이어지기는 어려워 보이나, 한편으로는 이번 사과가 전두환 씨의 미납 **추징금***을 환수할 수 있는 계기가 될지도 주목된다. 추가환수가 사실상 불가능한 추징금 2,205억원 중 867억원의 미납금에 대한 환수 입법에 대한 여론이 환기될 수 있다. 그러나 상황은 녹록지 않다. 형사소송법상 미납 추징금 집행은 당사자가 사망하면 절차가 중단되는 탓에 대법원도 서울 서대문구 연희동 자택별채 압류처분 행정소송에서 "추징을 집행할 수 없다"고 못 박은 바 있다. 이런 상황에서 미납금을 추징할 수 있는 유일한 방법은 '추가입법'이지만 국회의 벽을 넘기는 쉽지 않다. 2020년 6월 유기홍 더불어민주당 의원이 전두환 사망 후라도 미납 추징금을 환수할 수 있는 '전두

환 재산추징 3법'을 대표로 발의했지만, 여전히 국회에 계류 중이다.

HOT ISSUE　　　　**9위**

'반도체 쇼크' 여파 … 삼성전자, 25년 만 감산 결정

삼성전자가 주력인 메모리반도체 업황 악화로 2023년 1분기 영업이익이 96%가량 쪼그라들며 1조원에도 못 미치는 '어닝 쇼크*(실적충격)'를 기록했다.

IT 수요 부진에 반도체 실적 악화

삼성전자는 2023년 연결기준 1분기 영업이익이 6,000억원으로 지난해 동기보다 95.75% 감소한 것으로 잠정 집계됐다고 4월 7일 공시했다. 삼성전자의 분기 영업이익이 1조원대 이하로 주저앉은 것은

2009년 1분기(5,900억원) 이후 14년 만에 처음이다. 매출은 63조원으로 작년 동기 대비 19% 감소했다. **2022년 하반기부터 시작된 반도체 수요 둔화에 따른 출하 부진과 가격하락이 시장의 예상보다 더 심각한 데 따른 것**으로 보인다.

삼성전자 실적 추이

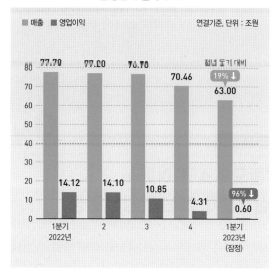

자료 / 금융감독원 전자공시시스템

이는 증권가 전망치보다도 낮은 수준이다. 최근 1개월 내 보고서를 낸 증권사 18곳의 컨센서스(실적 전망치)를 집계한 결과에 따르면 삼성전자의 1분기 매출은 17.34% 감소한 64조 2,953억원, 영업이익은 94.9% 급감한 7,201억원으로 예측된 바 있다. 증권가에서는 통상 삼성전자 영업이익의 60~70%를 차지하던 반도체 부문에서 4조원 안팎의 적자를 냈을 것으로 보고 있다. 삼성전자는 "IT 수요 부진 지속에 따라 부품 부문 위주로 실적이 악화하며 전사 실적이 전 분기 대비 큰 폭으로 하락했다"며 실적 하락의 배경을 짚었다. 삼성전자는 "메모리는 매크로 상황과 고객 구매심리 둔화에 따른 수요 감소, 다수 고객사의 재무건전화 목적 재고조정이 지속됐고, 시스템반도체와 디스플레이(SDC)도 경기부진과 비수기 영향 등으로 실적이 하락했다"고 설명했다.

업황 악화에 감산 공식화 … 업황 반등 기대

특히 그동안 '인위적인 감산은 없다'는 기조를 유지했던 삼성전자는 "의미 있는 수준까지 메모리 생산량을 하향조정 중"이라며 사실상 감산을 처음으로 공식적으로 인정했다. 삼성전자가 감산을 공식화한 것은 1998년 이후 25년 만에 처음이다. 특정 메모리 제품은 향후 수요변동에 대응가능한 물량을 확보했다는 것이 삼성전자의 판단이다. 구체적인 감산 규모와 시기 등을 명확히 밝히지는 않았으나 업계에서는 구형 D램 제품인 DDR4를 중심으로 감산이 이뤄질 것으로 예상하고 있다. 삼성전자 관계자는 "생산량과 재고량, 수율 예측 등의 시뮬레이션 결과 내린 결정"이라며 "이번 실적 악화와는 무관하게 사전에 계획된 전략적 감산"이라고 설명했다.

삼성전자 DS(반도체) 부문 재고자산 추이

자료 / 금융감독원 전자공시시스템

세계 1위 메모리 업체인 삼성전자가 마침내 감산에 동참하겠다는 입장을 밝힘에 따라 업계에서는 메모리반도체 가격 하락세가 진정되고 업황 반등도 앞당

겨질 것이라는 기대가 나온다. 메모리반도체는 특성상 수요가 부진하더라도 공급이 수요를 밑돌 경우 가격상승이 가능하다. 문제는 메모리 생산라인의 경우 업계가 호황으로 전환되더라도 업계 특성상 단기간 내 증산이 쉽지 않다는 것이다. 따라서 이번 감산 결정은 막대한 자금력을 바탕으로 일정한 공급을 통해 불황일 때 버티다 호황일 때 남들보다 먼저 팔아왔던 생산·판매 전략의 근본적인 철회를 의미하는 만큼 향후 세계 메모리시장 변화에 적절하게 대응하지 못할 수 있다는 우려도 나온다.

10위

제75주년 제주4·3사건 추념식, 윤 대통령은 불참해

제75주년 제주4·3* 희생자 추념식이 4월 3일 오전 제주4·3평화공원에서 봉행됐다. 코로나19로 인한 사회적 거리두기 해제 후 처음 열린 추념식에는 유족과 도민, 각계 인사 등이 행사장을 채웠다. 추념식은 오전 10시 정각 사이렌 소리에 맞춰 4·3 희생자를 기리는 묵념을 시작으로 개막영상, 헌화·분향, 국민의례, 인사말, 경과보고, 추념사, 추모공연, 유족 이야기 등의 순으로 진행됐다.

제주4·3사건

1947년 3월 1일 경찰의 발포사건을 기점으로 1948년 4월 3일 남로당 제주도당 무장대가 봉기한 이래 1954년 9월 21일까지 제주도에서 발생한 무장대와 토벌대 간의 무력충돌이다. 토벌대(미군정, 서북청년단)의 진압과정에서 2만 5,000~3만명이 희생당했는데, 희생자의 많은 수(약 78%)가 토벌대에 의해 죽임을 당했고, 어린이·노인·여성이 약 30%를 차지한다. 한국현대사에서 한국전쟁 다음으로 인명피해가 크다. 희생당한 제주도민들은 오랫동안 북한의 사주를 받아 폭동을 일으킨 장본인이라는 누명을 썼다.

윤 대통령과 여당 지도부는 참석 안 해

지난해 당선인 신분으로 추념식장을 찾았던 윤석열 대통령은 올해 추념식에 참석하지 않았고, 정부대표로 한덕수 국무총리가 참석해 대통령 명의의 추념사를 대독했다. 추념사에는 "정부는 4·3 희생자들과 유가족들의 명예회복을 위해 최선을 다하고 생존 희생자들의 고통과 아픔을 잊지 않고 보듬어나갈 것"이라면서도 "세계인들이 견문을 넓힐 수 있는 품격 있는 문화관광 지역으로 거듭날 수 있도록 정부의 지원을 아끼지 않을 것, IT기업과 반도체 설계기업 등 최고 수준의 디지털기업이 제주에서 활약하고, 세계의 인재들이 제주로 모여들 수 있도록 적극 지원할 것"이라는 등 4·3의 역사적 의미, 희생자·생존자·유가족을 위한 약속을 구체적으로 밝힌 대목은 없었다.

4·3추념식 기념공연

한 국무총리는 윤 대통령의 추념식 불참과 관련해서 "대통령이 일정만 되면 상당히 가고 싶어 했으나 여러 일 때문에 결국 어려워 총리를 보냈다"고 밝혔다. 한 총리는 이날 오후 열린 국회 대정부질문에서 이같이 언급한 뒤 "대신에 (대통령) 본인이 하고 싶은 이야기를 해달라고 해 오늘 추념사를 대독하게 됐다"고 설명했다.

한편 더불어민주당은 윤 대통령이 추념식을 찾지 않은 데 대해 강하게 비판했다. 박홍근 원내대표는 "윤석열정부 출범 후 첫 추념식인 오늘 대통령은 물론 여당의 주요 지도부가 보이지 않는다"고 말했다. 국민의힘 김기현 대표와 주호영 당시 원내대표가 2030 세계박람회(EXPO) 후보 도시인 부산을 평가하기 위해 우리나라를 찾은 국제박람기구 실사단을 맞이하기 위해 불참한 것을 지적한 것이다. 박 원내대표는 "내년에는 총선을 두고 표를 의식해 얼굴을 비칠 것"이라며 "이것이 제주 4·3을 대하는 윤석열 정권의 민낯"이라고 목소리를 높였다. 또 민주당은 추념식에는 불참한 윤 대통령이 전날 대구에 늘렀던 것도 지적했다. 박범계 의원은 언론 인터뷰에서 "(대구 방문이) '나는 여전히 보수를 대변하는 대통령'이라는 걸 보여주는 정치적 행보"라며 "지지율 회복에 도움이 안 된다고 판단하니 추념식에는 가지 않은 것"이라고 비판했다.

4·3사건을 지시했다'는 입장을 되풀이해 비판을 받았다. 추념식 다음 날인 4일에는 김재원 최고위원이 언론 인터뷰에서 대통령의 불참과 관련해 "대통령이 보통 3·1절과 광복절 기념식 정도는 참석하는데, 4·3 기념일은 이보다 조금 격이 낮은 기념일 내지는 추모일"이라고 말해 논란이 일었다. 이에 제주4·3연구소는 "국민의힘은 4·3 희생자를 모독한 태영호·김재원 최고위원을 즉각 제명하라"고 촉구했다. 연구소는 "태 최고위원의 거듭된 망언에 이은 이번 김 최고위원의 망언은 유족과 도민의 상처를 헤집고 국민적 분노를 불러일으킨다"며 "두 최고위원의 발언이야말로 정치인의 격을 떨어뜨리고 있다"고 비판했다.

제주4·3사건을 폄훼하는 내용의 현수막

여당은 잇단 4·3사건 왜곡·폄훼발언으로 뭇매

한편 국민의힘은 소속의원의 잇단 4·3사건 관련 발언논란으로 뭇매를 맞았다. 지난 2월 태영호 최고위원은 전당대회 직전 제주·경남 연설회, 개인 SNS 등을 통해 "북한드라마 등에 김일성의 4·3 사주설 등의 내용이 있다"고 주장하며 '북한 김일성이

정자교 붕괴사고로 2명 사상 … 각 지자체, 긴급점검 나서

4월 5일 오전 9시 45분께 성남시 분당구 정자동에서 탄천을 가로지르는 교량인 정자교의 한쪽 보행로가 갑자기 무너져 내렸다. 이 사고로 당시 이곳을 걷던 30대 여성이 심정지 상태로 병원에 옮겨졌으나 숨졌고, 30대 남성 1명은 허리를 다쳐 병원에서 치료를 받았다.

붕괴로 인명피해가 발생한 분당 정자교

빗속 교량 건너다 갑자기 사고당해

경찰 관계자는 "사고 전 조짐이 보이거나 천천히 붕괴한 것이 아니라 갑자기 일어난 사고"라며 "CCTV 영상을 보면 보행로가 순식간에 와르르 무너져 내렸다"고 말했다. 당시 빗속에 정자교 위 보행로를 건너던 피해자 2명은 5m 아래 탄천 보행로 쪽으로 추락했다. 정자교는 분당신도시 조성과 함께 1993년 건설된 왕복 6차로의 총길이 108m, 폭 26m의 교량이다. 도로 양쪽으로 보행로가 있어 걸어서 건널 수 있다. 무너져 내린 보행로는 전체 108m 구간 중 절반 정도로 교량 가드레일과 이정표 등이 아래로 쏟아졌으나 차로는 붕괴되지 않았다.

경찰은 유족과 협의해 국립과학수사연구원에 부검을 의뢰하고, 성남시와 분당구, 교량 점검업체 등을 대상으로 정확한 사고원인과 교량 안전진단 시행 여부 등을 조사 중이다. 또 중대재해처벌법 적용 여부도 검토하고 있다. 중대재해처벌법상 중대재해는 **중대산업재해***와 중대시민재해로 나뉜다. 이중 중대시민재해는 특정 원료 또는 제조물, 공중이용시설 또는 공중교통수단의 설계·제조·설치·관리상의 결함 때문에 발생한 재해일 경우 적용할 수 있다. 법의 적용대상은 사업주나 대표이사처럼 사업을 대표하고 총괄하는 권한과 책임이 있는 사람이며, 지방자치단체장도 포함된다.

중대산업재해

사업주 및 경영책임자가 안전·보건조치를 위반해 사망자가 1명 이상 또는 부상자가 2명 이상 발생한 경우, 직업성 질병자가 1년 이내에 3명 이상 발생한 경우를 말한다. 중대재해처벌법에 따르면 기업에서 중대한 인명피해를 주는 산업재해가 발생한 경우 사업주에 대한 형사처벌을 강화하도록 했다. 중대재해처벌법은 2022년 1월 27일부터 근로자 50인 이상 기업에 적용돼 시행 중이며, 2024년에는 5인 미만 사업장을 제외한 전 사업장에 적용된다.

각 지자체, 유사사고 방지 위해 안전점검 착수

한편 성남시는 사고 후 분당구 탄천에 건설된 전체 20개 교량에 대해 긴급 안전점검에 나섰다. 10일 '정자교 사고수습대책위원회'를 꾸린 성남시는 탄천 20개 교량 중 이매교(이매동)와 오리교(구미동), 신기보도교(정자동) 3개 교량을 제외한 나머지 17개 교량의 설계를 모두 삼우기술단이 한 것으로 확인하고 건설 당시 설계 등에 문제가 없었는지 조사하고 있다. 삼우기술단은 보행로 붕괴사고가 발생한 정자교도 설계했는데, 자금난 등으로 1995년 문을 닫았다. 이 업체가 설계한 교량은 모두 정자교 사고원인의 하나로 추정되는 '캔틸레버(외팔고)' 공법으로 보행로가 설치됐다. 이 공법은 차도만 교각이 받치고 있고 양쪽 보행로에는 지지대가 없는 형태로 이런 구조로 설치된 교량 보행로는 근본적으로 하중에 취약할 수밖에 없다. 시공사는 다르지만 같은 업체가 설계한 교량에서 이상현상이 나타나며 시설물 안전에 대한 시민들의 불안이 커지자 성남시는 해당 교량들에 보행로 하중을 분산하기 위해 임시로 보강구조물을 긴급하게 설치했다.

성남시 정자동 궁내교 보행로 아래에 설치된 임시지지대

각 지자체에서도 유사사고를 막기 위한 교량 안전점검에 나섰다. 서울시는 6일 정자교와 비슷한 구조의 교량 12개를 긴급 안전점검을 실시한다고 밝혔다. 용인시도 4월 10일부터 5월 4일까지 4주간 관내 교량 827개의 안전상태를 점검했다. 특히 기존 교량의 확장구간과 더불어 캔틸레버 형식으로 확장·설치된 보도교 등 취약구간을 집중적으로 들여다볼 계획이다. 수원시는 정자교 사고 직후 각 구청에 공문을 보내 관내 교량 115개에 대한 점검을 진행한 뒤 결과를 보고하도록 했으며, 안양시, 군포시 등도 관내 교량들에 대한 긴급점검에 나섰다.

12위

대기업 반도체 세액공제 최대 25%, 'K칩스법' 국회 최종 통과

국내 반도체산업 육성을 위한 'K칩스법(조세특례제한법)'이 3월 30일 국회 본회의를 통과했다. 2023년 반도체 등 국가전략산업에 기업이 설비투자를 할 경우 세액공제 비율을 확대하는 내용이 개정안의 핵심이다. 국가전략기술로는 반도체·이차전지·백신 및 디스플레이와 함께 수소와 전기차·자율주행차 등 미래형 이동수단도 명시됐다.

30일 국회 본회의에서 가결된 K칩스법

대기업·중견기업 15%, 중소기업 25% 공제 확대

세액공제율은 대기업·중견기업의 경우 현행 8%에서 15%로, 중소기업은 16%에서 25%로 각각 확대된다. 직전 3년간 연평균 투자금액 대비 투자증가분에 대해서는 올해에 한해 10%의 추가공제(임시투자세액공제) 혜택도 주어진다. 이에 따라 **대기업 등은 최대 25%, 중소기업은 35%에 달하는 투자세액공제 혜택**을 받을 수 있게 된다. 이외 신성장·원천기술 세액공제율이 대기업 6%, 중견기업 10%, 중소기업 18%로 3~6%포인트(p)씩 상향된다. 일반기술 공제율 역시 대기업 3%, 중견기업 7%, 중소기업 12%로 올라간다. 정부는 "투자를 망설이는 기업에 상당한 투자 유인 효과가 있을 것으로 기대된다"고 밝혔다.

시설투자 세액공제율 확대

□ 2023년 1년간 한시 도입				단위 : %
(현행) 반도체, 이차전지, 백신, 디스플레이 + (추가) 수소, 미래형 이동수단	대기업	중견기업	중소기업	투자증가분*
국가전략기술	8 ➡ 15	8 ➡ 15	16 ➡ 25	4 ➡ 10
일반	1 ➡ 3	5 ➡ 7	10 ➡ 12	+
신성장·원천기술	3 ➡ 6	6 ➡ 10	12 ➡ 18	3 ➡ 10

* 직전 3년간 연평균 투자금액 대비

자료 / 기획재정부

예를 들어 신성장·원천기술 사업화 시설 등에 매년 1조원 규모로 투자한 대기업 A사가 올해 기존 1조원에 더해 5,000억원 규모 추가투자를 하는 경우 추가투자를 내년으로 미뤘을 때보다 혜택을 500억원 더 받을 수 있다. 즉, 1조 5,000억원에 대한 투자세액공제 혜택 900억원에 투자증가분의 10%를 공제해주는 임시투자세액공제 혜택 500억원을 더한 총 1,400억원의 세액공제 혜택을 받을 수 있게 된다. 반면 내년에는 한시적으로 늘어난 세액공제율이 기존 수준으로 돌아가고 투자증가분 추가 세액공제도 사라지기 때문에 평년처럼 1조원을 투자하면 300억원 세액공제 혜택을 받게 된다.

정부 "반도체 강국 대비 세계 최고수준 지원"

정부는 이번 법 개정에 따라 확정된 반도체 투자 세제지원이 미국 등 반도체 강국 대비 세계 최고수준이라고 설명했다. 우리나라는 반도체 설비투자 세액공제율이 25~35%, 연구개발(R&D) 비용 세액공제율이 30~50%다. 설비투자의 경우 대만은 5%, 미국은 25%이며 R&D 비용의 경우 대만은 25%, 미국은 증가분에 대해 20%, 일본은 6~12% 수준이다. 정부는 개정안을 4월 초 공포한 이후 세액공제 대상이 되는 국가전략기술과 사업화시설을 추가로 선정해 후속 시행령과 시행규칙을 진행할 계획이다.

그간 반도체가 글로벌 공급망의 무기로 부각되고 투자유치를 위한 각국 경쟁이 치열해지는 상황에서 경쟁국 수준으로 세제혜택을 늘려야 한다고 목소리를 내왔던 업계와 재계는 일제히 환영의 뜻을 밝혔다. 한 업계 관계자는 "그동안 반도체를 지원하는 정책은 다 나온 상태에서 법이 뒷받침이 안 돼 어려운 측면이 있었다"며 "세제지원이 기업을 배불리기 위한 게 아니라 투자재원으로 활용해 국내 반도체의 경쟁력을 강화할 수 있는 토대가 될 수 있을 것"이라고 기대했다. 경제단체들도 법안 통과를 긍정적으로 평가했다. 전국경제인연합회는 "신성장 · 원천기술과 일반 시설투자에 대한 세액공제율을 한시적으로 확대함으로써 글로벌 경기침체로 냉각된 우리 기업들의 투자심리 개선에 큰 도움이 될 것"이라고 밝혔다. 한국디스플레이산업협회도 "소부장(소재 · 부품 · 장비) 국산화율(65%)이 높은 디스플레이 특성상 향후 3년간 소부장 66조원의 **낙수효과***를 기대할 수 있다"며 "소부장 기업의 동반성장으로 산업 생태계가 더 튼튼해질 뿐 아니라 향후 3년간 국내에서만 디스플레이산업 생산유발 효과 100조원, 수출 70조원 이상의 경제적 효과를 창출할 수 있다"고 내다봤다.

낙수효과

정부가 투자증대를 통해 대기업의 성장을 촉진하면 경기가 부양돼 중소기업과 소비자에게도 혜택이 돌아가고 나아가 총체적인 경기활성화로 인해 경제발전과 국민복지가 향상된다는 경제이론이다. 트리클 다운 효과(Trickle-down Effect)라고도 한다. '넘쳐흐르는 물이 바닥을 적신다'는 뜻으로 상층의 부가 충분히 축적되면 아래 계층으로 자연스럽게 혜택이 돌아가는 현상을 일컫는다. 신자유주의와 함께 자유시장 경제의 큰 축으로 각광받았지만, 2015년 IMF는 낙수효과에 대한 기대가 오히려 부의 편중과 자본주의의 중요한 버팀목인 '소비기반'을 무너뜨렸다고 비판했다.

HOT ISSUE

*13*위

탈 미국·탈 석유,
사우디 외교 다각화

지난 3월 사우디아라비아가 중국이 제안한 석유대금의 위안화 결제에 긍정적 신호를 보낸 가운데 중국이 주도하는 상하이협력기구(SCO)에 '부분회원' 자격을 승인하면서 미국의 영향에서 벗어나고 있다. 여기에 미국 등 서방의 제재를 받는 중동국가들과 관계회복에 속도를 내며 전통적 우방인 미국과 거리를 두는 외교노선을 선택하고 있다.

중국·사우디 정상회담(2022년 12월)

페트로 달러 대신 페트로 위안 되나?

4월 2일(현지시간)에는 석유수출국기구(OPEC)와 러시아 등 비(非)OPEC 주요 산유국 협의체인 OPEC플러스(+)가 감산결정을 발표했다. '우크라이나를 침공한 러시아의 원유 판매수입 증대를 막고, 인플레를 막는다'는 목표 아래 이 기구를 주도해온 사우디아라비아에게 거듭 증산을 요구해온 미국의 기대에 반하는 것이어서 시장에 상당한 충격을 줬다. 블룸버그통신에 따르면 시장 분석가들은 브렌트유 가격이 연말까지 최고 배럴당 100달러(약 13만 1,000원)에 도달할 수 있을 것으로 내다보면서 인플레이션(물가상승) 압력이 더욱 커질 것이라는 우려마저 제기됐다.

이보다 앞서 사우디와 중국이 석유대금의 위안화 결제 가능성을 논의하고 있다고 알려졌다. 사우디 국영 석유회사 아람코의 선물거래에 **페트로 달러*** (Petro Dollar) 대신 페트로 위안을 적용하는 방안을 논의하고 있다는 것이다. 1990년대 하루 200만배럴에 달했던 미국의 사우디산 석유수입량이 지난해 연말 기준으로 50만배럴까지 줄어들면서 미국의 영향력이 축소됐기 때문이다. 반면 중국은 사우디산 석유를 하루 176만배럴씩 수입하고 있다. 또 중국은 사우디의 탄도미사일 개발, 원자력 프로그램, '미래도시' 건설 등을 도우며 관계를 긴밀하게 구축해나가고 있다.

미국 영향력 줄고, 미국에 대한 반감은 커지고

사우디가 깊는 미국에 대한 불만은 원유수출량만이 아니다. 미국이 사우디의 예멘내전 개입을 지지하지 않는 점, 이란핵협정을 부활시키려 하는 점, 아프가니스탄에서 갑자기 철군함으로써 동맹으로서의 신뢰를 저버린 점이 사우디의 탈 미국화에 영향을 준 것으로 분석된다. 특히 실권자인 무함마드 빈살만 왕세자의 조 바이든 미국 대통령에 대한 개인적인 불만도 큰 상태다. 빈살만 왕세자는 2018년 사우디 출신의 비판적 언론인 카슈끄지의 살해를 지시한 것으로 지목된 인물인데, 바이든 대통령이 2020년 대통령선거 과정에서 이를 언급하면서 사우디를 외톨이로 만들어야 한다고 말했던 것이 원인이다. 지난 2월 바이든 대통령의 석유 증산 요청 전화가 끝내 빈살만 왕세자의 거부로 불발된 것도 이런 분위기를 반영한다.

사우디가 실제로 위안화를 석유대금으로 인정하면 세계 석유거래의 80%(사우디 100%)가 달러로 이뤄지고 있는 만큼 그동안 '달러 패권'을 행사해온 미국으로서는 적잖은 타격이 될 수밖에 없다. 석유 등 주요 상품이 달러로 거래됨으로써 미국 달러의 기축통화 지위가 유지되기 때문이다. 사우디가 위안화를 받아들인다면 다른 산유국들에 도미노 효과가 발생할 수도 있다.

중국 주선으로 관계정상화에 합의한 사우디와 이란

한편 사우디는 아랍연맹(AL) 정상회담 개최국으로서 회담에 바샤르 알아사드 시리아 대통령을 초청하고, 중국의 중재로 관계정상화에 합의한 이란과 조만간 외무장관 회담에 이어 정상회담까지 추진하는 것으로 전해졌다. 미국과 더욱 멀어지는 대신 오랜 앙숙이었던 중동국가들과 적극적으로 관계회복에 나서고 있는 모양새다.

HOT ISSUE

14위

하영제 의원 체포동의안 가결 … '내로남불' 공격받은 민주당

하영제 국민의힘 의원 체포동의안이 3월 30일 국회 본회의에서 가결됐다. 무기명 비밀투표로 진행된 하 의원 체포동의안은 재석 281명 중 찬성 160명, 반대 99명, 기권 22명으로 통과됐다. 체포동의안은 재적의원 과반 출석, 출석의원 과반 찬성이 가결 요건이다. 하 의원 체포동의안에 대해 국민의힘은 사실상 당론으로 찬성표결 입장을 정하고 표결에 들어갔다. 더불어민주당은 자율투표로 임했다. 앞서 검찰은 지난해 6·1 지방선거를 앞두고 경남도의회 도의

원 선거 예비후보자 공천을 도와주는 대가로 예비후보자 측으로부터 7,000만원을 수수하고, 자치단체장과 보좌관 등으로부터 지역사무소 운영경비 등의 명목으로 5,750만원을 받은 혐의로 하 의원에 대한 구속영장을 청구했다.

정치자금법 위반 등 혐의를 받는 하영제 의원

여당은 노웅래·이재명 부결 들추며 민주당 공격해

여야는 하 의원의 체포동의안이 가결된 것을 두고 앞서 부결됐던 더불어민주당의 노웅래 의원과 이재명 대표의 체포동의안을 소환하며 대립했다. 김기현 국민의힘 대표는 표결 후 국회에서 기자들과 만나 "국회의원이 개인적 비리로 인한 책임을 면탈하기 위해 불체포특권*을 오남용하는 것은 앞으로 결코 용납돼선 안 된다는 확고한 원칙을 갖고 있다"고 말했다. 이어 "민주당이 양심 있는 정당이면 이 대표의 단군 이래 최대 비리의혹 사태에 대해 국회를 방패막이로 삼는 잘못된 행동들을 즉각 시정해야 할 것"이라고 강조했다.

> **불체포특권**
>
> 국회의원에게 주어지는 특권 중 하나로 현행범이 아닌 한 회기 중에 국회의 동의 없이 체포·구금되지 않을 권리를 말한다. 자유로운 국회활동과 기능을 보장한다는 목적이 있다. 1600년대 초 영국에서 처음 제안됐으며, 이후 미국에서 성문법으로 명시돼 헌법상의 효력을 갖게 됐다. 법원에서 국회의원에 대한 체포영장이 발부되면 국회는 본회의를 열어 체포동의안에 대한 표결을 한다.

민주당, "하 의원과 이 대표는 경우가 달라"

이에 맞서 민주당 의원들은 자당 노 의원이나 이 대표와 달리 하 의원 체포동의안이 가결된 것을 두고 하 의원의 부정부패 가능성이 충분했기 때문이라는 주장을 내놓았다. 이번 표결결과가 앞서 노 의원과 이 대표 체포동의안을 민주당이 주도해 부결시킨 것과 대비되면서 '내로남불', '이중잣대' 지적이 나오자 이를 반박하기 위한 여론전에 나선 것으로 풀이됐다. 이 대표에 대해 추가로 체포동의안이 들어올 가능성이 있는 만큼 미리 대응논리를 쌓는 것이라는 해석도 나왔다.

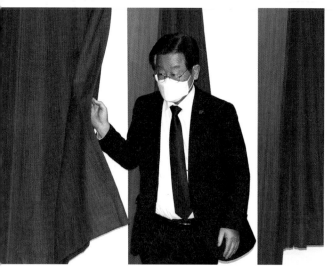

하영제 의원 체포동의안 투표 마친 이재명 대표

강훈식 의원은 한 언론 인터뷰에서 이중잣대라는 지적이 나오지 않겠냐고 묻자 "내용을 보면 다르다"라며 "이 대표의 경우 인디언식 기우제 수사로 탄압이라고 봐야 한다. 다른 사안을 동일하게 묶는 것은 억지라고 본다"고 주장했다. 김용민 의원도 다른 언론 인터뷰에서 '이 대표에 대한 체포동의안이 또 오면 민주당으로서는 부담되지 않겠냐'는 질의에 "검찰의 대장동 사건 수사는 전형적인 조작행위이며 정치탄압"이라고 답했다. 김 의원은 "하 의원은 본인수사에 대해 실제 인정한 녹취록이 있다고 하고, 본인이

부인하는 이야기를 하지 않는다. 사안 자체가 완전히 다르다"고 했다. 이수진 비례의원도 언론을 통해 "실제 정치탄압을 받는다는 국민적 공감을 받는다"며 "민주당 개별의원들이 소신을 갖고 (체포동의안을) 판단하는 부분에 대해서 '내로남불'이라는 표현으로 규정할 수는 없다"고 말했다.

한편 국회의 체포동의안 가결이 무색하게 4월 3일 하 의원에 대한 구속영장은 기각됐다. 창원지법 신동호 영장전담판사는 "피의자가 그동안 극구 부인하다가 법원 심문에 출석해 태도를 바꿔 대부분 범행을 자백하고 있다"며 "검사가 혐의입증에 필요한 증거를 상당부분 수집·확보한 것으로 보이는 점 등에 비춰 도주 및 증거인멸의 우려가 있다고 보기 부족하다"고 기각 이유를 밝혔다.

정부, 내수대책 발표 … 관광활성화 위해 최대 600억 지원

3월 29일 윤석열 대통령 주재로 열린 비상경제민생회의에서 내수활성화 대책 추진방향 및 주요과제가 발표됐다. 이날 추경호 경제부총리 겸 기획재정부 장관은 "관광활성화를 위해 최대 600억원의 재정지원을 하겠다"고 밝혔다.

문화비·전통시장 소득공제율 10%p ↑

정부는 내수활성화 대책의 일환으로 총 600억원 상당의 여행비와 휴가비를 지원하기로 했다. 총 100만명에 1인당 숙박비 3만원씩, 19만명에 휴가비 10만원씩을 지원하는 방식이다. 이전 정부의 숙박비 및 휴가비 지원을 포퓰리즘이라고 반대했던 것이 무색

한 조치다. 그 외에도 코로나19가 점차 진정돼감에 따라 50여 개에 달하는 메가 이벤트, 대규모 할인행사도 진행한다. 전국 130개 이상 지역축제도 테마별로 확대한다.

내수활성화 대책 ①

구분		대상(만명)	혜택	재정지원(억원)
여행비	숙박	100	숙박예약 시 3만원 할인	300
	유원시설	18	온라인으로 예약 시 할인쿠폰 1만원 제공	18
	철도	14.5	지역관광결합형 KTX 등 최대 50% 할인, 내일로패스 1만원 할인	19.4
	항공	0.8	홈페이지 예약 시 지방공항 도착 항공권 최대 2만원 할인	1.0
	캠핑장 등	1.4	야영장 예약·이용 시 1만원 포인트 지급	1.6
휴가비		최대 19*	국내여행비 10만원 지원	최대 200

* 중소·중견기업 근로자, 소상공인 등

추 부총리는 "국민의 관광 및 소비 여건을 개선하기 위해 인센티브를 확대하고 여행편의 제고 노력도 강화하겠다"고 말했다. 이런 차원에서 정부는 문화비·전통시장 지출에 대한 소득공제율을 10%포인트(p)씩 한시직으로 상향할 방침이다. 유원시설과 케이블카 입장권 비용도 기업의 문화업무 추진비로 인정하기로 했다. 또 4월과 7월 공무원 연가 사용을 촉진하고 학교 재량휴업을 권장해 여행 분위기도 조성한다. 숙박비 지원 등으로 민간 '여행친화형 근무제'도 확산시키겠다는 계획이다.

정부는 내수활력이 골목상권과 소상공인까지 확대될 수 있도록 취약부문 지원도 보강한다. 중소기업 소상공인 중심의 동행축제를 연 3회로 확대해 오는 5월 중 조기 개최하는 한편 전통시장 테마상품과 외국인 투어상품 등을 적극 개발하고 결제편의도 제고한다. 온누리상품권 구매한도를 대폭 상향해 전통시장에서의 수요 확대를 지원한다. 그러나 2023년 예산에서 지역상품권 관련 예산을 대거 축소하거나 폐지한 만큼 세수 마련에 의문이 들 수밖에 없다.

내수활성화 대책 ②

소비 지원

- 4월~12월 문화·전통시장 지출에 대한 소득공제율 상향
  문화비 : 30 ➡ 40% / 전통시장 : 40 ➡ 50%

생계 지원

- 4~6월 주요 농축수산물 품목에 대해 170억원 규모 할인 지원
  1인당 1만원(전통시장 2~4만원) 한도
- 온·오프라인 마트 : 20% 할인 /
  전통시장(제로페이, 전통시장 배달앱, 온라인몰) : 20~30% 할인

소상공인 매출 확대

- 대한민국 동행축제 연 2회 ➡ 3회로 확대 및 5월에 1차 축제 조기개최
- 온누리상품권 월 개인 구매한도 상향 및 연중 지속
  지류 : 50 ➡ 100만원 / 카드 : 100 ➡ 150만원 / 모바일 : 50 ➡ 150만원

22개국 대상 여행허가 면제 … 해외 관광객 유치

방한 관광객 1,000만명 이상 유치를 위해 일본, 대만, 미국 등 입국자 수는 많지만 심사결과 입국거부율이 낮은 22개국을 대상으로 **전자여행허가제***(K-ETA)도 한시 면제한다. 이에 따라 해당 국가의 국민은 내년 말까지 사전허가 없이 우리나라를 방문할 수 있게 된다. 코로나19 사태로 중지됐던 환승무비자 제도도 재개를 앞두고 있다. 유럽, 미국 등 34개국 입국비자 소지자가 국내에서 환승하면 최대 30일간 지역 제한 없이 무비자로 체류가 가능하다. 또한 중국 단체관광객이 인천공항 등 7개 국내 공항으로 입국해 제주공항으로 환승하면 최대 5일간 각 공항 권역과 수도권에 무비자 체류할 수 있다. 이외 국가 국민은 인천공항 환승프로그램 이용 시 수도권에 최대 3일 무비자 체류를 허용한다. 또한 국제항공편도 적극 증편해 코로나19 이전의 80~90% 수준까지 회복한다는 계획이다.

우리나라에 무사증(출입국 허락의 표시로 여권에 찍어주는 보증 없이 해당 국가에 드나들 수 있게 한 제도) 입국이 가능한 국가의 국민을 대상으로 출발 전 미리 K-ETA 홈페이지 또는 모바일 앱에 접속해 개인 및 여행 관련 정보를 입력하고 여행허가를 받도록 한 제도다. 코로나19 이전까지는 우리나라와 사증면제협정을 맺거나 무사증 입국이 가능했던 110개국 국민이 관광, 행사 참석 등의 목적으로 방문하는 경우 신청하도록 했으며, 항공기 탑승 전 최소 24시간 전까지 신청을 완료해야 한다.

우리나라를 찾은 외국인들이 즐길 수 있는 K콘텐츠를 늘리기 위한 방안도 제시했다. 우선 5~10월에 부산, 전북, 인천, 제주, 서울 등 전국 주요 지역에서 대규모 K팝 콘서트와 관련 행사를 연속 개최한다. K쇼핑 활성화를 위해서는 면세품 판매채널을 시내면세점 온라인몰뿐 아니라 제3자 운영 온라인몰로 확대한다. 또 K푸드 행사를 연달아 열어 한식관광도 활성화하는 한편 K의료를 찾는 관광객을 위해 지역별 중점 진료분야와 타깃 국가를 연계한 '맞춤형 의료관광 패키지'를 마련한다. 홍대, 가로수길 등 주요 상권에는 현재 명동에서만 운영 중인 K뷰티 홍보관을 추가로 설치해 중소 · 중견기업 제품 홍보를 진행할 계획이다.

16위

조국 전 장관 딸 조민, 법원 "의전원 입학취소 정당해"

조국 전 법무부 장관 딸 조민 씨의 부산대학교 의학전문대학원*(의전원) 입학취소처분은 정당하다는 법원의 판결이 나왔다. 부산지법 제1행정부(부장판사 금덕희)는 4월 6일 조씨가 부산대를 상대로 제기한 의전원 입학허가 취소처분 취소소송에서 조씨의 청구를 기각했다.

의사를 양성하기 위한 교육기관으로 이공계에서 타 전공을 이수했으나, 의사가 되기를 희망하는 학생들을 위해 만들어진 대학원이다. 6년제의 의과대학을 4년제의 대학원 과정으로 개설했다. 2005년 처음 출범했으며, 의대 졸업 없이도 의사가 될 수 있다는 점에서 '법학전문대학원(로스쿨)'과 그 설립취지를 같이한다.

법원, "입학취소소처분에 절차상 하자 없어"

재판부는 "피고(부산대)는 이 사건 처분에 앞서 행정절차법 등 관련법령에 정해진 사전통지, 의견청취, 청문 주재자 청문 등의 절차를 모두 거쳤고, 학칙에 따라 내부기관인 교무회의와 입학전형공정관리위원회 조사, 의결을 거쳐 입학취소처분을 신중하게 결정하였기에 절차상 하자는 없다"고 밝혔다. 재판부는 또 "입학원서 및 자기소개서의 경력사항 허위기재 및 위조 표창장 제출은 원고의 어머니 정경심에 대한 확정된 형사판결 등 관련증거를 통해 충분히 인정돼 입학허가 취소처분을 취소해달라는 원고 주장을 받아들이지 않는다"고 덧붙였다.

조씨의 변호인단은 이번 판결에 대해 항소하겠다는 뜻을 밝히며 "그동안 (재판에서) 부산대 자체조사에서도 조씨의 경력이 의전원 입학당락에 영향을 미치지 않았다고 판단한 점 등을 강조해왔다"고 말했다. 조씨가 항소와 함께 취소처분 효력정지신청을 내고, 신청이 받아들여지면 당분간 의사자격은 유지될 것으로 보인다. 보건복지부는 이번 판결과 관련해 입학취소처분이 확정될 경우 행정절차법에 따라 조씨의 의사면허 취소처분절차를 진행할 예정이라고 밝혔다.

법원에 출석하는 조국 전 장관의 딸 조민 씨

어머니 정경심 전 교수의 유죄판결이 영향 커

재판부가 소씨의 소송을 기각한 것에는 부산대 측의 결정에 절차상 하자가 없다는 이유 외에도 어머니인 정경심 전 동양대 교수의 확정된 유죄판결이 크게 작용했다. 서울중앙지법은 2020년 12월 정 전 교수에 대해 첫 유죄선고를 내렸다. 당시 재판부는 조씨의 이른바 '7대 스펙'은 모두 허위이며 정 전 교수의 혐의가 인정돼 징역 4년을 선고했다. 법원이 인정한 조씨의 7대 스펙은 ▲ 서울대 공익인권법센터 인턴확인서 ▲ 동양대 총장 표창장 ▲ 동양대 어학원 교육원 보조연구원 활동 ▲ 부산 아쿠아팰리스호텔 인턴확인서 ▲ 한국과학기술연구원(KIST) 인턴확인서 ▲ 공주대 생명공학연구소 인턴확인서 ▲ 단국대 의과학연구소 인턴확인서 등으로 조씨가 고등학생

신분으로 참여한 활동의 증명서들이다. 항소심 재판부 역시 2021년 8월 같은 취지로 원심을 유지했고 대법원도 지난해 1월 정 전 교수의 관련 혐의(업무방해 등) 전부를 모두 인정하고 유죄를 확정했다.

이날 기각판결을 내린 재판부는 이미 정 전 교수가 확정받은 형사판결을 두고 더 이상 다툴 여지가 없다고 봤다. 조씨가 이번 소송에서 정 전 교수의 형사재판과 관련해 사실판단을 반박하는 자료를 제출하기도 했지만, 재판부는 "형사재판(정경심 재판)의 사실판단을 채용하기 어렵다고 볼 '특별한 사정'을 인정할 수 없다"며 원고의 주장을 받아들이지 않았다.

조민 씨의 입학취소처분에 반대하는 시위

한편 국가와 개인의 사건에서는 일단 개인의 형량을 논하는 데 있어 2가지 요건이 충족돼야 한다. 일관된 기준이 적용되는 '안정성'이 있어야 한다는 것이고, 국가가 개인에 대해 불이익 처분을 하기 위해서는 개인이 당하는 불이익의 크기를 고려해야 한다는 것이다. 이에 법조계에서는 이번 판결이 법원이 인정한 7대 스펙이 입학당락에 영향을 미치지 않았다는 부산대 측의 판단에 의해 '안정성'에 위배됐으며, 조씨가 입학 후 의사가 되기까지 10년 동안 형성된 개인의 이익을 고려하지 않았다는 비판이 나온다.

17위

건보 피부양자 자격 잃을라 …
국민연금 자발적 가입 꺼린다

그동안 꾸준히 늘던 국민연금 임의가입자와 임의계속가입자 등 자발적 가입자가 지난해 급격히 감소한 것으로 드러났다. 2022년 9월부터 건강보험료(건보) 부과체계 2단계 개편을 시행하면서 국민연금과 같은 **공적연금*** 소득이 연간 2,000만원을 넘으면 건보 피부양자 자격을 박탈하고 지역가입자로 전환해 지역건보료를 내도록 한 것이 큰 영향을 미쳤다.

공적연금

국가가 주체가 돼 운영하는 연금으로 우리나라에서는 국민연금, 공무원연금, 군인연금, 사립학교교직원연금이 해당된다. 가입과 탈퇴가 자유로운 사적연금과 달리 해당자의 가입이 강제되는 특징을 가진 일종의 사회보험이다. 법률에 의거해 해당자는 의무적으로 가입해야 하며, 정부 및 산하기관이 독점적으로 관리하는 공적관리체제로 운영되고 있다.

2021년 93만 9,752명 → 2022년 86만 6,314명

4월 7일 국민연금공단은 국민연금 임의가입자와 임의계속가입자를 합한 수가 2022년 12월 말 기준 86만 6,314명으로 2021년 12월 말(93만 9,752명)보다 7만 3,438명(7.81%)이나 감소했다고 발표했다. 임의가입자는 18세 이상 60세 미만 국민 중 전업주

부, 학생, 군인 등 소득이 없어 의무가입 대상에서 제외되지만 본인희망으로 가입한 사람을 뜻한다. 임의계속가입자는 의무가입 상한연령(만 60세 미만)이 지났지만 계속 보험료를 내며 만 65세 미만까지 가입하겠다고 신청한 사람을 말한다.

구체적으로 같은 기간 임의가입자는 39만 6,632명에서 36만 5,467명으로 3만 1,145명(7.85%)이 줄었다. 임의계속가입자는 54만 3,120명에서 50만 627명으로 4만 2,293명(7.78%)이 줄었다. 그동안 임의가입자와 임의계속가입자를 합한 국민연금 자발적 가입자는 2017년 67만 3,015명, 2018년 80만 1,021명, 2019년 82만 6,592명, 2020년 88만 8,885명, 2021년 93만 9,752명 등으로 계속 느는 추세였다. 하지만 2022년 1월 들어 94만 7,855명으로 정점에 도달한 이후 감소세에 접어들었다. 국민연금에 자발적으로 가입했다가 연금액이 늘어 자칫 소득기준을 충족하지 못할 경우 피부양자에서 탈락해 지역가입자가 되면 공적연금 소득뿐만 아니라 이자·배당 등 금융소득, 근로소득, 임대소득 등 기타 소득과 재산에도 지역건보료를 내야 하는 등 경제적 부담을 떠안아야 하기 때문이다.

건강보험료 부과체계 개편

구분	이전 (2018년 7월)	현행 (2022년 9월~)
지역 가입자	• 재산공동제도 도입 (과표기준 500~ 1,350만원 차등공제) • 소득보험료 등급제 • 1,600cc 이상 자동차 등 보험료 부과 • 최저보험료 도입 (연소득 100만원 이하)	• 재산공제 확대 (과표기준 5,000만원 일괄공제) • 소득보험료 정률제 도입 • 4,000만원 이상 자동차만 보험료 부과 • 최저보험료 일원화 (연소득 336만원 이하)
직장 가입자	• 보수 외 소득기준 연 3,400만원	• 보수 외 소득기준 연 2,000만원
피부양자	• 연 3,400만원 소득 초과 ➡ 지역가입자 전환	• 연 2,000만원 소득 초과 ➡ 지역가입자 전환
공통	• 연금·근로 소득 반영률 30%	• 연금·근로 소득 반영률 50%

자료 / 보건복지부

재산공제 확대, 소득 중심 건보료 부과체계 필요

이러한 현상에 대해 전문가들은 "건보료 부과 형평성 차원에서 국민연금이나 공무원연금 등 일정 소득 이상의 공적연금 수급자에게 건보료를 매기는 것은 피할 수 없는 일이지만, 재산에도 건보료를 매기니 불만이 나온다"며 "건보료 산정 때 재산공제를 더 확대하고 궁극적으로는 재산건보료를 없애고 소득 중심의 건보료 부과체계로 가야 한다"고 지적했다.

건강보험 피부양자 제도는 보험료를 내지 않더라도 직장가입자에 기대어 보험혜택을 받을 수 있게 한 특례장치다. 피부양자는 경제력이 없어 직장가입자에 주로 생계를 의존하는 배우자와 자녀, 부모, 형제자매(30세 미만, 65세 이상) 등이다. 하지만 일부 피부양자 중에는 일정한 소득과 재산이 있는데도 건보에 무임승차하는 경우가 있어 형평성 논란이 끊이지 않는다. 이 때문에 건강보험 당국은 경제력이 있는데도 보험료를 부담하지 않아 공정성을 해치는 피부양자가 새기지 않도록 별도의 소득과 재산 기준, 부양요건을 두고 이런 인정기준을 통과해야만 피부양자 자격을 부여하고 있다. 소득기준은 지난해 9월 소득 중심의 건보료 부과체계 2단계 개편을 하면서 더 엄격해져 이자·배당·사업·근로·공적연금 소득 등을 더한 연간 합산소득이 기존 3,400만원 이하에서 2,000만원 이하로 대폭 낮아진 바 있다.

HOT ISSUE

18위

강경진압에 보복 로켓,
이스라엘·팔레스타인 유혈충돌

이스라엘이 국내외적으로 위기에 처했다. 동예루살렘에 있는 이슬람 성지를 둘러싼 팔레스타인과의 갈

등이 격화되는 가운데 팔레스타인 가자지구, 레바논에 이어 시리아에서도 이스라엘을 향해 로켓을 발사하자 이스라엘이 보복공격을 이어가면서 주변국과의 무력충돌로 확산하는 것 아니냐는 우려마저 제기된다. 또 내부적으로는 베냐민 네타냐후 이스라엘 총리가 추진하는 이른바 '사법개혁'에 저항하는 대규모 반정부 시위가 이어지고 있다.

이스라엘 저고도방공망 아이언돔에 격추되는 로켓들

보복에 보복 … 긴장 악순환

4월 첫째 주 이스라엘은 동예루살렘 성지를 둘러싼 팔레스타인과의 갈등 속에 무장정파 하마스가 통치하는 팔레스타인 가자지구와 이란의 지원을 받는 무장정파 **헤즈볼라***가 막대한 영향력을 행사하는 레바논으로부터 로켓공격을 받았다. 또 8일(현지시간) 저녁에는 시리아로부터 이스라엘 골란고원을 향해 최소 3발의 로켓이 발사됐다. 이 가운데 한 발은 국경을 넘어 이스라엘 점령지인 골란고원에 떨어졌고, 나머지 두 발은 시리아 내에 떨어졌다.

헤즈볼라

레바논에 기반을 둔 이슬람 시아파 무장투쟁조직이자 정당으로 정식 명칭은 '레바논 이슬람 저항을 위한 신의 당'이다. 같은 시아파인 시리아와 이란의 지원을 받고 있으며, 1982년 이스라엘의 무력침공으로 시작된 레바논전쟁에서 당시 호메이니를 지지하며 이스라엘에 대항한 시아파 민병대에서 출발해 2005년 연정내각에 참여하며 정치권에도 진출, 2008년 8월 레바논 새 내각은 만장일치로 헤즈볼라를 무장단체로 인정·승인했다.

이에 이스라엘은 전투기를 동원해 가자지구와 레바논 남부, 그리고 골란고원으로 미사일을 쏜 시리아 지역을 겨냥해서도 여러 목표물을 향해 보복공습 및 탱크를 이용한 다발적인 포격을 가했다. 이로 인해 가사시구에서는 20대 남성이 사상했고, 시리아 수노 다마스쿠스 인근과 남부지역에서는 2명의 민간인이 사망했다. 반면 이스라엘 측 사상자는 없었다.

이번 충돌은 과거사례와 마찬가지로 이슬람 금식성월인 라마단(3월 23일~4월 20일)과 줄애굽을 기념하는 유대명절인 유월절(4월 5일~22일)이 겹치는 첫날인 5일(현지시간) 동예루살렘의 이슬람교 3대 성지인 알아크사 사원 내부에서 발생한 팔레스타인 주민들과 이스라엘 경찰의 충돌에서 시작됐다. 성지에서 기도는 이슬람교도만 할 수 있지만 기도를 하지 않는 비(非)이슬람교도의 방문은 허용되는데, 팔레스타인 주민들이 유월절을 맞은 유대교도의 사원 방문을 막고 문을 닫아걸자 이스라엘 경찰이 사원 내부에 있던 팔레스타인 주민들을 해산시키는 과정에서 섬광 수류탄을 터뜨리고 고무탄을 쏘는 등 폭력적인 진압에 나섰다. 결국 이런 강제진압에 격분한 팔레스타인 측이 이스라엘 영토를 향해 로켓 여러 발을 발사하는 등 보복차원의 공격을 하고, 이에 이스라엘이 또다시 공습으로 맞대응하면서 사태가 커졌다.

이스라엘, 사법부 무력화 시도는 일단 중지

베냐민 네타냐후 이스라엘 총리가 주도해 집권연정을 추진하던 사법부 무력화 입법도 벽에 부딪혔다. 이스라엘의 연성헌법인 '기본법'에 반하는 의회의 입법을 대법원이 사법심사를 통해 막지 못하도록 하는 데 초점을 맞춘 네타냐후식 사법개혁안은 야당을 비롯한 국민적 반발에도 강행추진이 예고됐다. 그러나 입법 중단을 촉구했던 요아브 갈란트 국방부 장

관 해임 이후 반정부시위가 한층 격화되고 미국마저 '네타냐후정권의 사법부 무력화 시도가 중동의 심장부에 위치한 유일한 민주국가란 이미지를 위태롭게 하고 있다'고 직설적으로 경고함에 따라 결국 '일시 숭난'을 발표했다.

예루살렘 의회 앞에 운집한 사법부 무력화 반대 시위대

한편 미국 정치전문지 폴리티코는 이번 시위의 목적이 단순히 정권의 사법부 권한 축소 시도 저지에만 있지 않다고 분석했다. 극우정당들과 손잡고 재집권에 성공한 네타냐후 총리가 인종차별과 여성혐오 등 논란에 이어 자신의 부패혐의를 무마하고 국민 개개인의 권리를 제한하려 한다는 우려가 폭발했다는 것이다. 네타냐후 총리와 연정의 사법부 장악 시도 전면 백지화가 요구되는 만큼 중단만으로는 내부적 혼란을 잠재울 수 없을 것이라고 전망했다.

명예훼손·개인정보침해 챗GPT에 소송 및 경찰조사

대화형 인공지능(AI) 챗봇 '챗GPT(ChatGPT)', 이미지 생성 AI '달리(DALL-E)' 등 생성형 AI가 폭

발적인 관심을 끌면서 저작권 관련 분쟁도 본격화되고 있다. 특히 오픈AI(OpenAI)가 개발한 챗GPT의 경우 이용자 개인정보를 알려주거나 잘못된 정보를 유포했다며 오픈AI를 상대로 명예훼손 소송을 제기하겠다는 피해자도 나타났다.

AI에 명예훼손법 적용할까?

멜버른 인근 소도시 햅번 셔에서 시장을 지내고 있는 브라이언 후드는 챗GPT가 자신에 대한 설명을 할 때 2000년대 초 호주에서 벌어진 호주조폐공사(NPA)의 뇌물사건에 연루됐다는 잘못된 정보를 제공하고 있다며 챗GPT 개발사인 오픈AI를 상대로 소송을 걸겠다고 밝혔다. 후드 시장의 변호인단은 그가 작년 11월 시장에 당선되기 전 NPA에서 근무한 것은 사실이지만, 그가 범죄를 저지르지는 않았다고 말했다.

또한 변호인단은 후드 시장은 오히려 NPA가 화폐 인쇄 계약을 따내기 위해 외국 공무원들에게 뇌물을 준 사실을 발견해 당국에 신고한 사람이라면서 그는 이와 관련한 어떤 혐의로도 기소되지 않았다고 설명했다. 아울러 변호인단은 3월 21일 챗GPT 개발사인 오픈AI에 서면을 보내 한 달 내에 정보오류를 시정할 것을 요청하고, 요청이 반영되지 않을 경우 명예훼손으로 고소할 것이라고 통보했다고 밝혔다.

후드 시장의 변호를 담당하는 제임스 너턴 변호사는 "이번 사례는 인공지능 정보통신(IT)의 신규영역에 명예훼손법을 적용한다는 점에서 획기적인 사건이 될 것"이라고 말했다. 또한 "후드 시장은 선출직 공무원인 만큼 그의 명예는 매우 중요하다"며 "지역구 주민들이 잘못된 정보에 접근할 경우 그의 정치 경력에 영향을 줄 것"이므로 얼마나 많은 사람이 해당 정보에 노출됐는지에 따라 최소 20만호주달러(약 1억 8,000만원) 이상을 손해배상금으로 청구할 수 있을 것이라고 내다봤다.

한편 캐나다에서는 개인정보 보호기관인 프라이버시위원회가 챗GPT의 개인정보침해 여부를 조사할 것으로 전해졌다. 프라이버시위원회의 필립 더프레스니 위원장은 4월 4일 언론 보도문을 내고 "챗GPT가 동의 없이 개인정보를 수집·사용하고 공표한다"는 불만을 접수했다면서 개발사인 미국의 오픈AI에 대한 조사에 착수했다고 설명했다.

저작권 분쟁도 본격화 … 비윤리성도 우려

2023년 초 사라 안데르센 등 그림작가 3명은 영국의 AI 스타트업 '스테빌리티 AI' 등 이미지 생성 AI 업체들을 상대로 소송을 제기했다. 스테빌리티 AI는 특정 문장만 입력하면 이와 관련된 이미지를 만들어내는 '스테이블 디퓨전(Stable Diffusion)'이라는 AI를 개발한 업체다. 이들 업체가 원작자인 예술가들의 동의 없이 온라인에서 약 50억개 이미지를 스크랩해 '스테이블 디퓨전'에 학습시켰고, 이로 인해 예술가 수백만명의 권리가 침해당했다는 게 소송을 제기한 이유다. 이미지 판매 사이트인 게티이미지도 지난 2월 스테빌리티 AI를 상대로 최대 1조

8,000억달러에 달하는 손해배상 청구소송을 냈다. 게티이미지가 30여 년 동안 쌓아온 이미지 1,200만 개 이상을 무단으로 사용했다는 이유다. 국내기업인 카카오도 생성형 AI기술을 활용해 만든 이모티콘 저작권의 인정범위에 대해 심각하게 논의 중이다.

한편 저작권 및 개인정보 침해를 비롯해 정보입력자의 주관에 따른 학습으로 비윤리적인 정보를 생산해 낸다는 우려 속에 미국 비영리단체 '삶의 미래 연구소(FLI)'가 3월 28일 유명인사 1,000여 명의 서명을 받아 챗GPT 개발사 오픈AI의 최신 거대언어모델*(LLM ; Large Language Model)인 GPT-4를 능가하는 AI 시스템의 개발을 6개월간 중단할 것을 촉구하는 공개서한을 보냈다. 이에 마이크로소프트(MS) 공동창업자 빌 게이츠는 개발 중단으로는 "이 문제를 해결하지 못할 것"이라는 의견을 밝혔다.

거대언어모델

방대한 양의 텍스트 데이터(챗GPT의 경우 전체 인터넷)에서 얻은 지식을 기반으로 텍스트와 다양한 콘텐츠를 인식하고 요약, 번역, 예측, 생성할 수 있는 딥 러닝 알고리즘이다. 목적은 대화 또는 기타 자연어 입력에 대해 인간과 유사한 응답을 생성하는 것을 목적으로 한다. 챗봇, AI 비서와 같은 자연어 처리 애플리케이션을 가속화하는 일은 물론이고, 헬스케어, 소프트웨어 개발과 기타 다른 여러 분야에 사용되고 있다.

20위

3단계 거쳐 코로나19 일상회복 … 엔데믹 로드맵 발표

3월 29일 방역당국이 확진자 격리 단축부터 시작해 격리의무와 마스크 착용의무의 완전해제를 거쳐 독감과 같은 '엔데믹*화'로 가는 '코로나19 위기단계 조정 로드맵'을 발표했다. 이에 따라 코로나19 그늘에서 벗어나 완전한 일상회복으로 가는 경로가 보다 구체화됐다.

엔데믹

원래 일정 지방에 한정돼 예전부터 주기적으로 발생하던 풍토병을 뜻하는 용어였으나 코로나19 이후 '팬데믹(세계적 대유행)' 상황이 이어지면서 특정 감염병이 자리를 잡아 주기적으로 유행한다는 의미로 확장됐다. 최근 코로나19 치료제 개발과 치명률 감소, 확산 감소 등 상황이 안정적으로 유지됨에 따라 국내에서도 엔데믹으로의 전환을 준비하고 있다.

유행상황, 대응역량 등 검토 후 위기단계 하향

2020년 1월 국내 코로나19 첫 확진자 발생 전후로 도입된 방역조치는 이미 점진적으로 완화돼 지난해부터 거리두기, 입국 전후 검사, 실내외 마스크 착용의무 등이 단계적으로 해제됐다. 현재 남은 방역조치는 의료기관 등의 마스크 착용의무와 확진자 7일 격리 정도이고, 정책적으로는 위기단계·감염병 등급 조정과 일반의료체계로의 완전한 전환만 남았다. 방역당국은 남은 조치들도 5월 이후 단계적으로 해제하고, 유행상황과 대응역량 등을 검토해 '심각'인 감염병 위기단계를 '경계'로 하향할지를 결정한다는 방침이다. 단계가 낮아지면 현재 국무총리를 위원장으로 해 가동 중인 중앙재난안전대책본부(중대본)는 해체된다.

방역조치 해제 후 활기 찾은 명동

격리 5일 → 격리·마스크 완전 해제 → 엔데믹

1단계에서는 확진자 격리기간을 7일에서 5일로 단축한다. 다만 격리기간이 줄어도 중위소득 100% 이하 가구에 지급되는 생활지원비는 유지된다. 또 입국 후 3일차 유전자증폭(PCR)검사 권고도 사라지며 임시선별검사소 운영도 중단된다. 아울러 매일 집계하는 코로나19 확진자 등 통계도 주간 단위로 전환된다.

이후 상황평가와 현장준비 등을 거쳐 7월경 2단계로 조정될 것으로 예상된다. 2단계에서는 코로나19의 감염병 등급이 현재 2급에서 인플루엔자(독감)와 같은 4급으로 전환된다. 이렇게 되면 확진자 격리의무와 의료기관 등 감염취약시설에 남아 있는 실내마스크 착용의무가 완전히 해제되고, 재택치료자 관리도 종료된다. 현재 접종이력에 따라 허용되고 있는 요양병원 등의 외출·외박도 전면 허용되며, 입국 시 건강상태 질문서는 유증상자만 제출하면 된다. 또한 일반의료체계로 전환돼 지정병상체계도 없어지고, 검사나 입원치료비, 생활지원비 지원 등이 축소·종료된다.

PCR검사는 보건소가 아닌 의료기관에서 유료로 받게 되는데, 고위험군 등에는 건강보험을 적용할 계획이다. 입원치료비의 경우 중증환자에 한해 본인부

담금 일부 지원을 유지하며, 생활지원비나 유급휴가비 등은 없어진다. 다만 2단계 이후에도 먹는 치료제나 연 1회 백신접종은 계속 무료다. 확진자 감시도 전수감시체계에서 일반감시체계로 바뀌어 확진자가 몇 명이 나왔는지 알 수 없게 되는 대신 주 1회 코로나19 검출률이나 추이 등을 발표할 예정이다.

한산한 코로나19 진료소

마지막 3단계에서는 코로나19가 엔데믹으로 전환된다. 이에 따라 코로나19 백신을 국가필수예방접종으로 전환하는 것이 검토되고, 중증환자에 한해 유지되던 입원치료비 지원도 종료되며, 치료제도 건강보험이 적용돼 비용을 일부 부담하게 된다. 방역당국은 내년쯤 3단계에 도달할 것으로 예상하고 있다. 또 위기단계 하향 과정에서나 그 이후에 지난해 여름 유행보다 큰 규모의 재유행이 찾아올 경우 일률적 거리두기 없이 실내마스크 한시 의무 전환, 임시선별검사소 재설치, 검역 강화 등을 검토할 방침이라고 밝혔다. 시대

한 달 동안 화제의 뉴스를 간단하게!
간추린 뉴스

2030엑스포 실사단, 한국 방문해 5박 6일간 일정 마쳐

파트릭 슈페히트 BIE 실사단장

4월 2일 2030부산엑스포 준비상황을 점검하기 위한 국제박람회기구(BIE) 실사단이 입국해 5박 6일간 실사 일정을 마쳤다. 파트릭 슈페히트 BIE 행정예산위원장을 단장으로 하는 실사단 8명은 이창양 산업통상자원부 장관 면담으로 공식일정을 시작해 서울과 부산에서 4차례 유치계획발표를 듣고 현장을 둘러보며 준비상황과 엑스포 유치열기를 꼼꼼하게 살폈다. 또 윤석열 대통령 등 정부 고위인사, 김진표 국회의장과 여야 지도부, 2030부산엑스포 유치위원회 민간위원장인 최태원 대한상공회의소 회장을 비롯한 경제인 등을 두루 만나 의견을 교환했다.

민주당, 후쿠시마 원전 오염현장 항의 방문

더불어민주당 '후쿠시마 원전 오염수 대책단'이 4월 6일 2박 3일 일정으로 일본을 방문했다. 이들은 도쿄전력 본사를 찾아가 오염수 관련자료 제공을 요구하는 요청서를 제출했고, 후쿠시마에서 지방의회 의원 1명, 현지주민 1명, 진료소원장 1명과 각각 면담했다. 이들은 "오염수 방류를 우려하고 있다는 우리의 입장이 일본사회에 분명히 전달됐다"고 자평하며, "사람을 많이 만나지는 못 했어도 모두 상징적인 사람들"이라고 말했다. 이들은 당초 원전방문을 계획했지만 도쿄전력의 승인을 받지 못해 불발됐고, 임원진과의 면담도 성사되지 않은 것으로 전해졌다.

대전 스쿨존에서 만취운전으로 9살 초등생 희생당해

지난 4월 8일 대전 서구 둔산동에서 만취상태로 운전하던 60대 남성이 9살 배승아 양을 치어 숨지게 한 사고가 발생했다. 현행범으로 체포된 남성은 당시 어린이보호구역 내 좌회전 금지구역에서 갑작스레 좌회전한 뒤 그대로 인도로 돌진해 길을 걷던 9~12세 어린이 4명을 덮쳤다. 당시 그의 혈중알코올 농도는 면허취소 수준이었던 것으로 조사됐다. 그는 소주 반병 정도를 마셨다는 당초 진술을 소주 1병으로 번복한 것으로도 알려졌다. 경찰은 10일 남성을 구속하고, 사고 진 함께 술을 마셨던 지인들의 음주운전 방조혐의 등도 살필 계획을 밝혔다.

음주운전사고로 희생된 배승아 양을 추모하는 시민들

강릉서 발생한 대형 산불, 태풍급 강풍으로 피해 불어나

4월 11일 오전 시작돼 강원 강릉지역 산림과 주택, 펜션 등에 막대한 피해를 낸 산불이 8시간 만에 잡혔다. 순간풍속 초속 30m에 달하는 강풍 탓에 산불진화의 핵심전력인 헬기의 발이 묶였으나, 오후 들어 바람이 잦아들고 천둥·번개를 동반한 거센 소나기가 내린 덕에 마침내 불길이 꺼졌다. 이번 산불로 축구장 면적 530배에 이르는 산림 379ha가 소실되고, 주택과 펜션 등 시설물 154곳이 전소되거나 일부가 타는 피해가 발생했다. 또한 1명이 숨지고 3명이 화상을 입는 등 17명의 사상자도 나왔다. 강릉지역은 12일 특별재난지역으로 선포됐다.

학폭 피해자 유족 대리한 변호사, 재판 불출석으로 유족 패소 당해

'조국 흑서'의 공동저자 권경애 변호사가 학교폭력 피해자 유족을 대리한 뒤 재판에 출석하지 않아 소송에서 패소한 사실이 알려졌다. 권 변호사는 가해자들을 상대로 낸 소송을 대리하면서 항소심 변론기일에 3차례 불출석해 패소했다. 1심에서 유족이 일부승소한 부분도 있었으나 변호사가 출석하지 않아 항소심에서 전부 패소로 뒤집혔다. 아울러 유족에게 이 사실을 5개월 동안 알리지 않은 것으로 드러나 논란이 일었고, 대한변호사협회는 권 변호사에 대한 징계조사에 나섰다. 한때 잠적했던 권 변호사는 유족에게 금전적 보상을 하겠다는 각서를 쓴 것으로도 알려졌다.

출판 기자간담회하는 권경애 변호사(왼쪽에서 두 번째)

민주당, '2021년 전당대회 돈봉투 의혹' 일파만파 … 총력 대응에 진땀

2021년 전당대회 당시 불법 정치자금을 수수한 혐의로 1심에서 징역형을 선고받은 이정근 전 더불어민주당 사무부총장의 통화 녹취파일이 4월 12일 공개됐다. 이른바 '돈봉투 의혹'이 불거진 가운데 검찰은 녹취파일을 근거로 당시 송영길 당대표 후보 캠프 소속이었던 윤관석 의원 사무실 등을 압수수색했다. 파문이 확산되자 이재명 민주당 대표는 17일 의혹에 대해 사과했다. 이어 당 차원의 사실규명에는 한계가 있다는 점을 들어 수사기관의 정치적 고려가 배제된 공정한 수사를 요청했다. 또한 프랑스에 머무르고 있는 송 전 대표에게도 조기귀국을 요청했다고 밝혔다.

이정근 전 더불어민주당 사무부총장

해외여행력 없는 엠폭스 확진자 발생, 지역사회 확산 우려

엠폭스(원숭이두창)에 대한 지역사회 확산 우려가 커지고 있다. 질병관리청은 4월 17일 국내 13번째 엠폭스 확진자가 발생했다고 밝혔다. 이 환자는 경남에 거주 중인 내국인으로 증상발생 전 3주 이내 해외여행력이 없다. 방역당국은 "국내에서 밀접접촉이 확인된 만큼 국내감염으로 추정한다"며 "추정감염원 등의 확인을 위해 상세역학조사를 진행하고 있다"고 설명했다. 국내 엠폭스 환자는 지난해 6월 처음 발생했다. 5번째 환자까지는 모두 해외 유입 또는 관련 환자였으나 6번 환자 이후로는 모두 지역사회 감염으로 추정된다.

헌재, '검수완박법' 효력유지 판결 … "입법절차엔 문제 있어"

더불어민주당 주도로 지난해 성사된 '검수완박(검찰 수사권 완전 박탈)' 입법이 검사의 권한을 침해하지 않았으며 개정법률은 유효하다는 헌법재판소 결정이 3월 23일 나왔다. 헌재는 한동훈 법무부 장관과 검사 6명이 국회의장을 상대로 낸 권한쟁의 심판청구를 재판관 5대4 의견으로 각하했다. 헌재는 국회 입법과정에서 "법제사법위원장이 국민의힘 의원들의 심의·표결권을 침해했다"면서도 법사위원장과 국회의장의 법률가결 선포행위는 무효가 아니라고 판단했다. 결국 법사위원장의 권한침해만 인정되며, 검수완박법 가결 자체는 모두 유효하다는 판단이다.

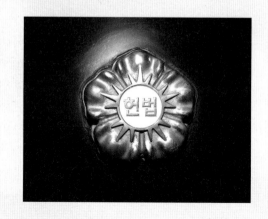

때 이른 벚꽃개화로 곳곳 지역축제 '꽃 없이' 열려

대체로 4월 둘째 주 개최일정을 잡았던 지역 벚꽃축제가 이른 개화와 강한 바람을 동반한 비의 영향으로 꽃잎이 대부분 떨어지면서 '벚꽃 없는 벚꽃축제'를 맞았다. 벚꽃이 냉해를 입는 바람에 꽃잎이 아예 피지 않거나 일찍 떨어져 나뭇가지가 앙상한 모습을 드러내기도 했다. 주최 측은 시민 참여행사를 늘리는 등 축제성격을 변경해 대응에 나섰다. 일부 지역에서는 예년보다 이른 개화에 축제일정을 앞당겨 준비하기도 했다. 이런 가운데서도 8일 전국 축제·행사장과 유명 관광지, 산 등에는 꽃샘추위에도 봄나들이에 나선 관광객과 시민의 발길이 이어졌다.

손흥민, 아시아 최초 'EPL 100호 골' 대기록 써

손흥민(토트넘)이 잉글랜드 프로축구 프리미어리그(EPL) 통산 100골을 달성하며 아시아 선수 최초로 또 하나의 기록을 남겼다. 손흥민은 4월 8일(한국시간) 2022-2023 EPL 30라운드 홈경기에서 전반 10분 날카로운 오른발 슈팅으로 골망을 흔들었다. 지금까지 EPL에서 통산 100골 이상을 기록한 건 손흥민이 34번째이며, 잉글랜드 국적이 아닌 선수로는 14번째, 아시아 출신 선수로는 역대 최초. 여기에 통산 50도움을 기록 중인 손흥민은 EPL 역대 19번째로 100골-50도움 클럽에도 가입했다. 그는 EPL 무대에서 보내는 8번째 시즌에 이 기록을 썼다.

어린이대공원에서 얼룩말 탈출 소동 … 서울 도심 활보해

동물원을 탈출한 얼룩말 한 마리가 서울시내 도로와 주택가를 활보하다 3시간여 만에 복귀하는 소동이 벌어졌다. 3월 23일 오후 2시 40분께 2019년생 얼룩말 '세로'가 어린이대공원 동물원에서 탈출했다. 세로는 3시간가량 차도와 주택가를 돌아다니다가 동물원에서 1km가량 떨어진 광진구 구의동 골목길에서 포위돼 마취총을 맞고 쓰러졌다. 시민들은 얼룩말이 골목길을 활보하는 생전 처음 보는 모습에 신기하면서도 황당하다는 반응을 보였다. 어린이대공원 관계자는 "탈출원인 등을 면밀히 조사해 재발방지를 위해 최선을 다할 것"이라고 말했다.

건조한 날씨 속 강풍까지
전국 동시다발 산불 발생

산불 53건 동시 발생

4월 5일 산림청의 발표에 따르면 2~4일 충남 홍성과 대전, 금산을 비롯해 전국에서 무려 53건의 산불이 발생했다.

이 중 100ha 이상 피해를 낸 대형산불은 2일 2곳과 3일 3곳 발생해 1986년 산불 통계를 작성한 이후 가장 짧은 기간에 가장 많이 발생한 것으로 나타났다.

핵심 브리핑

4월 5일 식목일을 앞두고 2~4일 전국에서 동시다발적인 산불이 발생해 산림·소방 당국이 진화에 큰 어려움을 겪었다. 수십 대의 진화헬기가 투입되고 공중진화대와 특수진화대원들이 사투를 벌인 끝에 4일 오후부터 내린 비로 모든 산불이 꺼졌다. 하지만 매년 비슷한 시기에 발생하고 있는 산불에 대응하기 위해 대책 마련이 시급하다는 지적이 나온다. 시대

이 기간 산불 진화에 산림청, 소방청 등에서 투입된 헬기는 313대, 차량 등 진화장비는 3,402대, 진화인력은 2만 8,501명에 달했다.

지난 1~3월 강수량은 전국 평균 85.2mm로 예년의 120.6mm보다 낮아 건조한 날씨가 이어진 데다 강풍까지 불어 산불이 급속히 확산했다.

한편 산불이 발생해 진화작업이 진행 중인 가운데 일부 지자체장들이 음주나 골프연습을 한 것으로 알려져 논란이 됐다.

산림청은 잦은 산불 발생으로 대책 마련의 필요성이 커지자 진화작업에 필요한 도로와 초대형헬기, 산불 재난 특수진화대 등을 우선 확충할 계획이다.

후쿠시마 오염수 방류
국제적·과학적으로 문제없다?

What?

지난 3월 16일 한일정상회담에서 기시다 후미오 일본 총리가 윤석열 대통령에게 후쿠시마 원전 오염수 방류계획에 협조를 요청한 사실이 언론을 통해 보도된 이후 오염수 해양방류를 둘러싼 논란이 거세졌다. 이 가운데 일본정부가 내놓은 오염수 방류계획이 국제적·과학적으로 수용되고 있다는 주장이 제기돼 해당 주장의 사실 여부가 주목을 받았다.

해외과학자들 "일본 측 데이터 신뢰할 수 없어"

현재 후쿠시마 제1원전에는 2011년 동일본 대지진 폭발사고 이후 발생한 방사성 오염수가 1,000여 개의 저장탱크에 보관돼 있는데, 일본정부는 이를 2023년 상반기부터 최소 30년간 태평양에 방출하는 계획을 추진 중이다. 일본정부는 다핵종제거설비(ALPS)를 통해 오염수 내 방사성 물질들을 제거한 처리수를 바다에 방류할 것이기 때문에 문제가 없다는 입장이다. 그러나 오염수 방류를 둘러싸고 인접국과 과학자들의 우려가 계속되는 가운데 한일정상회담 이후 기시다 총리가 윤 대통령에게 오염수 방류계획에 협조를 요청한 사실이 보도되자 논란이 거세졌다. 이에 일본 산케이 신문의 구로다 가쓰히로

서울 주재 객원논설위원이 한 라디오 방송에 출연해 "국제사회는 '과학적으로 볼 때 문제가 없다'라는 방향으로 가고 있다"고 말해 오염수 방류의 과학적 안전성을 거듭 강조하고 나섰다.

후쿠시마 원전의 운영사인 도쿄전력은 오염수 해양 방류계획을 밝히며 ALPS는 오염수 내 방사성 핵종 중 62개의 핵종을 정화할 수 있다고 장담했다. 현재 저장탱크에 보관 중인 오염수는 ALPS 처리과정을 거쳤으며, 이를 반복 처리해 방사성 농도를 규제기준치 이하로 낮춘 후 해양에 방류하겠다는 것이 일본정부의 계획이다. 도쿄전력은 관련 자료에서 "국제방사선방호위원회(ICRP)의 권고에 따라 규정된

국내 규제기준치를 확실하게 밑돌 때까지 정화처리한 물이 ALPS 처리수이며 이는 오염수와 다르다"고 명시했다. 다만 ALPS가 제거하지 못하는 방사성 물질인 삼중수소(트리튬)와 탄소-14는 바닷물에 희석해 세계보건기구(WHO)가 정한 식수 기준 7분의 1 정도로 농도를 낮추겠다고 밝혔다.

일본정부는 이러한 내용을 담은 '처리수 처분에 관한 기본방침'을 2021년 4월 13일 각료회의에서 공식 결정했다. 당시 원전강국 일본의 입김이 센 국제원자력기구(IAEA)는 "일본정부의 해양방출계획은 기술적으로 실현할 수 있으며 국제관행에도 부합한다"며 환영의 뜻을 밝혔다. 미국 국무부 또한 일본의 오염수 방류계획이 "국제안전기준에 따른 투명한 결정"이라며 지지의사를 표했다.

반면 중국과 러시아, 필리핀 등 일본과 인접한 국가들의 경우 오염수 방류계획에 우려의 뜻을 밝혔다. 특히 호주, 뉴질랜드 등 태평양의 18개 섬나라가 회원국인 태평양도서국포럼(PIE)은 일본의 발표 이후 도쿄전력에 오염수 관련 자료를 요청하고 이를 검토하기 위한 독립된 과학자 자문단을 구성했다. 핵물리학, 해양학, 생물학 등 각 분야 전문가로 구성된 PIE 자문단은 지난 1월 한국 국회에서 열린 '후쿠시마 오염수 방류 해외전문가 초청 토론회'에 참석해 도쿄전력으로부터 제공받은 자료분석 결과를 공유한 바 있다. 토론회 보고서에 따르면 전문가들은 "도쿄전력의 데이터가 불완전하고 부적절하며 일관성이 없다"는 입장이다. 도쿄전력은 2017년 10월부터 2023년 2월까지 4년 3개월간 원전 오염수를 분석한 자료들을 제공했는데, 관련 자료만으로는 오염수로부터 발생할 수 있는 여러 변수를 고려하기 어려워 데이터 표본에 대표성이 매우 떨어진다는 것이다.

ALPS 기기 신뢰성, 삼중수소 관련 대책 등도 문제

과학자들은 ALPS 기기의 신뢰성에도 의심을 제기하고 있다. 실제로 일본정부는 ALPS가 방사성 핵종을 제거할 수 있다고 홍보해왔으나 2018년 8월 교도통신의 보도로 사실이 아님이 밝혀졌다. 주한일본대사관이 공개한 보고서 '도쿄전력 후쿠시마 제1원전 ALPS 처리수 현황(2020)'에 따르면 원전탱크에 저장된 오염수의 약 70%는 해양방류를 위한 규제기준치를 통과하지 못했다.

또 ALPS가 처리하지 못하는 삼중수소 관련 대책에도 문제가 제기됐다. 일본은 삼중수소의 농도를 낮춰 해양에 방류하겠다고 밝혔으나 장기적으로 봤을 때 방류되는 양은 동일하기 때문에 해양에 미치는 영향은 변함이 없다는 것이다. 연구에 따르면 삼중수소가 유기적으로 결합할 경우 먹이그물을 통해 살아있는 생물이나 해양 바닥 퇴적물에 축적되고, 이는 결국 세포의 DNA에 영향을 줄 수 있다. 일본정부는 다른 원전 보유국도 삼중수소를 바다로 배출하고 있으니 문제가 없다는 입장이지만 전문가들은 사고로 인해 발생하는 오염수가 초래할 위험성은 불확실성이 크고 삼중수소에만 초점을 맞춰선 안 된다고 지적하고 있다. 시대

오염수 방류가 해양에 당장 큰 영향을 미치는 것은 아니지만, 현재 일본정부가 제공하고 있는 데이터를 신뢰하기 어렵고 사고로 누출된 오염수의 안전성이 보장되지 않아 현시점에서 오염수 방류가 안전하다고 볼 수 없다.

서방국가에 미국기업까지
실리 찾아 중국행

최근 미국의 전통적 우방국이라고 하는 국가의 지도자들이 중국을 연쇄 방문하고 있다. 저마다 러시아와 우크라이나 간 전쟁에 대한 중재를 명분으로 내세우지만 실제로는 경제협력이라는 실리를 챙기겠다는 것이다. 대중국 봉쇄망 동참을 촉구하고 있는 미국의 정책기조와 다른 행보를 이어가는 것은 미국기업들도 마찬가지여서 미국정부와 달리 중국 전략을 생산기지 증축과 협력 강화로 전환하고 있다.

4월 5일부터 7일(중국 현지시각)까지 에마뉘엘 마크롱 프랑스 대통령과 우르줄라 폰데어라이엔 유럽연합(EU) 집행위원장이 중국 베이징을 찾았다. 프랑스는 독일과 함께 EU를 떠받치는 양대 강국이고, 독일 출신인 폰데어라이엔 위원장은 EU를 대표하는 행정 수반이다. 이들은 시진핑 중국 국가주석을 비롯해 중국 지도부 인사들을 두루두루 만났고, 중국은 방문 이전부터 중국과 관계 개선, 경제협력 확대가 목적이라고 밝힌 두 사람을 국빈 대접했다.

또한 중국은 루이비통모에헤네시(LVMH), 에어버스 등 프랑스 주요기업 최고경영자 등 경제계 인사 50여 명과 함께 온 마크롱 대통령에게 선물을 안겼다. 중국과 프랑스 사이에는 20건이 넘는 사업계약이 성사된 것으로 알려졌다. 6일 시 주석은 마크롱 대통령과의 정상회담에서 "오늘날 세계가 역사적 변화를 겪고 있다"라며 "중국과 프랑스는 유엔 안전보장이사회 상임이사국이자 주체적 전통을 가진 대국으로 국제 민주화의 확고한 추진자"라고 밝혔다. 이에 마크롱 대통령도 "(미국 주도의) 탈동조화와 망단절에 반대한다"며 "우리는 중국과 상업적 관계를 계속 적극적으로 해나갈 것"이라고 화답했다.

중국으로 향하는 세계 정상들

❖ 중국경제 낙수효과 기대감 커져
❖ 미국 중심의 세계구도에 반발
❖ 명분보다 실리

중국방문에 신호탄을 쏜 인물은 지난해 11월에 중국을 방문한 올라프 숄츠 독일 총리다. 그는 제20차 중국공산당 전국대표대회 이후 중국을 방문한 첫 유럽 지도자였다. 이를 시작으로 싱가포르 총리(3월 27일), 말레이시아 총리(3월 29일), 스페인 총리(3월 30일), 일본 외무상(4월 1일) 등도 중국을 찾았다. 마크롱 대통령의 경우에는 제14차 전국인민대표대회 이후 중국의 첫 국빈방문 인사로서 정상회담에 이어 EU 집행위원장과의 3자회담도 있었다. 이밖에 이조르자 멜로니 이탈리아 총리도 상반기 중국 방문을 검토 중인 것으로 알려졌다.

동반방중에 나선 EU 집행위원장과 프랑스 대통령

중국을 방문한 지도자들은 정치적 명분을 앞세웠었다. 독일과 스페인은 각각 수교 50주년을, 프랑스는 내년이 수교 60주년이라는 점을, 일본은 지난해 수교 50주년과 올해 중일 우호조약 체결 45주년이라는 의미를 각각 내세웠다. 그러나 이들이 앞다퉈 중국을 방문한 이유에는 코로나19 상황이 진정되면서 중국경제의 '리오프닝(Reopening, 재개)'에 대한 기대감이 크게 작용했다.

중국이 2021년 경제성장률 8.1%를 기록하면서 이들 국가가 경험한 경제적 효과가 컸다. 이들 국가와 중국의 교역량이 120~170% 급상승하면서 서로 최대의 무역파트너가 됐다. 지난해 EU 수출액에서 중국의 비율은 10%로 미국(22%) 다음으로 크고, 수입액은 중국이 23%로 1위를 차지하며 미국(13%)을 크게 앞질렀다. 특히 주요소재인 마그네슘과 희토류 등의 중국산 수입비중이 90%를 넘는 등 유럽경제에서 중국이 차지하는 비중이 날로 커지고 있다. 이에 중국도 미국과는 강대강 대치를 이어가면서도 유럽 국가들에 대해서는 지속적으로 러브콜을 보내는 투트랙전략을 취하고 있다.

IMF 세계 경제성장률 전망

4월 11일 발표	2023년	2024년
세계 평균	2.8	3.0
신진국 평균	1.3	1.4
신흥·개도국 평균	1.6	4.2
미국	1.6	1.1
유로존	0.8	1.4
러시아	0.7	1.3
중국	5.2	4.5
한국	1.5	2.4

자료 / 국제통화기금(IMF)

그동안 미국의 영향을 강하게 받아온 국제통화기금(IMF)도 중국에 우호적인 전망을 내놨다. 크리스탈리나 게오르기에바 IMF 총재는 미국 워싱턴DC에서 IMF 춘계총회를 앞두고 진행한 연설에서 리창 중국 국무원 신임 총리를 "매우 다가가기 편안하고 실용적인 사람"이라고 평가하고, 그가 "(중국이 돈을 빌려준) 개발도상국들의 막대한 채무 분담 문제에 관해 '중국이 문제해결에 건설적인 역할을 하고 싶다'고 말했다"며 중국의 책임과 역할을 강조했다.

세계의 블록화 … 결국 미국에 부메랑 될 수도

❖ 미중 패권경쟁에 새우등만 터져
❖ IMF, 중국 리오프닝 효과에서 한국은 예외
❖ 미국기업들마저 너도 나도 중국러시

반면 IMF는 미국을 향해 날선 비판을 내놨다. 게오르기에바 총재는 "미국 등 선진국의 90%에서 높은 금리의 영향 등으로 경제활동이 둔화하는 가운데 저소득국은 자금조달 비용이 늘고 수출이 감소하면서 더 큰 어려움을 겪을 것"이라며 "성장세 둔화는 저소득 국가들이 따라잡기 더 어렵게 만드는 심각한 타격이 될 것"이라고 전망했다. 또한 미국의 인플레이션감축법(IRA)과 반도체지원법(반도체법)이 세계를 친미와 친중 진영으로 블록화함에 따라 해외 직접투자가 줄고, 결과적으로 세계경제 생산의 2%가 손해를 보게 될 것이라고 전망했다. 또한 "미국 진영인 한국과 일본이 중국과의 교역단절로 받을 피해 때문에 미국 진영의 전체 손실도 무시할 수 없다"고 경고했다.

실제로 우리나라는 윤석열정부 출범 이전 유럽과 마찬가지로 대중국 수출·수입이 각각 145%와 154%까지 증가했다. 그러나 윤 대통령이 나토에서 '탈중국'을 선언한 이래 대중국 수출이 꾸준히 감소하면서 급기야 28년 동안 줄곧 흑자였던 대중국 무역수지가 5개월 연속 적자를 기록하고 있다. 이 때문에 4월 12일 국제신용평가사 피치의 제임스 맥코맥 국가신용등급 글로벌 총괄과 만난 추경호 부총리 겸 기획재정부 장관이 "국내 경기는 하반기로 갈수록 중국 리오프닝 효과, 반도체 업황 회복 등으로 나아질 것이 기대된다"고 피력했음에도 전문가들은 미국의 반중정책에 기댄 '탈중국'을 철회하지 않는 한 어렵다고 전망했다.

중국을 세계 경제질서의 거대한 축으로 보는 인식은 미국 내 기업들도 궤를 같이한다. 반도체시장에서 중국을 견제하고 자국의 경쟁력을 키운다는 목표 아래 미국의회는 지난해 급조된 반도체법과 IRA를 통과시켰고, 이를 보완하기 위해 지난 3월 반도체법의 가드레일 규정과 IRA의 세부지침을 발표했다. 이에 따라 해외기업이 미국에서 전기차보조금을 받기 위해서는 중국에 투자하지 않고 미국 내에 공장을 세워 미국인들을 고용해야 하며, 더 나아가 생산공정과 회계장부를 미국정부에 제공해야 한다. 중국봉쇄

목적뿐 아니라 한국 반도체산업에 대한 통제력을 강화하겠다는 의도다.

불공정성은 차치하고라도 보완을 했음에도 전문가들은 이 법안들이 반도체와 2차전지의 생산구조와 공급체계의 현실을 제대로 반영하지 못했다고 지적한다. 미국의 메모리반도체, 2차전지 등의 생산량이 미국 내 수요를 충족하기에 턱없이 부족하고, 2022년 중국시장을 제외한 우리나라 기업의 2차전지 세계시장 점유율은 53.4%에 불과했다. 따라서 일본(17.1%)까지 포함하더라도 미국이 제공받을 수 있는 2차전지는 최대 60%가 한계다. 문제는 이것으로는 미국과 우방이 생산하는 전기차의 수요를 충족할 수 없다는 것이다.

세계 배터리 1위 업체인 중국 CATL

지난 2월 미국의 상징이라 할 수 있는 포드자동차가 중국 최대 배터리기업 CALT와 손잡고, 4월 테슬라가 상하이에 '메가팩(거대 용량 배터리)' 생산기지를 건설한다는 협정의 조인식을 갖게 된 결정적 이유가 바로 여기에 있다. 미국 자동차기업들의 잇따른 중국행에는 테슬라 전체 매출의 20% 이상이 중국시장에서 이루어질 만큼 최근 중국이 세계 최대의 전기차(EV)시장으로 떠올랐기 때문이다. 그러나 반도체법과 관련해 자국 기업에도 보조금 지급조건을 똑같이 적용한다던 미국정부는 포드나 테슬라의 중국투자에 대해서는 말을 아끼고 있다.

미국의 공세에 중국 반격 시작

중국은 중국대로 본격적으로 국제기구를 통한 반격에 나서는 모양새다. 4월 3~4일 열린 세계무역기구(WTO) 상품무역이사회에서 중국 대표는 미국, 일본, 네덜란드 등 3국의 반도체 관련 수출규제에 대해 "WTO의 공정성과 투명성 원칙에 반하고, 권위와 유효성을 해친다"고 주장하고, "(3국 사이에) 무언가 합의가 있다면 소상히 밝혀야 한다"며 WTO에 조사실시와 감시강화를 촉구했다. 특히 미국에 대해 '미국이 안보를 이유로 무역에 막대한 제한을 가하고 있으며, 다자무역체제를 깨뜨리고 있다'고 비판했다.

또한 자국 반도체기업을 대상으로는 미국의 대중 첨단기술 규제에 대응해 중국 반도체기업이 보조금을 용이하게 받을 수 있도록 보조금 지급조건을 완화한다는 방침을 세웠다. 앞서 지난해 12월에는 중국정부가 반도체산업을 지원 육성하기 위해 1조위안(약 190조 2,800억원)이 넘는 규모의 자금을 투입할 계획이라고 전해지기도 했다.

한편 미국이 중국 반도체산업을 겨냥한 제재가 1980년대 일본을 상대로 했던 것과 비슷하다는 지적도 나온다. 1980년대 미국은 일본 반도체기업들이 성장하며 자국 반도체산업이 심각한 위기에 빠지자 보복관세 등을 무기로 압박해 미일 반도체협정을 맺어 일본 반도체산업의 성장을 막았다. 이 때문에 재계와 노동계에서는 이 같은 일이 우리나라를 상대로도 이뤄질 수 있다고 우려하고 있다. 그러나 현재 우리 정부는 미국의 반도체법에 적절한 대응을 찾지 못한 채 전기차 최대시장인 중국마저 놓칠 위기에 처해 있다. ⧈

4·5재보궐선거,
거대 여야에 경고장 날렸다

진보당 강성희 국회등원,
"윤석열 검찰독재 심판"

4·5 전주을 국회의원 재선거에서 당선된 진보당 강성희 의원은 국회 본청 앞 계단에서 첫 등원 기자회견을 열고, "윤석열 정권을 심판하기 위해선 진보 민주개혁 세력의 단결과 연대가 필수"라며 "정권심판에 동의하는 정치세력이라면 누구와도 만나 무너진 민주주의를 회복하고 국민의 삶을 지키겠다"고 강조했다. 그러면서 "지금 국민이 원하는 야당은 대통령과 검찰을 두려워하지 않는 강한 야당"이라고 덧붙였다.

2023.04.10. 연합뉴스

총선 1년 앞두고 열린 재보선

전국 9곳에서 치러진 지난 4·5재보궐선거는 1년 앞으로 다가온 총선의 향배를 가늠할 좋은 기회였으나 여론의 관심은 크지 않았다. 경남 창녕군수 보궐선거에서는 무소속으로 출마한 국민의힘 출신 성낙인 후보가, 울산 교육감 보궐선거에서는 진보성향의 천창수 후보가 당선됐다. 또 경남과 경북의 광역의원선거에서는 국민의힘 후보들이 승리했고, 전북·경북·충북·울산 등 4곳의 기초의원선거에서는 국민의힘과 더불어민주당이 두 석씩 나눠 가졌다. 기존 지역구도에서 크게 벗어나지 않은 결과다. 그러나 이번 재보선은 국민의힘과 민주당 두 기득권 양당이 총선을 준비하며 짚어봐야 할 몇 가지 지점도 존재했다.

거대 양당 진영정치에 대한 무당층의 염증 깊어

이번 전주을 국회의원 재선거에서는 강성희 진보당 후보가 당선됐다. 이로써 과거 통합진보당에 뿌리를 둔 진보당이 다시 국회로 진입하게 됐다. 이에 따라 진보계열 정당의 의석수는 정의당 6석, 기본소득당 1석을 포함해 총 8석으로 늘었다. 이번 재보선 결과가 대체로 기존 지역구도와는 크게 어긋나지는 않았으나, 진보당이 전통적으로 민주당 강세지역인 호남에서 승리한 것은 최근 무당층의 증가와 맞물려 주목되는 대목이 아닐 수 없다.

전주을 재선거는 이상직 전 민주당 의원이 공직선거법 위반으로 의원직을 상실하면서 열리게 돼 민주당은 후보를 내지 않았다. 하지만 이번 재선거의 후보 중 두 명은 애초 민주당 소속이었고, 탈당 후 무소속으로 출마해 민주당을 상징하는 파란색 점퍼까지 입고 선거에 나섰다. 그럼에도 이들이 패한 것이나, 국민의힘 후보가 5위로 낙선한 것은 갈수록 부정적 측면이 도드라지는 양당정치의 폐해에 대한 유권자들의 경고로 해석된다.

지난 3월 말 한국갤럽의 여론조사에 따르면 무당층의 비율은 무려 29%로 나타났다. 이러한 상황에서 정치권에서는 '제1당은 무당'이라는 말까지 나오고 있다. 선거 때마다 약속했던 협치는 온데간데없고 극단적인 혐오와 비난만 난무하는 상황이니 국민들이 정치에 염증을 느끼는 것은 당연하다. 문제는 양당이 이런 상황을 개선할 의지가 없다는 것이다. 어찌되든 두 당 중 한 곳은 집권한다는 확고한 믿음 속에 양당의 '적대적 공생'은 유지되고 있다.

투표율이 낮았다는 점도 주목해야 해

이례적으로 낮았던 투표율도 주목할 대목이다. 전주을 재선거 투표율 26.8%는 사전투표제가 도입된 2014년 이후 치러진 국회의원 재보궐선거 가운데 세 번째로 저조한 것이다. 울산시 교육감 보궐선거 투표율도 26.5%로 역대 시 교육감 선거 중 최저로 기록됐다. 투표율이 낮다고 결과의 정당성이 사라지는 것은 아니지만 대표성에 의문이 제기될 만한 수준이다.

평일인 데다 궂은 날씨에 특별한 선거이슈도 없었으나, 역시 정치에 대한 무관심도 한몫했다. 어쩌면 투표 포기를 통해 기득권 양당의 행태에 항의한 것일 수도 있다고 본다. 마음이 떠난 유권자들이 갈 곳이 없다는 것은 민주주의의 위기다. 국민이 외면하면 정치는 더 나쁜 길로 향하기 마련이기 때문이다. 이번 재보선의 경고를 양당은 잊지 말고, 모쪼록 변화의 전환점으로 삼길 바란다. 시대

독일, 탈원전 최종 선언
더 이상 원전은 없다

독일이 4월 15일 자정에 이자르2, 네카베스트하임2, 엠스란드 등 남은 원전 3곳의 가동을 최종적으로 중단하고 원자력발전에서 손을 뗐다. 당초 지난해 말까지 탈원전을 약속했던 독일은 러시아의 우크라이나 침공으로 인한 에너지 위기에 총리 직권으로 남은 원전 3곳의 가동을 연장한 바 있다. 독일에서 원전은 전체 전력생산의 5%를 담당해왔다.

독일, "탈원전 돌이킬 수 없어"

4월 10일(현지시간) 로베르트 하베크 독일 부총리 겸 경제기후보호부 장관은 독일의 탈원전은 돌이킬 수 없다고 못 박았다. 그는 닷새 후부터 이자르2, 네카베스트하임2, 엠스란드 등 원전 3곳의 가동이 중단될 것이라면서 이같이 밝혔다. 그는 프랑스나 영국이나 핀란드 등에서 새로운 원전건설은 경제적 낭패로 드러났다며, 새로운 원전건설에 대한 독일 운영사들의 관심도 없는 상황이라고 말했다.

그는 "2030년까지 재생에너지를 통한 발전 규모가 80%에 이르게 될 것"이라고 내다봤다. 이어 그는 탈원전에도 에너지공급 안전을 보장할 수 있다고 밝혔다. 그러면서 "독일 내 에너지공급 안정은 어려웠던 지난겨울에도 보장됐고, 앞으로도 보장될 것"이라고 약속했다. 가스저장고가 가득 찼고, 북해 연안에 액화천연가스(LNG) 터미널을 건설했으며, 재생에너지 생산도 늘어나 에너지공급을 통제할 수 있는 상황이라고도 설명했다. 그는 동시에 시민들에게 계속 에너지절약에 나서달라고 당부했다.

탈원전 후에도 해결할 문제는 남아 있어

다만 독일정부는 탈원전 후에도 원전해체와 핵폐기물 처리 문제는 계속 남게 된다고 밝혔다. 지난 3월 30일(현지시간) 슈테피 렘케 독일 환경장관은 "원전 이용의 결과물인 핵폐기물은 앞으로 3만세대 동안 위험요소로 머물 것"이라고 지적했다. 그는 "독일이 원자력발전을 한 지난 60년간 완전히 해체된 원전은 3곳뿐이고, 앞으로 30곳이 남아 있다. 원전해체에는 10~15년이 걸린다"고 지적했다. 그는 "핵폐기물을 중간·최종 처리해야 하는데, 당장 중저방사성 폐기물만 올림픽 규격 수영장 기준으로 100개가 넘는다"며, 고방사성 폐기물은 최종처리장을 마련하는 게 불가피하다고 지적했다. 독일은 2031년까지 핵폐기물 최종처리장을 마련한다는 계획이다.

독일 시민은 원전가동중단 반대 여론이 높아

그러나 독일 내 여론은 정부의 의지와는 조금 다른 모양새다. 4월 11일(현지시간) 독일 여론조사기관 인사(Insa)가 독일 시민들을 상대로 실시한 설문조사 결과에 따르면 응답자의 52%는 '남은 원전 3곳의 가동을 중단하는 것은 잘못됐다'고 평가했다. 나머지 37%는 '가동을 중단하는 게 옳다'고 답했고, 11%는 의견을 제시하지 않았다.

독일은 2011년 일본 후쿠시마 원전사고 이후 앙겔라 메르켈 총리가 이끌던 연립정부가 2022년 말까지 탈원전을 결의한 바 있다. 이에 독일 산업상공회의소(DIHK)는 탈원전으로 인한 에너지공급 부족과 가격상승 가능성에 대해 경고하며, "가스가격 하락에도 독일 내 대부분의 기업에 있어 에너지비용은 높은 수준에 머물고 있다"면서 "동시에 독일은 에너지공급 안정이라는 산을 넘지 못했다"고 주장했다. 옌스 슈판 독일 기민·기사당 연합 원내부대표도 "원전가동을 중단하는 대신 석탄발전소 가동이 연장될 것"이라고 지적했다.

반면 현재 올라프 숄츠 총리가 이끄는 연립정부의 입장은 확고하다. 리카르다 랑 녹색당 대표는 "남은 원전의 가동중단은 새로운 시작을 의미한다"고 주장했다. 그는 "탈원전은 무엇보다 최종적인 재생에너지 시대로의 본격진입"이라며 "안전하고 덜 위험하고 감당할 수 있는 가격에 깨끗한 재생에너지 시대로 전환하는 것"이라고 말했다. 시대

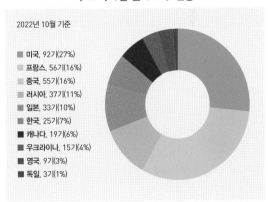

주요 국가별 원자로 수 현황

2022년 10월 기준

- 미국, 92기(27%)
- 프랑스, 56기(16%)
- 중국, 55기(16%)
- 러시아, 37기(11%)
- 일본, 33기(10%)
- 한국, 25기(7%)
- 캐나다, 19기(6%)
- 우크라이나, 15기(4%)
- 영국, 9기(3%)
- 독일, 3기(1%)

자료 / 국제원자력기구(IAEA)

"여론수렴 vs 방송장악"

소비자 선택권 중요

IPTV 가입은 오래전에 대세가 됐다. 과거에는 난시청 지역인 탓에 지역케이블에 어쩔 수 없이 가입해야 했다면 요즘에는 다양한 콘텐츠를 접하기 위해 IPTV에 가입한다. 이 때문에 TV가 있더라도 지상파보다는 영화나 스포츠, 교육 등 자신의 원하는 채널만 보는 이들이 상대적·압도적으로 많다. 또한 개인의 IPTV 이용료 외에도 IPTV를 운영하는 통신사가 KBS측에 이용료를 지급하고 있는 것을 생각하면 소비자는 IPTV 이용료와 KBS 수신료를 따로 지불하는, 이중·삼중의 부담을 떠안고 있는 셈이다.

TV가 없더라도 수신료를 안 내기 위한 과정도 쉽지 않다. 신청에서 실사조사까지 여러 단계를 거쳐야 하고 매번 확인하는 절차가 필요하다. 심지어 최근에는 1인가구의 급증과 함께 넷플릭스 등의 이용자도 급증했는데, 이런 경우 많은 이들에게 TV는 지상파 시청이 아닌 OTT 시청을 위한 용도일 뿐이다. 즉, TV가 있다는 이유만으로 보지도 않는 KBS에 돈을 내고 있는 것이다.

소비자는 선택할 수 있어야 하고, 방송은 소비자가 선택하는 상품인 만큼 선택에 따른 비용은 선택한 사람들만 지불하는 게 공정하다. KBS는 공영방송으로 수신료를 받고 있으면서도 여타의 지상파처럼 수익을 위해 중간광고까지 도입했다.

KBS 수신료 징수방식이 또다시 도마에 올랐다. TV 수신료는 방송법에 따라 이용빈도나 실사용 여부를 따지지 않고 '텔레비전 수상기를 소지한 사람'에 대해 매달 2,500원을 의무적으로 내게 하는 것인데, 과거에는 KBS 징수원이 집마다 돌며 수신료를 걷었지만 1994년부터 전기요금에 수신료가 통합되면서 한국전력이 KBS로부터 징수업무를 위탁받아 대행해주고 있다.

그런데 지난 4월 11일 대통령실은 대통령실 국민제안 홈페이지를 통해 공개토론(3월 9일~4월 9일)에 부쳤던 'KBS 수신료 분리징수 안건'에 96.5% 찬성(찬성 5만 6,226건, 반대 2,025건)으로 마감됐다고 밝혔다. 그러면서 'TV 수신료 강제징수'에 반대하는 국민 여론이 대다수인 만큼 전문가로 구성된 국민제안심사위원회에 보고하고 권고안을 방송통신위원회와 산업통상자원부 등 관계 부처에 전달한다고 설명했다. 일각에서는 신속한 개선을 위해 방송법을 고치는 것보다는 시행령을 개정하는 방안도 거론된 것으로 알려졌다. 이렇듯 TV 수신료 징수방식을 개선하는 내용의 권고안이 확정되면 29년간 유지된 '전기료 · 수신료 통합징수' 방식의 변경이 본격화될 전망이다.

KBS 수신료 분리징수

현행 수신료 징수방식은 김영삼정부 때 방송법에 근거가 마련되면서 도입됐다. 이전까지는 KBS 징수원이 직접 수신료를 받으러 다녔기에 납부 회피가 많았고 비용 대비 징수 효율성이 높지 않았다. 반면 통합징수 도입 이후인 1995년 수신료 수입은 전년보다 66% 이상 증가하고 수신료 징수율도 기존 53%에서 95%로 대폭 확대됐다. 이를 기반으로 KBS는 KBS 1TV의 상업광고를 폐지했다. 1999년 5월에는 수신료가 '특별부담금'이라는 헌법재판소의 결정을 받으면서 분리징수의 법적 근거가 확립됐다.

한편 KBS 수신료의 분리징수는 윤석열정부가 출범하면서 본격화했다. 윤 대통령은 지난해 인수위에서 선정한 120대 국정과제에서 "공영방송의 위상 정립과 공적책무 이행을 위해 경영평가, 지배구조, 수신료 등 관련 법·제도를 개선하겠다"고 밝힌 바 있다. 이어 2022년 7월 한덕수 국무총리가 수신료를 분리징수한다는 발언을 했고, 국민의힘도 2003년에 이어 또다시 당 차원에서 수신료를 분리징수하기 위한 분위기 조성에 나섰다. 그러나 이번 결정의 기초가 된 국민제안 추천 시스템에 '중복투표' 문제가 불거지고, 여당과 일부 보수 유튜버를 중심으로 조직적인 국민제안 토론 참여 독려가 이뤄졌다는 게 알려지면서 논란이 되고 있다. ⃞

"넷플릭스처럼 신청하는 사람만 내야"
"시청자의 선택권을 제한하는 불합리한 제도"

"분리징수된다고 안 내는 것 아니야"
"분리징수 카드 내건 방송장악 시도"

방송장악을 위한 시도

세금을 낼 것인가 말 것인가를 여론을 묻는 것 자체가 잘못됐다. 돈을 더 내라는 데 좋아할 리 없기 때문이다. 게다가 분리징수가 곧 '안 내도 된다'의 의미도 아니다. 징수의 과정이 불편해질 뿐 수신료를 내는 것은 똑같다는 것이 대통령실의 질문에는 빠져 있다. 분리징수를 하게 되면 징수비용이 수신료보다 더 클 수밖에 없고, 결국 국민이 내야 하는 비용은 더 커질 수도 있다. 또한 TV가 없다면 지금도 일정절차를 거쳐 수신료를 면제받을 수 있다.

무엇보다 언론은 특정 세력에 경도되거나 장악되지 않고 독립적으로 시민을 위해 제반 세력을 감시·견제해야 한다. 그러나 그러기 위해서는 무엇보다도 재원의 압박을 받지 않아야 한다. 그런 의미에서 유럽에서는 공영방송을 유지하고 있다. 이 경우 정부가 개입하지 않을 뿐만 아니라 정부 개입을 거부하는 내적 동력도 크다. 이 때문에 공영방송에 대한 국민의 신뢰도도 높은 편이다. 공정성은 재원의 권력에서 자유로울 때 가능하다는 말이다. 결국 정부는 분리징수를 카드로 공영방송 흔들기에 나선 것이다. 국민의힘 과방위 간사가 KBS, MBC를 두고 "하나도 못 먹고 있다"며 공공연히 속내를 드러낸 것도 같은 맥락이다. 내년 총선을 앞둔 시점에서 돈줄을 쥐고 정권 입맛에 맞게 방송을 장악하려는 것 아니냐는 비판이 나올 수밖에 없다.

"생명존중 vs 엄벌필요"

지금도 명목상 사형제일 뿐

흔히들 사형제가 흉악범죄를 억제하는 효과가 있다고 생각하지만, 사실은 그렇지 않다. 치밀하게 모의한 범죄에서는 어차피 '발각되지 않을 것'을 전제로 하기 때문에 발각될 경우 사형의 처벌을 받는지 여부는 거의 영향을 주지 않고, 충동적인 범죄는 말 그대로 충동적으로 범행을 저지르기 때문에 사형제 유무가 범행결심에 별반 영향을 주지 않는다. 그리고 사형제가 없어진다고 해서 흉악범죄에 대해 무죄가 선고되는 것도 아니다. 사형 대신 무기징역 등 여전히 중형에 처해진다.

무엇보다 판결은 인간이 한다. 따라서 오심의 가능성이 존재한다. 1995년부터 2012년 5월까지 재판을 받은 강력범죄 사건 중 1심 유죄가 2심에서 무죄로 바뀐 경우가 무려 540건에 이른다. 미국만 해도 1973년 이후 사형선고 후 무죄방면된 이가 150명 이상이다. 사형은 되돌릴 수 없는 형벌이다. 나중에 오심이 밝혀져도 복구가 원천적으로 불가능하다.

사형제 존폐를 묻는 여론조사에서 국민여론은 언제나 "유지해야 한다"는 의견이 많았다. 그러나 대체형벌이 마련된다는 전제로 한 여론조사에서는 "폐지에 찬성한다"는 비중이 더 높다. 사형제 폐지를 전제로 한 대체형벌(감형 없는 종신제 등)에 대한 고민이 필요하다는 의미다.

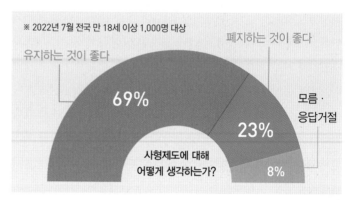

※ 2022년 7월 전국 만 18세 이상 1,000명 대상

유지하는 것이 좋다 **69%**

폐지하는 것이 좋다 **23%**

모름·응답거절 **8%**

사형제도에 대해 어떻게 생각하는가?

자료 / 한국갤럽

헌법재판소는 2022년 7월 사형제 위헌심판 공개변론 이후 위헌 여부를 심리 중이다. 이는 2018년 부모 살해 혐의로 1심에서 무기징역이 선고된 후 항소·상고가 기각돼 수감 중인 A씨가 2019년 2월 한국천주교주교회의 정의평화위원회와 함께 사형제 헌법소원을 낸 데 따른 것이다. 심판대상은 형법 제41조·제250조 제2항 중 '사형' 부분인데, 사형제가 헌법 제10조가 규정하는 '인간으로서의 존엄과 가치에 위반되는지 또 본질적인 생명권을 침해하는지'가 쟁점으로 꼽힌다. 형법 제42조는 죄를 저질렀을 때 받을 수 있는 형의 종류 가운데 하나로 사형을 명시하고 있다. 같은 법 제250조 2항은 '자기 또는 배우자의 직계존속을 살해한 자는 사형, 무기 또는 7년 이상의 징역에 처한다'고 규정하고 있다.

앞서 공개변론에서 A씨 측은 "사형제는 범죄인을 도덕적 반성과 개선을 할 수 있는 인간으로 보지 않는 것"이라며 "사형제보다 기본권을 덜 제한하는 절대적 종신형 등으로 범죄인을 사회에서 영구히 격리해 사회보호 목적을 달성할 수 있다"고 주장했다. 근거로는 사형제도의 범죄 억제효과를 입증할 화학적 연구결과가 없고, 오판 가능성도 있다는 점을 제시했다.

사형제 폐지

그런데 법무부가 지난 4월 13일 현행법상 30년으로 규정된 사형의 집행시효를 폐지하는 형법 개정안을 입법예고했다. 현행 형법 77조와 78조는 사형 선고가 확정된 후 그 집행을 받지 않고 30년이 지나면 시효가 완성돼 집행이 면제된다고 규정한다. 개정안은 여기에서 사형을 제외해 시효가 적용되지 않도록 하는 내용을 담았다. 법무부는 "살인죄 등 사형에 해당하는 범죄는 15년의 공소시효가 폐지됐으나, 판결로 사형이 확정된 자에 대한 집행시효는 그대로 유지돼 불균형을 바로잡을 필요가 있다"고 설명했다.

사형제가 헌재 심판대에 오르는 건 1996년과 2010년 이후 세 번째다. 1996년에는 살인죄의 법정형으로 사형을 규정한 형법 250조(사람을 살해한 자는 사형, 무기 또는 5년 이상 징역·자기 또는 배우자 직계존속을 살해한 자는 사형, 무기 또는 7년 이상 징역)에 대한 헌법소원심판에서 합헌결정했다. 2010년에는 형의 종류를 명시한 형법 41조 1호(사형)에 대해 '헌법 취지에 맞다' 판단했다. 그러나 지난 1월 유엔(UN) 인권이사회는 우리나라에 대한 제4차 국가별 인권상황 정기검토(UPR)에서 31개국 명의로 사형제 폐지와 '사형폐지를 위한 시민·정치적 권리에 관한 국제규약 제2선택의정서' 비준을 권고한 바 있다. [시대]

 YES! "나중에 오심이 밝혀져도 사형당하면 못 되돌려"
"어차피 안 할 거면 차라리 폐지해야"

 NO! "죄에 상응하는 법이 정의의 실현"
"연쇄살인범과 피해자의 인권은 같지 않아"

경고기능 큰 효과적 형벌

극악한 범죄를 저지른 이에게 무거운 처벌을 하는 것이 곧 정의실현이다. 그런 의미에서 사형은 흉악한 범죄를 억제하는 가장 효과적인 형벌이자 최소한의 법적 장치다. 1981년 텍사스주 휴스턴은 701명의 살인사건이 발생해 미국 내에서 살인율이 가장 높았지만, 고심 끝에 주정부가 1982년 사형집행을 부활한 결과 휴스턴의 살인범죄가 격감했다. 인간에게 가장 소중한 생명을 박탈하는 것인 만큼 사형은 분명 사회에 주는 경고기능이 있는 것이다.

우리 헌법에는 '모든 국민은 사람으로서 지니는 가치와 존엄성을 가지며 행복하게 살아갈 권리가 있다'고 명시돼 있다. 살인은 헌법이 명시한 개인의 권리를 강제로 빼앗는 행위다. 20여 명을 살해한 유영철이나 10여 명을 살해한 강호순 등 연쇄살인범들의 인권과 그들에게 목숨을 빼앗긴 피해자의 인권을 동일시해서는 안 된다. 반인륜적이고 패륜적인 범죄자에 대한 사형선고는 인간의 존엄성을 수호해야 하는 국가의 책무이기도 하다. 또한 국가는 약자를 보호할 의무가 있다. 살인범죄의 피해자는 주로 여성, 어린이, 노인 등인 것을 고려하면 약자의 인권은 물론 정의와 형평, 헌법이 보장하는 평등권을 구현한다는 의미에서 사형제도는 유지돼야 한다. 그 외에도 사형선고는 피해자 유족의 고통과 울분을 국가가 위로해주는 측면도 있다.

01 (   )은/는 미국 국가안보국에서 사용한 깃으로 알려진 정보분석 소프드웨이 시비로 수집된 초기정보를 조합·분석해 유의미한 자료로 만든다.

02 마약범죄에 대한 사회적 불안감이 커지자 정부 당국과 지자체 등은 (   )을/를 설치해 관련 범죄에 엄정대응하겠다고 밝혔다.

03 초과생산된 쌀 전체를 정부가 의무적으로 수매해 쌀 가격을 안정화하는 것을 골자로 한 (   )이/가 국회 재투표 결과 부결됐다.

04 (   )은/는 통합재정수지에서 국민연금 등 4대 보장성 기금을 차감한 것으로 정부의 실질적인 재정상태를 보여준다.

05 정부는 학교폭력 피해를 당한 학생이 요청하는 경우 학교장이 가해학생을 대상으로 출석정지나 학급교체 처분을 할 수 있는 (   )을/를 부여할 예정이다.

06 (   )은/는 영미법 국가에서 일반시민 가운데 무작위로 선발된 16~23명의 집단으로 이들의 과반수 찬성이 있어야 형사사건의 피의자를 기소할 수 있다.

07 전 세계 가상화폐 가치의 폭락 도미노를 불러온 (   )의 핵심인물인 권도형 테라폼랩스 대표가 도피생활 11개월 만에 체포됐다.

08 (   )은/는 범죄행위와 관련된 재산을 몰수할 수 없을 때 그에 상응하는 정도의 금액을 빼앗는 것을 말한다.

09 삼성전자가 IT 수요 부진에 따른 반도체 실적 악화로 2023년 1분기 영업이익이 96%가량 급감해 (   )을/를 기록했다.

10 (   )은/는 1947년~1954년까지 제주도에서 발생한 무력충돌과 진압과정에서 수많은 제주도민이 희생당한 사건으로 한국현대사에서 한국전쟁 다음으로 인명피해가 큰 사건이다.

11 중대재해처벌법상 중대재해는 (　　　)와/과 중대시민재해로 나뉘며 사업주 및 경영책임자가 안전·보건조치를 위반해 사상자가 발생한 경우 적용할 수 있다.

12 (　　　)은/는 정부가 투자증대를 통해 대기업이 성장을 촉진하면 결국 총체적인 경기활성화로 인해 국가경제 발전과 국민복지가 향상된다는 이론이다.

13 사우디가 위안화를 석유대금으로 인정하는 경우 그동안 (　　　) 지위를 유지해온 미국에 적잖은 타격을 줄 것으로 전망됐다.

14 (　　　)은/는 국회의원에게 주어지는 특권 중 하나로 현행범이 아닌 한 회기 중 국회의 동의 없이 체포·구금되지 않을 권리다.

15 (　　　)은/는 출입국이 허락의 표시로 여권에 찍어주는 보증 없이 해당 국가에 드나들 수 있게 한 제도다.

16 (　　　)은/는 의사를 양성하기 위한 교육기관으로 이공계 타 전공을 이수했지만 의사가 되기를 희망하는 학생들이 의사면허를 취득할 수 있게 하자는 취지에서 만들어졌다.

17 2022년 개편된 건강보험료 부과체계에 따르면 (　　　) 소득이 연간 2,000만원을 넘는 경우 건보 피부양자 자격이 박탈된다.

18 (　　　)은/는 레바논에 기반을 둔 이슬람 시아파 무장투쟁조직이자 정당으로 같은 시아파인 시리아와 이란의 지원을 받고 있다.

19 '챗GPT'를 필두로 한 (　　　)이/가 폭발적 관심을 끌면서 저작권과 관련된 분쟁도 본격화되고 있다.

20 최근 치료제 개발과 치명률 감소, 확산 감소 등 코로나19 상황이 안정적으로 유지됨에 따라 국내에서도 (　　　)으로의 전환을 준비하고 있다. 시대

---

01 프리즘 프로젝트　02 마약범죄 범정부 특별수사본부　03 양곡관리법 개정안　04 관리재정수지　05 분리요청권　06 대배심　07 테라·루나 폭락사태　08 추징금　09 어닝 쇼크　10 제주4·3사건　11 중대산업재해　12 낙수효과　13 기축통화　14 불체포특권　15 무사증　16 의학전문대학원　17 공적연금　18 헤즈볼라　19 생성형 인공지능(AI)　20 엔데믹

필수 시사상식

한 달 동안 화제의 용어를 한자리에!
시사용어브리핑

마더팩토리(Mother Factory) 제품개발과 제조의 중심이 되는 공장

▶ 경제·경영

제품설계와 연구개발(R&D), 디자인 등 제조의 핵심기능을 수행하는 공장으로 국내외 생산기지의 두뇌역할을 담당한다. 더불어 최첨단 설비를 갖춘 공장은 국내에 설치하고 해외에는 양산공장을 구축하는 분업체계를 '마더팩토리 전략'이라고 한다. 마더팩토리 전략은 2010년대 초 국내기업들이 저렴한 인건비를 이유로 해외에 공장을 설립하면서 처음 등장한 개념이며, 제품기획과 설계, 디자인, 연구개발(R&D) 등 고부가가치 기능과 첨단 제조시설을 국내에 남겨 핵심역량을 지키도록 했다.

왜 이슈지?

삼성은 지역 산업생태계 육성을 위한 전략으로 제조업 핵심분야에 60조원을 투자하겠다는 계획을 밝히면서 충청권에 반도체 패키지 특화단지, 첨단 디스플레이 종합클러스터, 전고체 배터리 **마더팩토리** 등을 조성하기로 했다.

글로벌 사우스(Global South) 개발도상국과 신흥국을 총칭하는 말

▶ 국제·외교

북반구의 저위도나 남반구에 위치한 아시아·아프리카·남아메리카(남미)·오세아니아의 개발도상국과 신흥국을 총칭하는 말로 미국, 유럽, 일본, 호주, 한국 등의 선진국을 일컫는 '글로벌 노스(Global North)'와 대비되는 개념으로 사용한다. 글로벌 사우스에 속한 국가들은 대부분 과거 서구열강의 식민통치를 경험하고 독립한 지 얼마 되지 않은 국가들인데, 인도를 비롯해 동남아시아와 아프리카, 중남미 120여 개 국가가 해당된다. 2022년 2월 러시아-우크라이나 전쟁이 시작된 이후 유엔총회에서 잇따라 이뤄진 러시아 관련 표결에서 많은 글로벌 사우스 국가들이 기권입장을 나타내는 등 중립입장을 취하면서 주목을 받았다.

왜 이슈지?

미국과 중국 간 패권을 둘러싼 경쟁이 심화하고 우크라이나 전쟁이 1년 넘게 지속되자 **글로벌 사우스** 국가들이 자국의 이익을 극대화하기 위해 중국, 러시아와 관계를 강화하는 움직임을 보이고 있다.

뱅크데믹(Bankdemic) 금융시장에 대한 공포가 감염병처럼 급속히 퍼지는 것을 뜻하는 신조어

'은행(Bank)'과 감염병의 유행을 뜻하는 '팬데믹(Pandemic)'의 합성어로 은행에 대한 공포가 감염병의 확산처럼 빠르게 번진다는 뜻의 신조어다. 지난 3월 10일 미국 스타트업의 돈줄로 불리던 실리콘밸리은행(SVB)이 파산하면서 시작된 세계 금융시장 위기가 스위스 크레디스위스(CS) 은행을 거쳐 독일의 투자은행 도이체방크까지 번지며 처음 등장했다. 특히 도이체방크는 앞선 사태들과 달리 파산이 우려될 만한 이슈가 없었는데도 주가가 폭락해 글로벌 은행들의 위기감이 더 커졌다.

왜 이슈지?

미국정부와 은행들의 발빠른 대처로 실리콘밸리은행(SVB) 사태가 소강국면에 들어섰지만 상업용 부동산 대출 부실화 문제가 여전히 남아 있어 **뱅크데믹**에 대한 우려가 계속되고 있다.

디스코드(Discord) 게이밍에 특화된 음성채팅 프로그램

게임이용자들이 음성메신저를 통해 필요한 소통을 실시간으로 주고받을 수 있는 플랫폼으로 게이밍에 특화돼 있다. 특히 온라인게임을 하며 편리한 의사소통이 가능하다는 점에서 많이 사용된다. 미국 샌프란시스코에 본사를 두고 있으며, 2015년 처음 출시됐다. 채팅기능으로 시작해 점차 문서와 이미지, 영상 공유기능이 추가되면서 게이머 커뮤니티로 진화했다. 특히 코로나19 확산 이후 화상회의 서비스인 '줌(Zoom)'과 더불어 전 세계 이용자 수가 급증했다. 현재는 게임뿐만 아니라 가상자산, 예술, 음악 등 다양한 주제의 '서버(디스코드 내 채팅방 또는 커뮤니티)'가 운영되고 있다.

왜 이슈지?

미국정부의 기밀문건으로 추정되는 자료가 유출돼 동맹국을 비롯한 세계 각국에서 파장이 일어난 가운데 해당 자료들이 **디스코드**를 통해 유포된 것으로 알려졌다.

알파세대 2010년대 초~2020년대 중반에 출생한 세대

2010년 이후에 태어난 이들을 지칭하는 용어로 다른 세대와 달리 순수하게 디지털 세계에서 나고 자란 최초의 세대로도 분류된다. 어릴 때부터 기술적 진보를 경험했기 때문에 스마트폰이나 인공지능(AI), 로봇 등을 사용하는 것에 익숙하다. 그러나 사람과의 소통보다 기계와의 일방적 소통에 익숙해 정서나 사회성 발달에 부정적인 영향이 나타날 수 있다는 우려도 있다. 알파세대는 2025년 약 22억명에 달할 것으로 예측되고 있으며, 소비시장에서도 영향력을 확대하는 추세다.

왜 이슈지?

최근 유통업계에서는 MZ세대를 넘어 새로운 소비층으로 급부상한 '잘파세대(Z세대+**알파세대**)'를 공략하기 위해 개성과 선호도에 민감하게 반응하는 이들의 특성을 반영해 트렌디하고 개성 있는 연예인을 브랜드 모델로 발탁하고 있다.

코로나19 기원법 코로나19와 관련된 모든 정보의 공개 해제를 요구한 미국의 법안

▶ 국제·외교

코로나19의 유출 관련 정보공개를 요구하는 미국의 법안이다. 지난 3월 1일 미 상원을 통과하고 10일 하원에서 만장일치로 통과한 데 이어 20일 조 바이든 미국 대통령이 서명하면서 모든 절차가 완료됐다. 해당 법안에는 시행 90일 이내에 중국 우한연구소와 코로나19 바이러스의 잠재적 연결성과 관련된 모든 정보의 공개제한을 해제하는 내용이 담겼다. 앞서 미국 에너지부가 코로나19가 중국 우한의 연구소에서 기인했을 가능성이 크다는 입장을 밝힌 이후 법안처리가 탄력을 받았다.

왜 이슈지?

중국이 코로나19 기원과 관련한 의혹을 부인하는 가운데 3월 20일 조 바이든 미국 대통령은 중국 우한연구소에서 코로나19 바이러스가 최초로 유출됐을 잠재적 가능성을 거론하면서 **코로나19 기원법**에 서명했다.

OTT 자체등급분류제도 OTT 사업자가 콘텐츠의 시청등급을 자체적으로 분류하도록 하는 제도

▶ 문화·미디어

온라인동영상서비스(OTT) 사업자 중 일정자격을 갖춘 사업자에 한해 콘텐츠의 시청등급을 자체적으로 분류해 소비자들에게 제공할 수 있도록 한 제도다. 기존에는 영상물등급위원회(영등위)에서 사전 등급분류를 진행했으나, 영등위의 심의일정에 따라 콘텐츠의 공개시점이 유동적으로 변하는 것을 개선해 국산 콘텐츠의 경쟁력을 높이자는 취지에서 '영상산업 진흥과 육성을 위한 규제개혁'의 일환으로 도입됐다. 자체등급분류 대상 콘텐츠에는 OTT 등 플랫폼 사업자가 제공하는 모든 온라인 비디오물이 해당되며, 사업자가 원하는 시기에 맞춰 제작물을 유통할 수 있게 되면서 시간과 비용 절감효과 등이 기대되고 있다.

왜 이슈지?

온라인동영상서비스(OTT) 사업자가 자율적으로 콘텐츠의 시청등급을 분류하는 'OTT 자체등급분류제도'가 3월 28일부터 본격 시행됐으나, 일각에서는 콘텐츠의 선정성과 폭력성에 대한 규제가 더 느슨해질 수 있다는 지적이 제기됐다.

우주경제 항공우주산업에 민간기업의 참여를 독려해 경제활동을 촉진하는 것

▶ 경제·경영

국가 주도로 이뤄지던 항공우주산업이 민간으로 이전됨에 따라 기업의 참여를 독려해 경제활동을 촉진하는 것을 말한다. 우주탐사와 활용, 발사체 및 위성의 개발·제작·발사·운용 등 항공우주기술과 관련한 모든 분야에서 가치를 창출하는 활동을 총칭한다. 특히 '달'은 심우주 탐사의 기반이자 우주경제의 핵심으로 여겨지고 있으며, 향후 달에 매장된 것으로 추정되는 철, 티타늄, 희토류 등 자원에 대한 연구가 진행될 경우 많은 경제적 효과를 낼 수 있을 것으로 기대하고 있다.

왜 이슈지?

과학기술정보통신부는 우주 스타트업에 투자하는 전용펀드 조성을 목표로 '뉴스페이스투자지원사업'을 발표하며 **우주경제** 시대로 나아가기 위한 신호탄을 쏘았다.

한빛-TLV 우리나라에서 개발된 첫 민간발사체

국내 우주 스타트업 이노스페이스가 독자 개발한 엔진검증용 시험발사체이자 우리나라에서 개발된 첫 민간발사체다. 중량 50kg급 탑재체를 고도 500km 태양동기궤도에 투입할 수 있는 2단형 소형위성발사체 '한빛-나노' 발사에 대비하기 위해 1단형 시험발사체로 제작됐으며, 파라핀 소재를 사용한 고체연료와 액체산화제를 이용해 만든 하이브리드 엔진이 장착됐다. 이노스페이스에 따르면 한빛-TLV는 3월 20일 오전 2시 52분 (현지시간 19일 오후 2시 52분) 브라질 알칸타라 우주센터에서 발사돼 106초간 엔진이 연소했고, 4분 33초 동안 정상비행한 후 브라질 해상안전설정구역 내에 정상 낙하했다.

왜 이슈지?

이노스페이스는 **한빛-TLV** 시험발사의 성공적 마무리로 독자 개발한 하이브리드 엔진의 성능이 검증됨에 따라 실제 위성운송에 사용할 '한빛-나노' 제작에 본격적으로 나설 것이라고 밝혔다.

역아마존 효과 온라인 플랫폼으로 인해 인플레이션이 심화하는 현상

온라인 플랫폼이 기존에 확보한 소비자를 기반으로 구독료, 배달비 등의 가격을 올리면서 인플레이션이 심화하는 현상을 말한다. 다국적 유통기업 '아마존(Amazon)'이 여러 영역으로 사업을 확장하면서 경쟁사를 잠식하는 것을 뜻하는 '아마존 효과'에서 유래했다. 원래 아마존은 거대한 구매력을 기반으로 낮은 단가로 제품을 납품받아 소비자들에게 저렴한 가격으로 공급해 물가상승  을 억제하는 등 시장에 변화를 일으켰으나, 플랫폼이 독점적 위치를 갖게 되자 가격인상을 단행하고 있다.

왜 이슈지?

코로나19 이후 금리인상과 물가상승으로 서민들의 시름이 깊어지는 가운데 플랫폼과 배달업체들도 구독료 및 배달비를 올리기 시작하면서 **'역아마존 효과'**가 나타나고 있다.

알타시아(Altasia) 중국을 대신해 새롭게 부상하고 있는 아시아의 공급망

'아시아 대안 공급망(Alternative Asian Supply Chain)'의 줄임말로 중국을 대신해 새롭게 부상하고 있는 아시아 공급망을 일컫는 신조어다. 영국의 경제지 '이코노미스트'가 3월 3일 기사에서 미국이 중국을 배제하고 아시아 14개국을 중심으로 글로벌 공급망을 재구축하고 있다며 '알타시아'라는 개념을 제시해 주목받았다. 알타시아에 포함되는 국가는 크게 ▲ 상대적으로 경제발전 수준이 높은 한국, 일본, 대만, 싱가포르 ▲ 인구 대국인 인도, 인도네시아, 방글라데시 ▲ 동남아시아 국가연합 아세안(ASEAN) 가입국인 베트남, 말레이시아, 태국, 필리핀, 캄보디아, 라오스 등으로 구분할 수 있다.

왜 이슈지?

영국 경제지 이코노미스트의 분석에 따르면 **알타시아** 국가들의 전체 노동력과 고등교육을 받은 핵심 노동인구는 이미 중국을 넘어섰으며, 임금경쟁력을 갖추고 있을 뿐만 아니라 14개국을 합친 대미 수출규모도 중국과 비슷한 것으로 나타났다.

리퀴드 소비(Liquid Consumption) 변화가 많아 예측이 어려운 소비

구매패턴이 정해져 있지 않고 순간순간 변화하는 소비를 일컫는 용어로 고정적이고 예상가능한 소비를 뜻하는 '솔리드(Solid) 소비'에 반대되는 개념이다. 두 개념 모두 2017년 영국의 경제학자 플로라 바디 교수와 지아나 에커트 교수가 논문을 통해 처음 제시했다. 리퀴드 소비의 가장 큰 특징은 소비자의 제품·서비스 선택주기가 짧고 단시간에 다음 소비로 이동한다는 점이다. 현대사회의 소비자는 상품이나 브랜드에서도 어느 하나에 충성심을 보이는 것이 아니라 그때그때 마음에 드는 것을 소비한다. 물품이나 서비스를 소유하지 않고 빌려 쓰는 공유경제도 마음에 드는 동안만 소비하겠다는 뜻을 담고 있어 리퀴드 소비의 특징으로 꼽힌다.

왜 이슈지?

최근 MZ세대를 중심으로 '유연한 소비'가 소비트렌드로 확산하면서 공유경제와 구독경제, 가치소비 등으로 대표되는 **리퀴드 소비**가 주목받고 있다.

합성데이터 컴퓨터 시뮬레이션이나 알고리즘이 생성하는 인공정보

실제 환경에서 수집되거나 측정되는 것이 아니라 통계적 방법이나 기계학습 등을 활용해 추정된 모형을 바탕으로 디지털 환경에서 인공적으로 생성한 가상데이터를 말한다. 컴퓨터 시뮬레이션이나 알고리즘이 데이터를 생성하기 때문에 실제 사물이나 사건, 사람을 기반으로 얻은 데이터보다 인공지능(AI) 모델을 훈련하고 학습하는 데 적합하며, 정확한 AI모형을 만드는 데 사용되는 데이터를 낮은 비용으로 대체할 수 있다. 또한 개인정보를 노출하지 않아 프라이버시를 보호할 수 있다.

왜 이슈지?

한국판 챗GPT 개발지원을 위한 데이터 확보를 위해 정부와 업계가 다양한 방법을 찾아 나선 가운데 대량의 데이터가 필요하지만 이를 구하기 어려운 경우 그 수요를 충족하기 위한 해결책으로 '**합성데이터**'가 주목받고 있다.

중국 양회 중국정부의 정치·경제 운영방침을 결정하는 최대 정치행사

중국에서 매년 3월 거행되는 최대 정치행사로 한 해 중국정부의 정치·경제 운영방침이 결정된다. 중국 최고권력기관인 전국인민대표대회(전인대)와 국정자문회 격인 전국인민정치협상회의(정협)를 통칭하는 용어다. 3월 4일부터 13일까지 9일간 진행된 2023년 양회는 시진핑 국가주석의 3연임이 만장일치로 통과하고 시 주석의 측근그룹으로 불리는 '시자쥔'이 지도부에 대거 포진됨에 따라 시 주석의 장기집권체제가 완성됐다는 평가를 받았다. 앞서 시 주석은 두 번째 임기를 시작하던 2018년 전인대에서 헌법을 개정해 3연임 제한규정을 삭제한 바 있다.

왜 이슈지?

2023년 3월 거행된 **중국 양회**에서 시진핑 국가주석이 3연임을 확정함에 따라 2013년 최고지도자 자리에 오른 이후 2023년까지 10년 임기를 수행한 데 이어 2028년까지 5년 더 임기를 이어가게 됐다.

스페드 업(Sped Up) 특정 노래의 속도를 빠르게 편집해 만든 2차 창작물

▶ 문화·미디어

노래의 속도를 원곡보다 130~150%가량 배속해 만든 2차 창작물을 말한다. 가수의 목소리가 달라지는 등 원곡과 다른 분위기를 낼 수 있으며, 청자에게도 원곡과 다른 느낌을 전달할 수 있다. 틱톡, 유튜브 숏츠, 인스타그램 릴스 등 숏폼 영상이 주된 콘텐츠 소비방식으로 부상하면서 주목받고 있다. 영상분량이 짧아짐에 따라 배경음악으로 사용되는 노래도 빠른 버전으로 편집됐는데, 이렇게 알려진 스페드 업 버전이 호응을 얻자 정식음원으로 발매하는 가수들도 등장했다.

왜 이슈지?

미국의 팝스타 레이디 가가가 2012년 발표한 '블러디 메리(Bloody Mary)', 우리나라 신인 걸그룹 피프티피프티가 지난 2월 발매한 '큐피드(Cupid)' 등 숏폼 영상에 사용된 노래들이 인기를 끌면서 전 세계 대중음악계가 **스페드 업**을 주목하고 있나.

스트라이샌드 효과 특정 정보를 숨기려고 할수록 사람들의 이목이 집중돼 정보가 확산하는 현상

▶ 사회·노동·교육

온라인상에서 특정 정보를 삭제하거나 숨기기 위한 시도가 사람들의 이목을 끌면서 오히려 정보가 더 확산하게 되는 현상을 말한다. 미국의 가수이자 배우인 바브라 스트라이샌드(Barbra Streisand)의 이름에서 유래한 용어다. 2003년 사진작가인 케네스 아델만이 당시 바브라가 소유한 저택의 모습이 들어간 사진을 촬영했고 사생활 침해를 우려한 바브라가 사진 삭제요구와 함께 소송을 진행했는데, 이 소송으로 사람들의 관심이 집중되면서 바브라의 저택 사진이 확산하는 등 역효과가 났다. 기업에서는 대중의 호기심을 자극하기 위해 스트라이샌드 효과를 마케팅에 역이용하기도 한다.

왜 이슈지?

경찰이 영상콘텐츠를 불법 유통하는 사이트인 '누누티비'에 대한 수사에 착수했다는 사실이 뉴스로 보도된 이후 사이트 이용자가 급증하면서 관련 보도가 **스트라이샌드 효과**를 불러일으켰다는 분석이 제기됐다.

UWB(Ultra Wide Band) 저전력으로 대량의 정보를 빠르게 전송하는 근거리 무선통신기술

▶ 과학·IT

기존 주파수 대역보다 훨씬 더 넓은 500메가헤르츠(MHz) 폭 이상을 활용해 저전력으로 대용량의 정보를 빠르게 전송하는 근거리 무선통신기술로 '초광대역'이라고도 한다. 원래 군용 레이더 등에만 한정해 적용되던 기술이었으나 2002년 상업적 사용이 허가된 이후 상용화됐다. 넓은 주파수 대역으로 정밀한 공간인식과 방향성을 갖추고 있으며, 소비전력이 적고, 블루투스나 와이파이 등과 함께 사용할 수 있다. 특히 사물인터넷(IoT)을 실현시킬 수 있는 핵심기술로 주목받고 있다.

왜 이슈지?

삼성전자가 3월 21일 **초광대역(UWB)**·블루투스·와이파이 기반 반도체를 포괄하는 '엑시노트 커넥트' 브랜드를 공개하고 근거리 무선통신용 반도체 사업경쟁력을 강화한다는 계획을 발표했다.

시사상식 기출문제

01 다음 중 국경 없는 기자회에 대한 설명으로 틀린 것은? [YTN]

① 프랑스 파리에 본부를 두고 있다.
② 중동을 제외한 4개 대륙에 지부를 두고 있다.
③ 살해당하거나 체포된 언론인의 현황을 공개하고 있다.
④ 세계 언론인들의 인권보호를 위해 설립되었다.

해설
국경 없는 기자회(Reporters sans frontières)는 1985년에 설립된 세계 언론 단체로 본부는 프랑스 파리에 있다. 언론인들의 인권보호와 언론 자유의 신장을 위해 설립되었다. 아프리카·아메리카·아시아·중동·유럽 등 5개 대륙에 9개의 지부를 두고 있다. 부당하게 살해당하거나 체포된 언론인들의 현황을 조사하고, 각국의 언론자유지수를 발표하고 있다.

02 극초음속미사일로 규정되는 비행 속도는? [YTN]

① 마하 1 이상
② 마하 3 이상
③ 마하 5 이상
④ 마하 10 이상

해설
극초음속미사일(Hypersonic Missile)은 마하 5(6,120km/h) 이상의 속도로 비행하는 미사일을 말한다. 처음 발사 시에는 곡선 비행으로 일정 고도까지 올라가고, 정점에 이르면 활강해 수평으로 비행해 목표물을 타격한다. 기존의 탄도미사일과 순항미사일의 장점을 결합한 미사일이라 할 수 있다. 지난 2021년 9월 북한이 극초음속미사일인 화성-8형을 시험 발사하면서 우리 군도 이에 대항할 미사일 개발에 착수했다고 알려졌다.

03 다음 중 유럽의 화학물질등록평가제도의 명칭은? [YTN]

① REACH
② RoHS
③ MSDS
④ WEEE

해설
REACH는 'Registration, Evaluation, Authori-sation & Restriction of Chemicals(화학물질의 등록, 평가, 허가, 제한)'의 약자로 유럽연합(EU)에서 2007년 6월부터 시행하는 화학물질 관리제도다. EU에 연 1톤 이상의 화학물질을 수출하는 기업은 유럽화학물질청에 이에 대한 정보를 등록해야 한다.

04 여러 악재가 동시에 일어나는 위기 상황을 의미하는 용어는? [YTN]

① 회색 코뿔소
② 윔블던 효과
③ 엠바고
④ 칵테일 효과

해설
칵테일 효과(Cocktail of Risk)는 각종 경제적 악재가 동시다발적으로 터지는 것을 다양한 술과 음료를 혼합해 만드는 칵테일에 빗대 표현한 용어다. 지난 2016년에 영국의 재무장관이었던 조지 오스본이 세계적 경제위기를 우려하면서 사용했다.

05 다음 중 거짓말을 반복하면 참이 될 수 있음을 뜻하는 사자성어는? [YTN]

① 삼인성호
② 양호유환
③ 잔월효성
④ 잔음냉무

해설
삼인성호(三人成虎)는 중국 춘추전국시대 사상가 한비자의 저서에서 전해지는 고사로, 세 명의 사람이 이구동성으로 시장에 호랑이가 나타났다고 거짓말을 하면 그 말을 믿을 수밖에 없게 된다는 이야기에서 나왔다. 실천가능성이 없는 이야기라도 여러 사람이 한 마음을 먹고 진실이라 거짓말을 하면 참으로 받아들이게 된다는 의미를 갖고 있다.

06 청암언론문화재단에서 주관하며 언론민주화에 기여한 인물에게 수여하는 상의 이름은? [YTN]

① 최은희여기자상
② 한국기자상
③ 엠네스티언론상
④ 송건호언론상

해설
2001년 세상을 떠난 언론인 송건호의 뜻을 기리기 위해 제정된 송건호언론상은 그의 호인 청암(靑巖)에서 이름을 따 발족한 청암언론문화재단에서 주관하고 있다. 송건호는 동아일보의 편집국장을 역임했으며, 1975년 동아사태 이후 퇴직해 해직기자들과 월간지 〈말〉을 창간했고, 일간지 〈한겨레〉의 창간을 주도했다.

07 배터리 양극과 음극 사이의 전해질이 고체인 차세대 2차 전지의 이름은? [이투데이]

① 전도체 배터리
② 전고체 배터리
③ 하이퍼 배터리
④ 알칼리 배터리

해설
전고체 배터리(Solid State Battery)는 배터리의 양극과 음극 사이에 있는 전해질이 고체로 이루어진 2차 전지다. 현재 쓰이는 리튬이온 배터리를 대체할 차세대 2차 전지로 각광받고 있다. 전해질이 고체이며 불연성이라는 특성 때문에 안전하고 에너지효율이 높은 것으로 주목받고 있다.

08 LG AI연구원이 만든 초거대 AI의 명칭은? [이투데이]

① 패스웨이
② 하이퍼클로바
③ 엑사원
④ 알파코드

해설
엑사원(EXAONE)은 LG AI연구원이 지난 2021년 12월 공개한 초거대 AI의 명칭이다. 명칭의 접두어인 'EXA'는 10의 18승인 '100경'을 뜻하는 말인데, 그만큼 방대한 양의 정보를 습득하고 학습할 수 있는 능력을 갖춘 것으로 전해졌다. LG는 직접 개발한 알고리즘으로 언어와 이미지를 자유자재로 다루고 상호 변환할 수 있는 기술을 구현한다고 강조했다.

09 다음 중 천연가스와 이산화탄소 포집설비를 이용해 생산한 수소를 일컫는 말은? [이투데이]

① 블루수소
② 그레이수소
③ 브라운수소
④ 그린수소

> **해설**
> 블루수소는 대체에너지로 꼽히는 수소를 생산하는 방식 중 하나로 천연가스와 이산화탄소 포집설비를 이용해 생산하는 수소를 말한다. 이산화탄소를 포집해 저장하므로 탄소배출량이 적어 친환경적이며 경제적이라는 장점을 갖고 있다.

10 주식을 공매도할 때 직전 거래가격 이상으로 매도호가를 제시하도록 한 규정은?

[연합인포맥스]

① 제로틱룰
② 섀도보팅
③ 숏커버링
④ 업틱룰

> **해설**
> 업틱룰(Up-tick Rule)은 주식을 공매도할 경우 직전 거래가격 이상으로 매도호가를 제시하도록 한 규정으로 대규모 공매도로 인한 주가하락을 방지하려는 조치. 공매도는 보통 기관 등 고액 투자자들에 의해 이루어진다. 주가가 하락할 것이라 예상되는 종목을 일단 빌려서 투자한 뒤, 하락하면 낮은 가격에 구입해 갚고 이익을 얻는다. 이 과정에서 해당 종목의 주가는 추가적으로 하락하게 되는데, 이로 인한 소액 투자자들의 피해를 막기 위한 것이다.

11 중앙은행이 금리인상을 해도 시장의 금리가 따라서 오르지 않는 현상을 일컫는 말은?

[연합인포맥스]

① 그린스펀의 수수께끼
② 낙타의 코
③ 왝더독
④ 산타랠리

> **해설**
> 그린스펀의 수수께끼는 미국 연방준비제도(Fed)의 전 의장인 앨런 그린스펀의 이름을 딴 경제 용어다. 중앙은행이 금리인상을 해도 시중의 금리가 반응을 보이지 않는 현상을 말한다. 2005년 당시 그린스펀은 기준금리 인상을 단행했지만 미국 국채수익률의 상승률은 미미했다. 연준은 곤혹스러워했고 미국 경제계는 이를 그린스펀의 수수께끼라고 불렀는데, 후에 경상수지에서 흑자를 낸 국가들이 막대한 미 국채를 사들였음이 밝혀지면서 수수께끼가 풀리게 됐다.

12 태양계 모든 행성이 태양을 중심으로 타원의 궤도를 돌고 있음을 밝힌 인물은? [대전MBC]

① 요하네스 케플러
② 아이작 뉴턴
③ 티코 브라헤
④ 갈릴레오 갈릴레이

> **해설**
> 독일 출신의 천문학자인 요하네스 케플러(Johannes Kepler)는 덴마크의 천문학자인 티코 브라헤 밑에서 조수로 일했다. 스승의 사후에는 그의 천문 관측결과를 정리하며 행성의 움직임에 대한 다음 세 가지의 법칙을 도출할 수 있었다. 모든 행성의 궤도는 모항성을 중심으로 하는 타원궤도이며, 모항성과 행성을 가상으로 이은 선분은 항상 일정한 면적을 쓸고 지나간다. 또한 행성의 공전 주기의 제곱은 궤도의 긴반경의 세제곱에 비례한다.

13 금리인하 같은 통화정책이나 재정지출 확대 같은 재정정책으로도 경기가 부양되지 않는 상태는? [부산항보안공사]

① 피셔효과
② 유동성 함정
③ 골디락스
④ 베블런효과

해설
유동성 함정(Liquidity Trap)은 경제주체들이 돈을 움켜쥐고 시장에 내놓지 않는 상황으로, 기업의 생산·투자와 가계의 소비가 늘지 않아 경기가 나아지지 않고 저성장의 늪으로 빠지는 것처럼 보이는 현상이다.

14 어떤 산업분야의 임금이 상승할 때 다른 분야의 임금도 상승압박을 받게 되는 현상은? [한국문화예술위원회]

① 피구효과
② 그레셤의 법칙
③ 가치의 역설
④ 비용질병

해설
비용질병은 어떤 산업분야의 노동생산성이 증가하고 이에 따른 효율성 향상으로 임금이 상승하게 되면, 다른 산업분야의 임금까지 덩달아 상승해야 한다는 압박을 받는 것을 뜻한다. 미국의 경제학자 보몰(Baumol)이 정립한 법칙이다.

15 다음 중 직접세가 아닌 것은? [부산항보안공사]

① 소득세
② 개별소비세
③ 종합부동산세
④ 법인세

해설
직접세는 세금을 납부하는 사람(납세자)과 실제 부담하는 사람(담세자)이 같은 조세다. 소득세, 법인세, 상속세, 종합부동산세, 증여세가 있다. 개별소비세는 간접세에 해당한다.

16 독일의 사회학자인 퇴니에스가 주장한 사회유형 중 이익사회를 뜻하는 말은? [부산항보안공사]

① 게른샤프트
② 게마인샤프트
③ 게노센샤프트
④ 게젤샤프트

해설
게젤샤프트(Gesellschaft)는 독일의 사회학자 퇴니에스(F. Tönnies)가 주장한 사회유형 중 하나로 인위적으로 계약돼 이해타산적 관계에 얽혀 이루어진 '이익사회'를 일컫는다. 회사나 조합, 정당 같은 계약·조약으로 구성된 사회가 게젤샤프트라고 할 수 있다. 게마인샤프트는 가족과 친족, 마을 같은 '공동사회'를 의미하며, 게노센샤프트는 '협동사회'로 이익사회와 공동사회의 성질을 모두 띠고 있는 사회를 뜻한다.

17 다음 중 통신망이 갑작스레 정지되는 재난사태를 일컫는 용어는? [한국농수산식품유통공사]

① 디지털 저지먼트
② 디지털 스커지
③ 디지털 블랙아웃
④ 디지털 침사

해설
디지털 블랙아웃(Digital Blackout)은 사회 곳곳을 연결하는 통신 네트워크가 일순간 마비되는 대규모 재난사태를 일컫는 말이다. 이동통신 서비스가 이미 삶 도처에 일상화된 초연결 사회에서 통신망이 정지되거나 장애를 일으키면 엄청난 혼란을 초래하게 된다. 지난 2022년 발생한 카카오의 데이터센터 화재로 많은 사람들이 결제 오류, 관련 서비스 이용 불가 등 큰 불편을 겪었다.

18 다음 중 겉과 속이 다름을 뜻하는 사자성어가 아닌 것은? [충북대학교병원]

① 표리일체
② 권상요목
③ 양두구육
④ 구밀복검

해설
권상요목(勸上搖木)은 남을 부추겨 놓고 낭패를 보도록 방해하는 것을 뜻하고, 양두구육(羊頭狗肉)은 양 머리를 걸고 개고기를 판다는 뜻이며, 구밀복검(口蜜腹劍)은 입으로는 꿀처럼 단 말로 상대방을 현혹하다가 배에 숨긴 칼로 해한다는 의미를 갖고 있다. 모두 겉으로 보이는 행동과 속내가 다르다는 의미를 가진 사자성어다. 표리일체(表裏一體)는 이와 반대로 겉과 속이 한 덩어리라는 뜻을 갖고 있다.

19 다음 중 도자기의 원료로 주로 사용되는 흙의 종류는? [충북대학교병원]

① 적옥토
② 마사토
③ 고령토
④ 필라이트

해설
보기 중 도자기의 원료로 주로 사용되는 것은 고령토다. 흰색 또는 회색을 띠며 장석류가 화학적 풍화작용을 거치면서 생성된다. 카올린(Kaolin) 또는 백도토라고도 불린다. 고령토라는 이름은 중국의 도자기 생산지인 장시성의 고령촌에서 생산되는 대표적인 점토이기 때문에 붙여졌다. 우리나라에서는 경상남도 하동군을 비롯해 충청북도 영동군과 전라남도 진도군에서도 많이 생산된다.

20 우리나라 생산가능인구의 연령기준은? [충북대학교병원]

① 14~60세
② 15~64세
③ 17~65세
④ 20~67세

해설
생산가능인구는 노동가능인구라고도 불린다. 우리나라의 생산가능인구의 연령기준은 15세에서 64세인데, 급격한 고령화로 생산가능인구수가 빠른 속도로 줄어들고 있는 실정이다. 통계청의 자료에 따르면 지난 2020년 3,738만명이었던 생산가능인구는 2030년에는 3,381만명으로 감소하고, 2070년에는 1,737만명으로 줄어 2020년의 절반 이하 수준일 것으로 전망됐다.

21 중국의 춘추전국시대 당시 겸애를 강조하고 만민평등주의를 주창한 사상은 무엇인가?

[충북대학교병원]

① 법가
② 도가
③ 유가
④ 묵가

해설

묵가는 중국 춘추전국시대의 사상가였던 묵자를 계승하는 사상으로 실리주의를 추구하고 중앙집권적인 체제를 지향하는 등 유가와 여러모로 대립적인 사상이었다. 또한 '겸애'를 강조하며 만민평등주의와 박애주의를 실천하는 것을 독려했다.

22 다음 중 건조주의보는 실효습도가 몇 % 이하로 지속될 것이 예상될 때 발효되는가?

[김대중컨벤션센터]

① 25%
② 30%
③ 35%
④ 40%

해설

기상청에서는 산불발생의 가능성을 경고하기 위해 실효습도를 관측·예측해 건조주의보와 건조경보를 발표하고 있다. 건조주의보는 실효습도 35% 이하가 2일 이상 지속될 것이라 예상될 때, 건조경보는 실효습도 25% 이하가 2일 이상 지속되리라 예상될 때 발효된다.

23 서울 석촌호수 인근에 있는 비석으로 조선시대 병자호란을 청나라의 입장에서 기록한 비석은?

[김대중컨벤션센터]

① 삼전도비
② 양호거사비
③ 하마비
④ 인조별서유기비

해설

서울시 송파구 석촌호수 인근에 위치한 삼전도비는 조선 인조 때 일어난 병자호란과 삼전도의 굴욕을 중국 청나라의 입장에서 미화시켜 기록한 비석이다. 청나라의 황제였던 태종의 공덕을 기리는 내용으로 돼 있으며 몽골 문자와 만주 문자, 한자로 내용이 새겨져 있다. 우리나라의 굴욕적인 역사를 상징하는 비석으로 주민들에 의해 훼손되고 매장되는 등 수난을 겪기도 했다.

24 다음 중 우리나라 국립중앙박물관에서 소장하고 있는 석탑은?

[중소기업유통센터]

① 정혜사지 십삼층석탑
② 보림사 삼층석탑
③ 경천사지 십층석탑
④ 화엄사 4사자 삼층석탑

해설

경천사지 십층석탑은 고려 충목왕 4년에 개성 경천사에 세워진 석탑이다. 국보 제86호로 지정돼 있다. 원나라의 영향을 많이 받은 석탑으로 화려한 모양이 특징이다. 이 석탑은 1907년 일본의 정치인 다나카 미쓰아키에 의해 무단으로 해체·반출되었다가 1916년 반환되었다. 이후 경복궁에 위치해 있다가 2005년에 국립중앙박물관으로 옮겨져 전시되고 있다.

시사상식 예상문제

01 미국 부시 전 대통령이 주장한 것으로 '완전하고 확인 가능하며 불가역적인 비핵화'를 뜻하는 말은 무엇인가?

① CPD
② PVID
③ FFVD
④ CVID

해설

CVID란 'Complete, Verifiable and Irreversible Dismantlement'의 약자다. 2002년 조지 부시 행정부가 처음 사용한 용어다. 미국은 불법 핵보유국의 비핵화 방법으로 다양한 표현을 사용한다.

02 아시아 개발도상국들이 도로, 학교와 같은 사회간접자본을 건설할 수 있도록 자금 등을 지원하는 중국 주도의 국제기구는?

① IMF
② AIIB
③ 인도−태평양
④ WB

해설

AIIB는 'Asian Infrastructure Investment Bank'의 약자로 2014년 10월 출범한 전 세계 21개국이 포함된 경제협력체다. 개발도상국 인프라 건설을 위한 자본 투자를 목적으로 설립됐으며, 미국과 일본 주도의 경제공동체에 대항하기 위한 중국 주도의 경제공동체라 볼 수 있다.

03 '강사법(개정 고등교육법)'과 관련한 내용으로 옳지 않은 것은?

① 강사를 2년 이상 고용해야 한다.
② 강사에게 3년까지 재임용 절차를 보장한다.
③ 강사에게는 방학 동안에도 임금을 지급한다.
④ 사이버대학을 제외한 원격대학의 강사는 1년 미만으로 임용할 수 있다.

해설

강사법은 2019년 8월부터 적용된 대학 시간강사의 처우 개선을 위한 고등교육법 일부 개정안이다. 시간강사의 임용 기간 1년 이상 보장, 재임용 절차 3년까지 보장, 방학 기간에도 임금 지급 등의 내용을 담고 있다. 예외적으로 원격대학의 강사 혹은 계절수업 담당 강사는 1년 미만의 기간으로 임용할 수 있다.

04 중국의 인터넷 상에서 인기 있고 영향력이 있는 사람, 즉 인플루언서(Influencer)를 일컫는 말은?

① 왕홍(罔紅)
② 톈왕(天網)
③ 바오치(保七)
④ 바링허우(八零後)

해설

왕홍(罔紅)은 중국의 온라인상에서 유명인이라는 뜻의 '왕뤄홍런(網絡紅人)'의 줄임말이다.

05 다음과 같은 할리우드 영화들의 변화는 무엇이라고 할 수 있는가?

- 〈어메이징 스파이더맨(2012)〉 → 〈스파이더맨 홈커밍(2017)〉
- 〈헬보이(2004)〉 → 〈헬보이(2019)〉
- 〈슈퍼맨(1948)〉 → 〈맨 오브 스틸(2013)〉

---

① 리파인
② 리부트
③ 리메이크
④ 리마스터

해설
리부트(Reboot)란 전달 미디어의 변동 없이 기존 작품의 시나리오와 설정을 차용하되, 전면 개편해 만든 작품을 가리킨다. 리마스터가 원본 소스의 추가 생산 없이 음질·화질 등을 보정해 재배포하는 것, 리파인이 원본을 재생산하되 퀄리티만 개선한 것, 리메이크가 스토리는 큰 틀에서 벗어나지 않은 재생산이라면 리부트는 고유 설정을 제외하고는 가장 큰 폭으로 바꾼 것이라 할 수 있다.

06 모르는 사람들과 즉석으로 만나 음식을 나누며 관계를 맺는 사람들을 일컫는 말은?

① 킨포크족
② 포미족
③ 휘게족
④ 코쿤족

해설
킨포크(Kinfolk)는 미국 잡지 〈킨포크〉에서 시작된 생활 방식으로서, 텃밭에서 직접 수확한 재료로 상을 차리고 가족이나 친구·이웃 등을 초대해 함께 어울리는 행복을 지향하는 삶을 말한다. 킨포크족들은 낯선 사람들일지라도 함께 음식을 나눠먹으며 즐기는데, 우리나라에서도 1인 가구가 늘어나기 시작하면서 킨포크족이 사회에 등장하는 계기가 됐다.

07 AI와 관련해 다음과 같은 발언을 한 이는 누구인가?

"기계가 사악해진다는 공포는 관심을 딴 데로 돌리는 또 다른 요소이다. 정말 걱정할 거리는 악의가 아니라 능력이다. 초인간 AI는 개념 정의상 그게 무엇이든 목표를 달성하는 일에 매우 뛰어나고, 그래서 우리는 그것의 목표와 우리 목표를 정렬해두어야 한다"

---

① 마크 저커버그
② 래리 헥
③ 맥스 테그마크
④ 스티븐 호킹

해설
제시된 내용은 인공지능 학문의 권위자 맥스 테그마크가 그의 저서 〈라이프 3.0〉에 쓴 내용의 일부분이다. AI에 대한 각종 입장을 정리한 책으로 인공지능 도입 사회에 대한 막연한 두려움을 버리고 인공지능이 우리에게 줄 선물과 위협을 분리해서 접근해야 함을 강조했다.

08 마르코 폴로와 관련된 설명으로 옳지 않은 것은 무엇인가?

① 그의 저서 〈동방견문록〉에는 당시 중국의 지배자였던 원나라에서의 다양한 경험이 담겨 있다.
② 〈동방견문록〉에 따르면 그는 원나라에서 실제로 칭기즈 칸을 알현했고 관료로 일했다고 한다.
③ 이탈리아 베네치아 출신의 여행가이다.
④ 고향으로 돌아와 1324년 사망한다.

해설
마르코 폴로는 13세기 말 베네치아 출신의 탐험가로, 동방으로 여행을 떠나 칭기즈 칸의 손자 쿠빌라이 칸이 다스리던 원나라에서 17년을 보냈다. 후에 고향으로 돌아와 원나라에서의 경험을 바탕으로 〈동방견문록〉을 저술했다.

09 매스미디어의 이론 중 사회 영향력의 정도를 보는 관점이 다른 것 하나는?

① 탄환 이론

② 제한효과 이론

③ 문화계발효과 이론

④ 침묵의 나선 이론

해설

20세기에 매스미디어의 사회 영향력에 대한 연구가 계속되면서 매스미디어의 사회 영향력이 강하다는 강효과 이론과 매스미디어가 사회에 별 영향력을 끼치지 못한다는 약효과 이론이 나오게 됐다. 제한효과 이론은 약효과 이론 중 하나로 매스미디어를 통해 신념이 바뀌는 것은 아니며 기존의 신념이나 태도 등을 조금 더 강화시키는 역할만 한다는 이론이다.

10 대통령 탄핵 시 국정 운영이 승계되는 대행 순서로 틀린 것은?

① 1순위 : 국무총리

② 2순위 : 기획재정부 장관

③ 3순위 : 국방부 장관

④ 4순위 : 과학기술정보통신부 장관

해설

대통령 자리가 공석이 되거나 정무처리가 불가능한 상황일 경우 국무위원의 서열에 따라 대통령의 권한을 대행한다. 현행 정부조직법에 따르면 국무총리 → 기획재정부 장관 → 교육부 장관 → 과학기술정보통신부 장관 → 외교부 장관 → 통일부 장관 등의 순으로 서열이 매겨져 있다.

11 태풍(열대성 저기압)이 합쳐져 파급력이 커지듯 사회경제학에서 한꺼번에 몰려오는 초대형 위기를 뜻하는 것은?

① 활승전선(Anafront)

② 후지와라(藤原) 효과

③ 라디오존데(Radiosonde)

④ 퍼펙트스톰(Perfect Storm)

해설

퍼펙트스톰(Perfect Storm)이란 태풍(열대성 저기압) 두 개가 합쳐져 더 큰 태풍이 되는 현상을 가리킨다. 경제 분야에서는 두 가지 악재가 동시에 겹쳐 위기가 증폭되는 현상을 말한다.

12 다음 용어의 설명 중 옳지 않은 것은?

① 슬로시티 : 고속 발전보다는 전통과 자연 등의 가치를 유지하면서 '느리지만 멋진 삶'을 추구하는 도시

② 메타시티 : 1,000만명 이상이 거주하는 대도시들이 긴밀히 연결돼 형성된 단일 생활공간

③ 스마트시티 : 정보통신 기술을 통해 도시의 주요 기능을 지능형으로 네트워크화한 도시

④ 콤팩트시티 : 주택 환경이 악화돼 도심 지역에 야간 인구가 급감하고, 근린관계 등이 붕괴돼 행정구가 존립하기 어려운 도시

해설

④는 이너시티(Inner City)에 대한 설명이다. 콤팩트시티(압축도시)는 도시 내부를 고밀도로 개발해 여러 가지 도시 문제들을 해결하고 자연보전과 경제적 효율성 등도 추구하는 도시개발 형태를 뜻한다.

13 다음 중 노벨문학상을 받은 작가와 그의 대표작이 잘못 연결된 것은?

① 오르한 파묵 – 〈귀향〉
② 앨리스 먼로 – 〈디어 라이프〉
③ 가즈오 이시구로 – 〈나를 보내지 마〉
④ 주제 사라마구 – 〈눈먼 자들의 도시〉

해설
〈귀향〉은 2005년에 노벨문학상을 받은 헤럴드 핀터의 작품이다. 오르한 파묵은 2006년에 노벨문학상을 받았으며, 그의 대표작으로는 〈내 이름은 빨강〉, 〈순수 박물관〉, 〈검은 책〉 등이 있다.

14 올림픽 개최지에서 함께 개최되며 신체장애가 있는 선수들이 참가하는 국제 스포츠 대회의 이름은?

① 유니버시아드
② 패럴림픽
③ 장애인선수권대회
④ 짐네시아드

해설
패럴림픽(Paralympic)은 1948년 영국의 2차 세계대전 퇴역 군인들이 처음 개최했으며, 1988년 서울 하계 올림픽 이후 국제 패럴림픽 위원회의 주관으로 올림픽 경기 후에 개최된다. 종목별로 참가할 수 있는 장애와 그렇지 않은 장애가 있는데, 청각장애인과 발달장애인은 패럴림픽에 참가할 수 있는 종목이 없다.

15 역대 미국의 대통령 중 정당이 다른 한 사람은 누구인가?

① 프랭클린 루스벨트
② 에이브러햄 링컨
③ 로널드 레이건
④ 리처드 닉슨

해설
프랭클린 루스벨트는 민주당 소속 대통령이며, 에이브러햄 링컨, 리처드 닉슨, 로널드 레이건은 공화당 소속의 대통령이다.

16 원자번호 86으로 폐로 흡입하면 폐의 건강을 치명적으로 위협하며 암을 일으키는 방사성 물질은?

① 악티늄
② 토륨
③ 라돈
④ 프로메튬

해설
라돈(Rn)은 원소번호 제86번 원소로 라듐이 알파 붕괴할 때 생기는 기체 상태의 방사성 비활성 원소다. 퀴리 부부가 우라늄 광석에서 발견했으며, 공업용으로 많이 쓰인다.

17 다음 중 국어의 로마자 표기법에 맞지 않는 것은?

① 별내 − Byeollae

② 왕십리 − Wangsimni

③ 낙동강 − Nakttonggang

④ 대관령 − Daegwallyeong

해설

국어의 로마자 표기는 표준 발음법에 따라 적는 것을 원칙으로 하지만, 된소리되기는 표기에 반영하지 않기 때문에 '낙동강[낙똥강]'은 'Nakdonggang'이라고 적는다. '별내[별래], 왕십리[왕심니], 대관령[대괄령]' 등은 표준 발음대로 적는다.

18 2년마다 실시하는 미국의 중간선거에서 선출하지 않는 공직은?

① 대통령

② 상원의원

③ 하원의원

④ 주지사

해설

미국에서는 집권 2년 차에 중간선거를 실시하는데 이는 대통령 집권에 대한 평가서가 되기도 한다. 2년마다 돌아오는 선거에서 임기 2년인 하원의원은 매 선거 때마다 435석 전부를 새로 선출하며, 6년 임기인 상원의원은 100석 중 약 3분의 1을 선출한다. 그 외에 임기가 만료된 주지사, 부지사, 주 상원의원, 주 검찰총장, 카운티 선출직과 임기 2년인 주 하원의원을 함께 선발한다.

19 신흥국 시장이 강대국의 금리 정책 때문에 크게 타격을 입는 것을 무엇이라 하는가?

① 어닝쇼크

② 옥토버서프라이즈

③ 긴축발작

④ 덤벨이코노미

해설

2013년 당시 벤 버냉키 미국 연방준비제도(Fed) 의장이 처음으로 양적완화 종료를 시사한 뒤 신흥국의 통화 가치와 증시가 급락하는 현상이 발생했는데, 이를 가리켜 강대국의 금리 정책에 대한 신흥국의 '긴축발작'이라고 부르게되었다. 미국의 금리인상 정책 여부에 따라 신흥국이 타격을 입으면서 관심이 집중되는 용어이다.

20 다음 중 단어가 가리키는 대상이 가장 다른 것 하나는 무엇인가?

① 시스젠더

② 헤테로섹슈얼

③ 이성애

④ 에이섹슈얼

해설

시스젠더, 헤테로섹슈얼, 이성애는 모두 남성과 여성의 결합을 성적 지향으로 삼는 사람들을 가리키는 말이다. 에이섹슈얼(Asexuality)은 성적 지향 자체가 없다고 보거나 부재한 사람들을 가리키는 말이다. 무성애자라고도 한다.

21 '거짓말을 통해 인간이 발전한다'는 주장과 관련된 도서는 무엇인가?

① 〈12가지 인생의 법칙〉
② 〈사피엔스〉
③ 〈호모 루덴스〉
④ 〈트렌드 코리아〉

해설
〈사피엔스〉는 〈호모 데우스〉, 〈21세기를 위한 21가지 제언〉으로 유명한 이스라엘 역사학자 유발 하라리의 저서이다. 그는 이 책에서 인간의 발전이 거짓말과 음해에서 비롯된 '인지혁명'에 의해 이뤄졌다고 주장한다.

23 물속에 녹아 있는 산소를 가리키는 용어인 '용존산소'의 영문 약칭은 무엇인가?

① DO
② SS
③ COD
④ BOD

해설
물의 오염 정도를 나타내는 지표로는 DO(Dissolved Oxygen : 용존산소량), BOD(Biochemical Oxygen Demand : 생화학적 산소요구량), COD(Chemical Oxygen Demand : 화학적 산소요구량), SS(Suspended Solids : 부유물질량) 등이 있다.

22 다음 중 테니스에서 그랜드슬램이라고 부르는 4개 대회가 아닌 것은?

① 호주 오픈
② 프랑스 오픈
③ 영국 오픈
④ US 오픈

해설
영국 오픈은 골프에서의 그랜드슬램이다. 테니스 그랜드슬램은 호주 오픈, 프랑스 오픈, 영국 윔블던, US 오픈으로 이뤄진 국제 테니스 대회 중에서도 가장 권위 있는 4개 대회를 가리키는 말이다. 4개 대회에서 모두 우승한 선수를 그랜드슬램을 달성했다는 의미로 그랜드슬래머라고 부르기도 한다.

24 다음에서 설명하는 광고 형식을 무엇이라 하는가?

기사 형태로 만들어진 광고로 신문이나 잡지에 기사와 동일하게 실린다. 특정 브랜드나 제품을 광고하거나, 후원을 한 특정 기업 · 단체에 우호적인 내용의 기사가 실리기도 한다.

① 키치
② 네이티브
③ 티저
④ 애드버토리얼

해설
애드버토리얼(Advertorial)은 'Advertisement'와 'Editorial'을 합성한 말로 '기사 광고'라 하기도 한다. 돈을 받고 쓴 기사 자체를 가리키며 독자에게 기사인지 광고인지 헷갈리게 만든 광고와 광고임을 명확히 표기한 광고로 나뉜다.

01 보기를 보고 공통으로 연상되는 것은?

[장학퀴즈]

> 초충도, 오목판화, 포도, 홀로그램

정답
보기를 통해 공통적으로 연상할 수 있는 것은 오만 원권 지폐다. 오만원권에는 신사임당의 초상화와 함께 신사임당이 그린 〈묵포도도〉, 〈초충도수병〉이 그려져 있으며, 위변조 방지를 위해 홀로그램 띠, 형광 인쇄, 숨은 그림 등을 활용하고 있다.

02 파리에서 태어나 일찍 음악적 재능을 인정받은 이 사람은 인상주의 음악의 대표 주자로 꼽힌다. 대표작 〈달빛〉으로 잘 알려진 이 작곡가는?

[장학퀴즈]

정답
클로드 아실 드뷔시는 프랑스의 작곡가이자 피아니스트로 인상주의 음악의 시초이자 바그너와 함께 혁명적인 작곡가로 평가받고 있다.

03 세계적인 뇌 과학자 제임스 팰런은 오랜 기간 연쇄살인마들의 뇌를 연구한 결과 사이코패스가 이것에 따라 결정된다는 사실을 발견했다. 이것은 무엇인가?

[옥탑방의 문제아들]

정답
제임스 팰런이 발표한 사이코패스의 세 가지 요건에 따르면 사이코패스는 전두엽과 측두엽의 기능이 떨어져 공감능력이 없고, 유년시절의 정서적·신체적 학대 등 성장환경의 영향을 받으며, 유전자에 따라 결정된다.

04 스마트폰이 대중화되면서 학교폭력의 양상도 사이버폭력으로 확대되고 있다. 그중 강제성과 함께 돈과 직접적인 간련이 있는 신종 사이버 학교폭력은?

[옥탑방의 문제아들]

정답
와이파이 셔틀은 피해학생에게 데이터 무제한 요금제로 강제로 가입하게 한 뒤 스마트폰의 테더링 기능(인터넷 공유)이나 핫스팟 기능을 이용해 데이터를 갈취하는 학교폭력의 유형을 말한다.

05 다음 중 맞춤법이 틀린 것은?

[우리말 겨루기]

① 무간하다
② 빈털터리
③ 옹성옹성
④ 일사분란

정답
④ 일사분란이 아니라 '일사불란'이 맞는 표현이다. 일사불란(一絲不亂)은 질서가 정연해 조금도 흐트러지지 않은 것을 뜻하는 말이다.

06 '액체가 점점 잦아들어 적다'를 이르는 말은?

[우리말 겨루기]

① 자박자박하다
② 자작자작하다

정답
'자작자작'은 액체가 점점 잦아들어 적은 모양을 뜻하는 말로 정답은 ②번이다. '자박자박하다'는 건더기나 절이는 물건 따위가 겨우 잠길 정도로 물이 차 있는 상태를 뜻하는 말이다.

07 바둑에서 흑과 백이 죽고 사는 형태를 가리키는 것으로 일상에서는 목숨을 걸 만큼 매우 중요한 문제를 비유적으로 이르는 말로 쓰이는 것은?

[유퀴즈 온 더 블럭]

정답
사활은 '죽기와 살기'라는 뜻으로 흔히 죽기 살기로 최선을 다하는 모습을 비유할 때 '사활을 걸다'라는 표현으로 사용된다.

08 다음 중 숫자가 들어간 사자성어가 아닌 것은?

[유퀴즈 온 더 블럭]

① 조삼모사
② 일취월장
③ 이율배반
④ 천태만상

정답
일취월장(日就月將)은 '날마다 달마다 성장하고 발전한다'는 뜻으로 학업이 꾸준히 진보하는 것을 이르는 사자성어.

09 자율신경계의 호르몬으로 몸을 긴장상태로 만들어 스트레스를 돕는 역할을 하고, 주로 공포를 느끼거나 흥분했을 때 분비되는 이것은?

[유퀴즈 온 더 블럭]

정답
아드레날린은 에피네프린이라고도 하며 중추신경으로부터의 전기적인 자극에 의해 교감신경 말단에서 분비돼 근육에 자극을 전달하는 역할을 담당한다.

10 다음 보기의 물음에 답해라. [문제적 남자]

> 5는 0보다 강하고,
> 0은 2보다 강하고,
> 2는 5보다 강하다.
> **왜일까?**

정답
보기를 봤을 때 단순히 숫자를 비교하거나 계산해서 푸는 것이 아니라 창의적인 사고가 필요한 문제다. 보기에 제시된 숫자 0, 2, 5가 지닌 의미를 생각해봤을 때 각각 바위, 가위, 보를 가리킨다는 사실을 알 수 있다. 따라서 보기를 해석해보면 '보는 바위보다 강하고, 바위는 가위보다 강하고, 가위는 보보다 강하다'가 된다.

11 규칙을 찾아 빈칸을 채워라. [문제적 남자]

> $7 ♥ 2 = 1$
> $39 ♥ 9 = 3$
> $26 ♥ (9 ♥ 6) = 2$
> $161 ♥ (13 ♥ 5) = \square$

정답
보기에서 기호 ♥는 나누기를 뜻하고 답으로 제시된 숫자는 계산 후 남은 나머지 수를 뜻한다. 예시로 7♥2=1에서 규칙을 적용해 풀어보면 7÷2=3이 되고 1이 남는다. 따라서 빈칸에 들어갈 숫자를 구해보면 13♥5=3이고, 161♥3=2가 된다.

취업!
실전문제

최종합격 기출면접

포스코그룹은 '더불어 함께 발전하는 기업시민'을 경영이념으로 삼고 있다. 또한 포스코는 주인의식과 책임감으로 매사에 솔선하고 능동적으로 협업하여 조직차원의 시너지를 창출하는 '실천', 겸손과 존중의 마인드로 이해관계자와 진정성 있게 소통하며 상생의 가치를 추구하는 '배려', 유연한 사고와 지속적 학습으로 도전적인 아이디어를 제시해 변화와 성장을 주도하는 '창의'를 핵심 인재상으로 내세워 '실천의식과 배려의 마인드를 갖춘 창의적 인재'를 선발한다.

1 1차 면접

포스코그룹의 1차 면접은 직무역량평가 방식으로 진행되며 HR면접, 직무면접, 분석발표면접, 조별활동, 역사에세이, 도서퀴즈 등 6가지 형식으로 구분된다. 이를 통해 지원자의 가치관 및 직무역량 수준을 종합적으로 평가한다.

기출문제

조직적합성평가

■ 포스코에서 이루고 싶은 꿈은 무엇인가?

■ 포스코의 경쟁사는 어디라고 생각하는가? 언급한 경쟁사와 비교했을 때 포스코의 장단점은 무엇인가?

■ 주인의식이란 무엇인가? 포스코 직원의 주인의식 고취 방안에 대해 말해 보시오.

■ 자신의 가치관과 그것을 형성하기 위해 어떠한 노력을 했는지 말해 보시오.

■ 전공을 활용해서 우리 회사에 어떻게 기여할 것인가?

■ 철강업에 관심을 갖게 된 계기는 무엇인가?

직무적합성평가

■ 철로 만들 수 있는 실생활물건은 무엇이 있는가?

■ 제어공학에서 시스템이란 무엇인가?

■ 계단함수와 정상상태에 대해 아는 대로 말해 보시오.

■ 제강공정에 대해 말해 보시오.

■ 5대 원소에 대해 말해 보시오.

■ LNG 발전소에 대해 설명해 보시오.

■ 전공 과목(기계)을 통해 무엇을 배웠는가?

■ 시멘트 규격이 의미하는 바를 알고 있는가?

2 2차 면접

2차 면접은 가치적합성평가 방식으로 이루어지며 포스코가 추구하는 인재상에 얼마나 적합한지 확인하는 단계로, 경영진과의 대면면접으로 진행된다. 지원자의 가치관, 직업관, 인생관, 인성, 생활방식 등에 대한 질의 · 응답이 이루어지며 이러한 과정에서 지원자의 도전정신, 창의력, 조직 적응성, 윤리성 등을 평가한다.

기출문제

- 자기소개를 해 보시오.
- 어느 정도 자신이 있는가? 자신이 있다면 자신의 신조를 영어로 말해 보시오.
- 자신이 목표를 설정하여 과제를 수행해 본 경험을 말해 보시오.
- 창업이 아니라 취업을 선택한 이유는 무엇인가?
- 철강 산업 분야에 관련된 이슈에 대해 말해 보시오.
- 지원한 분야에 가장 필요한 본인의 역량은 무엇이라고 생각하는가?
- 지원한 분야에 대한 준비는 어느 정도 했는가?
- 임진왜란에 대해 아는 대로 말해 보시오.
- 우리나라에서 가장 큰 제철소는 어디에 있는가?
- 기업을 지원하는 기준이 무엇인가?
- 기업시민에 대해 말해 보시오.
- 본인만의 스트레스 해소법은 무엇인가?
- 지원 직무에서 활용할 수 있는 자신만의 강점에 대해 말해 보시오.
- 불합리한 상황에 처할 경우 어떻게 대처할지 말해 보시오.
- 워라밸에 대해 어떻게 생각하는가?
- 지원 직무와 관련한 전공 수업을 들은 경험이 있다면 말해 보시오.
- 지방근무를 하게 될 가능성이 있는데, 이에 대해 어떻게 생각하는가?
- 디자인이 세상을 바꾼다고 하는데, 이에 대해 어떻게 생각하는가?
- 일상생활에서 바꿔보고 싶었던 것을 말해 보시오.
- 포스코강판의 핵심가치를 디자이너의 측면에서 어떻게 생각하는가?
- 마지막으로 하고 싶은 말을 해 보시오.

KT는 '끊임없이 도전하는 인재, 벽 없이 소통하는 인재, 고객을 존중하는 인재, 기본과 원칙을 지키는 인재'를 인재상으로 삼고 있다. 두 차례의 면접을 통해 기본과 원칙에 충실하고 고객 가치 실현을 위해 끊임없이 소통하며 근성을 가지고 도전하는 KT인을 선발한다.

1차 면접

1차 면접은 직무 위주의 면접으로 직무별로 요구하는 핵심역량을 갖추고 있는지를 평가한다. 블라인드 면접으로 PT면접과 직무역량면접이 이루어지는 것이 보통이지만 계열사나 지원한 직무 및 전형에 따라 다양한 면접방법을 채택하고 있기 때문에 사전에 홈페이지를 통해서 확인하는 것이 좋다.

기출문제

직무역량면접

■ 현재 KT에서 진행 중인 프로모션에 대해 말해 보시오.

■ KT의 세계 진출 가능성에 대해 예측하고 전략을 세워 보시오.

■ KT의 상품과 연관된 신제품 아이디어를 말해 보시오.

■ KT 광고의 아쉬운 점과 개선 방향에 대해 이야기해 보시오.

■ 기가토피아에 대해 아는 대로 설명해 보시오.

■ KT 입사를 위해 준비한 것을 말해 보시오.

■ KT 입사 후 목표에 대해 말해 보시오.

■ KT에 대해 아는 대로 말해 보시오.

■ 평소 KT의 이미지가 어떠한지, 개선해야 할 점이 있다면 무엇인지 말해 보시오.

■ KT의 마케팅에 대한 견해를 말해 보시오.

■ 가격과 품질을 비교했을 때, KT의 마케팅은 어디에 중점을 두어야 하는지 말해 보시오.

■ KT의 주요 고객(거래처)에 대해 아는 대로 말해 보시오.

■ KT의 제품을 사용하는 것이 있다면 무엇인지, 또 제품은 어떠한지 말해 보시오.

■ KT의 기업 비전의 의미에 대해 말해 보시오.

■ KT를 어떻게 알게 되었는지 말해 보시오.

■ KT는 무슨 회사인지 말해 보시오.

■ KT의 기업 윤리 및 경영 철학에 대해 말해 보시오.

■ KT는 윤리경영을 강조하고 있는데 본인의 윤리의식은 어떠한지 말해 보시오.

PT면접

■ KT의 현재 고객사의 가격인하 요구에 어떻게 대응할 것인가?

■ 주어진 네트워크 트래픽 데이터를 근거로 어떤 공격을 받았는지 유추하고 해결 방법을 제시해 보시오.

■ 당사 상품, 브랜드의 경쟁우위 전략에 대해 설명해 보시오.

■ 영업사원의 영업실적 향상 방안에 대해 설명해 보시오.

■ '유아용 로봇 키봇'에 대해 설명해 보시오.

■ 3W 전략에 대해 설명해 보시오.

2 2차 면접

2차 면접은 임원면접으로 다대다 형태의 면접이 진행된다. 조직가치 면접으로 KT 현직 임원이 지원자의 자질과 인성을 종합적으로 평가하며, 인성면접과 더불어 창의적인 대답을 요하는 질문을 할 수도 있다. 특히 KT의 경우 윤리경영을 중요시하는 기업이기 때문에 이 점에 유의해서 답변을 준비하는 것이 좋다.

기출문제

- 본인의 자기소개서에서 가장 중요한 한 가지 경험을 말해 보시오.
- 레드오션인 통신업계에 지원한 이유를 말해 보시오.
- 자기소개를 해 보시오.
- 해당 직무를 선택한 동기에 대해 말해 보시오.
- 자기소개서에서 작성한 내용 외에 본인이 내세우고 싶은 것에 대해 말해 보시오.
- 고등학교 때만 동아리 활동을 하고 대학에서는 왜 하지 않았는지 말해 보시오.
- 동아리 내에서 어떤 역할을 맡았는지 말해 보시오.
- 주말, 공휴일에는 주로 무엇을 하는지 말해 보시오.
- 지금 생각나는 친구에 대해 말해 보시오.
- 나만의 스트레스 해소 방법에 대해 말해 보시오.
- 분쟁을 해결한 경험이 있으면 말해 보시오.
- 하루를 어떻게 계획하고 실천하는지 말해 보시오.
- 반드시 이루고자 하는 목표가 있다면 말해 보시오.
- 살아가는 데 있어서 가장 중요하다고 생각하는 것은 무엇인지 말해 보시오.
- 의사결정에서 가장 중요한 것은 무엇인지 말해 보시오.
- 인생의 터닝포인트가 있었다면 말해 보시오.
- 인생의 롤모델이 있다면 말해 보시오.
- 최근에 읽은 책에 대해 말해 보시오.
- 제일 잘하는 것이 무엇인지 말해 보시오.
- 현재 사용하고 있는 통신사는 어디인지 말해 보시오.
- 수습기간 동안에 영업, 휴대폰 판매를 시키면 어떻게 할지 말해 보시오.
- 네트워크나 IT 공부는 어떻게 해나갈 것인지 말해 보시오.
- 자신이 임원이라고 가정할 때, 지금 당장 실행할 수 있는 KT의 참신한 서비스를 말해 보시오.
- KT그룹에서 고치고 싶은 부분이 있다면 무엇인지 말해 보시오.
- KT의 현 시장상황과 앞으로 나아갈 방향에 대해 말해 보시오.
- 새로운 일에 팀원을 선정한다면 어떤 사람을 뽑을지 말해 보시오.
- 전자상거래에서 중요한 것은 무엇인지 말해 보시오.
- KT의 새로운 사업을 설명해 보시오.
- KT가 해외 진출 시 고려할 점에 대해 말해 보시오.

대기업 최신기출문제

01 / 샘표식품

1. 언어

01 다음 글의 내용과 일치하는 것은?

> 포화지방산에서 나타나는 탄소 결합 형태는 연결된 탄소끼리 모두 단일 결합하는 모습을 띤다. 이때 각각의 탄소에는 수소가 두 개씩 결합한다. 이 결합 형태는 지방산 분자의 모양을 일자형으로 만들어 이웃하는 지방산 분자들이 조밀하게 연결될 수 있으므로 분자 간 인력이 높아 지방산 분자들이 단단하게 뭉치게 된다. 이 인력을 느슨하게 만들려면 많은 열에너지가 필요하다. 따라서 이 지방산을 함유한 지방은 녹는점이 높아 상온에서 고체로 존재하게 된다. 그리고 이 지방산 분자에는 탄소 사슬에 수소가 충분히 결합되어 수소가 분자 내에 포화되어 있으므로 포화지방산이라 부르며 이것이 들어 있는 지방을 포화지방이라고 한다. 포화지방은 체내의 장기 주변에 쌓여 장기를 보호하고, 체내에 저장되어 있다가 에너지로 전환되어 몸에 열량을 내는 데 이용된다. 그러나 이 지방이 저밀도 단백질과 결합하면 콜레스테롤이 혈관 내부에 쌓여 혈액의 흐름을 방해하고 혈관 내부의 압력을 높여 심혈관계 질병을 유발하는 것으로 알려져 있다.

① 포화지방산에서 나타나는 탄소 결합은 각각의 탄소에 수소가 두 개씩 결합하므로 다중 결합한다고 할 수 있다.

② 탄소에 수소가 두 개씩 결합하는 형태는 열에너지가 많아서 지방산 분자들이 단단하게 뭉친다.

③ 분자 간 인력을 느슨하게 하면 지방산 분자들의 연결이 조밀해진다.

④ 포화지방은 포화지방산이 들어있는 지방을 지칭한다.

⑤ 포화지방이 체내에 저장되면 콜레스테롤이 혈관 내부에 쌓여 혈액의 흐름을 방해하고 혈관 내부의 압력을 높여 질병을 유발하므로 몸에 좋지 않다.

해설 제시된 글은 포화지방의 구조와 사용에 대해 설명하고 있다. '수소가 분자 내에 포화되어 있으므로 포화지방산이라 부르며 이것이 들어있는 지방을 포화지방이라고 한다'라는 내용을 통해 포화지방은 포화지방산이 들어있는 지방을 지칭함을 알 수 있다.

02 다음 문장을 통해 추론할 수 있는 것은?

> 8월의 비정규직 근로자 수는 지난해에 비해 30만 9천명(5.7%) 증가했지만 이들이 받는 임금은 평균 7.3% 감소한 것으로 나타났다.

① 비정규직 근로자 수는 해마다 계속 증가하였다.

② 비정규직 근로자의 임금은 계속 감소하였다.

③ 어떤 비정규직 근로자의 임금은 증가하였다.

④ 어떤 비정규직 근로자의 임금은 감소하였다.

⑤ 비정규직 근로자의 임금은 계속 증가하였다.

해설 비정규직 근로자의 임금이 평균 7.3% 감소했다는 것을 통해 추론할 수 있다.
① 비정규직 근로자 수는 '지난해에 비해' 증가하였다.
② · ③ 제시된 문장으로는 확인할 수 없다.

03 다음 글의 제목으로 적절한 것은?

> 제1차 세계대전에 패망한 독일은 바이마르공화국 헌법에 의해 자유민주주의 체제를 확립하였으나 경제 사정은 엉망이었다. 정치적 자유에도 불구하고 경제적 욕망 충족의 보장이 없었다. 그토록 갈구하던 자유를 얻었는데도 굶주림과 좌절 모두 자유의 탓으로 돌렸다. 성공과 자살도 모두 개인의 책임으로 돌려졌다. 제1차 세계대전 후 열악한 경제 조건 속에 놓인 독일 국민들은 한 조각의 빵을 위해서 자유의 권리를 서슴지 않고 포기하였다. 그리고 자신의 자유를 대신 행사해 줄 지도자를 찾았다. 그리하여 히틀러의 사디즘과 국민들의 마조히즘이 결합하게 된 것이다.

① 만인에 대한 만인의 투쟁

② 감시와 처벌

③ 존재와 시간

④ 자유로부터의 도피

⑤ 자유민주주의 체제에서의 경제

해설 제시된 글의 주된 내용은 제1차 세계대전에 패한 독일의 국민들이 열악한 경제 상황 때문에 자유의 권리를 포기했다는 것이므로 글의 제목으로 ④가 가장 적절하다.

04 지하철이 A역에는 3분마다, B역에는 2분마다, C역에는 4분마다 온다. 지하철이 오전 4시 30분에 처음으로 역 A, B, C에 동시에 도착했다면 5번째로 세 지하철역에 지하철이 동시에 도착하는 시각은 언제인가?

① 4시 45분

② 5시

③ 5시 15분

④ 5시 18분

⑤ 5시 20분

> **해설** 지하철이 처음 동시에 도착한 이후 다시 동시에 도착하는 시간은 3, 2, 4의 최소공배수만큼의 시간이 지나야 한다. 최소공배수는 12이므로 12분에 한 번씩 지하철이 동시에 도착한다. 첫 번째로 동시에 도착한 시간이 오전 4시 30분이므로 다섯 번째로 지하철이 동시에 도착하기까지는 $12 \times 4 = 48$분이 더 걸린다. 따라서 5시 18분에 다섯 번째로 지하철이 동시에 도착한다.

05 소풍을 왔는데 경비의 30%는 교통비, 교통비의 50%는 식비로 사용하여 남은 돈이 33,000원이라면, 처음 경비는 얼마인가?

① 60,000원

② 70,000원

③ 80,000원

④ 90,000원

⑤ 100,000원

> **해설** 처음 경비를 x원이라 하면
> $x - \{(x \times 0.3) + (x \times 0.3 \times 0.5)\} = 33,000$
> $\rightarrow x - 0.45x = 33,000$
> $\rightarrow 0.55x = 33,000$
> $\therefore x = 60,000$

06 320×280cm 크기의 광고판에 빈틈없이 정사각형 형태의 고정된 크기로 광고물을 붙이려고 할 때, 가장 큰 광고물의 한 변의 길이는 몇 cm인가?

① 20cm

② 30cm

③ 40cm

④ 60cm

⑤ 80cm

> **해설** 광고물은 가로와 세로의 길이가 같으므로, 그 중 가장 큰 광고물이 광고판을 빈틈없이 채우기 위해서는 320과 280의 최대공약수를 구하면 된다. 따라서 한 변의 길이는 40cm이다.

07 40%의 소금물 100g에 물 60g을 넣었을 때, 농도는 몇 %인가?

① 20%

② 21%

③ 22%

④ 24%

⑤ 25%

> **해설** 40%의 소금물 100g에 들어있는 소금의 양은 $\frac{40}{100} \times 100 = 40$g이므로,
>
> 물을 넣은 후의 농도는 $\frac{40}{100+60} \times 100 = 25\%$이다.

08 다음은 우리나라의 주요 수출 품목의 수출액 및 증감을 나타낸 자료이다. 경공업제품의 2016년 대비 2019년의 수출액 증감률은 얼마인가?

주요 수출 품목의 수출액 및 증감

(단위 : 백만달러, %)

품목명	2016년		2017년		2018년		2019년		2020년	
	수출액	증감률	수출액	증감률	수출액	증감률	수출액	증감률	수출액	증감률
중화학제품	425,490	28.8	505,289	18.8	497,882	-1.5	510,687	2.6	523,189	2.4
반도체	50,707	63.4	50,146	-1.1	50,430	0.6	57,143	13.3	62,647	9.6
자동차	35,411	39.4	45,312	28.0	47,201	4.2	48,635	3.0	48,924	0.6
일반기계	36,103	34.5	45,817	26.9	47,914	4.6	46,415	-3.1	48,403	4.3
무선통신	27,621	-10.9	27,325	-1.1	22,751	-16.7	27,578	21.2	29,573	7.2
석유화학	35,715	30.0	45,587	27.6	45,882	0.6	48,377	5.4	48,214	-0.3
선박	49,112	8.8	56,588	15.2	39,753	-29.8	37,168	-6.5	39,886	7.3
철강제품	28,875	25.4	38,484	33.3	36,971	-3.9	32,497	-12.1	35,543	9.4
컴퓨터	9,116	13.8	9,156	0.4	8,462	-7.6	7,763	-8.3	7,714	-0.6
가정용전자	12,816	27.4	13,328	4.0	12,635	-5.2	14,884	17.8	14,839	-0.3
경공업제품	29,397	23.5	34,200	16.3	35,311	3.2	36,829	4.3	36,631	-0.5

① 약 20.2%

② 약 21.3%

③ 약 23.4%

④ 약 24.7%

⑤ 약 25.3%

> **해설** $\left(\frac{36,829-29,397}{29,397}\right) \times 100 \fallingdotseq 25.3\%$

1. 언어논리

01 다음 중 밑줄 친 부분과 같은 의미로 쓰인 것은?

> 희대의 사기꾼을 쳐다보는 국민들의 눈에는 분노가 <u>끓었다</u>.

① 마지막으로 500mL의 물을 붓고 펄펄 <u>끓이면</u> 완성됩니다.

② 보일러를 언제부터 켰는지 방바닥이 펄펄 <u>끓는다</u>.

③ 유통기한이 이틀 지난 우유를 마셨더니 배 속이 부글부글 <u>끓는다</u>.

④ 강 교수의 가슴 속에는 끝내지 못한 연구에 대한 열정이 <u>끓고</u> 있다.

⑤ 파리가 <u>끓고</u> 있는 쓰레기통에서는 악취가 났다.

> **해설** 밑줄 친 '끓었다'는 '어떠한 감정이 강하게 솟아나다'라는 뜻으로 사용되었다. 이와 같은 뜻으로 쓰인 것은 ④이다.
> ① 액체가 몹시 뜨거워져서 소리를 내면서 거품이 솟아오르다.
> ② 지나치게 뜨거워지다.
> ③ 소화가 안 되거나 아파 배 속에서 소리가 나다.
> ⑤ 많이 모여 우글거리다.

02 제시된 문장에서 사용이 적절하지 않은 단어는?

> • 공공정책은 사회복지정책보다 더 많은 부분을 (　　　　)한다.
> • 출장을 가는 사람은 나를 (　　　　)해서 총 4명이다.
> • 반대 세력을 (　　　　)하기 위해서는 다양한 전략이 필요하다.
> • 지도자는 구성원에 대한 이해와 (　　　　)의 자세를 가지고 조직을 이끌어 나가야 한다.

① 포섭   ② 포함

③ 포용   ④ 포장

⑤ 포괄

> **해설** • 공공정책은 사회복지정책보다 더 많은 부분을 (포괄/포함)한다.
> • 출장을 가는 사람은 나를 (포함)해서 총 4명이다.
> • 반대 세력을 (포섭)하기 위해서는 다양한 전략이 필요하다.
> • 지도자는 구성원에 대한 이해와 (포용)의 자세를 가지고 조직을 이끌어 나가야 한다.
> ※ 포장(包藏) : 어떤 생각을 마음속에 지니어 간직함

03 다음 중 밑줄 친 단어의 뜻풀이가 적절하지 않은 것은?

① 동아리에 <u>들다</u>. → 어떤 조직체에 가입하여 구성원이 되다.

② 해가 잘 <u>들다</u>. → 빛, 볕, 물 따위가 안으로 들어오다.

③ 지방에 가뭄이 <u>들다</u>. → 어떤 일이나 기상 현상이 일어나다.

④ 마음에 <u>들다</u>. → 어떤 물건이나 사람이 좋게 받아들여지다.

⑤ 예선에 <u>들다</u>. → 어떤 처지에 놓이다.

> **해설** '예선에 들다'에서 '들다'는 어떤 범위나 기준, 또는 일정한 기간 안에 속하거나 포함된다는 의미로 쓰인 것이므로 적절하지 않다. '어떤 처지에 놓이다'의 의미의 '들다'는 '함정에 들다'와 같이 활용된다.

04 다음 제시된 단락을 읽고 이어질 단락을 논리적 순서대로 알맞게 배열한 것은?

> 마그네틱 카드는 자기 면에 있는 데이터를 입력장치에 통과시키는 것만으로 데이터를 전산기기에 입력할 수 있다. 마그네틱 카드는 미국 IBM에서 자기 테이프의 원리를 카드에 응용한 것으로 자기 테이프 표면에 있는 자성물질의 특성을 변화시켜 데이터를 기록하는 방식으로 개발되었다. 개발 이후 신용카드, 신분증 등 여러 방면으로 응용되었고, 현재도 사용되고 있다. 하지만 마그네틱 카드는 자기 테이프를 이용하였기 때문에 자석과 접촉하면 기능이 상실되는 단점을 가지고 있는데, 최근 마그네틱 카드의 단점을 보완한 IC카드가 만들어져 사용되고 있다.

> (가) IC카드는 데이터를 여러 번 쓰거나 지울 수 있는 EEPROM이나 플래시메모리를 내장하고 있다. 개발 초기의 IC카드는 8KB 정도의 저장 공간을 가지고 있었으나 2000년대 이후에는 1MB 이상의 데이터 저장이 가능하다.
>
> (나) IC카드는 내부에 집적회로를 내장하였기 때문에 자석과 접촉해도 데이터가 손상되지 않으며, 마그네틱 카드에 비해 다양한 기능을 추가할 수 있고 보안성 및 내구성도 우수하다.
>
> (다) 메모리 외에도 프로세서를 함께 내장한 것도 있다. 이러한 것들은 스마트카드로 불리며 현재 16비트 및 32비트급의 성능을 가진 카드도 등장했다. 프로세서를 탑재한 카드는 데이터의 저장뿐 아니라 데이터의 암호화나 특정 컴퓨터만이 호환되도록 하는 등의 프로그래밍이 가능해서 보안성이 향상되었다.

① (가) – (나) – (다) 　　　　② (가) – (다) – (나)

③ (나) – (다) – (가) 　　　　④ (나) – (가) – (다)

⑤ (다) – (가) – (나)

> **해설** 제시문은 IC카드의 개발 및 원리에 대한 글이다. 제시된 단락의 경우 자석 접촉 시 데이터가 손상되는 마그네틱 카드의 단점과 이를 보완한 것이 IC카드라고 설명하였다. 따라서 (나) 데이터 손상의 방지 및 여러 기능의 추가가 가능한 IC카드 → (가) EEPROM이나 플래시메모리를 내장한 IC카드 → (다) 메모리 외에 프로세서 기능이 추가된 IC카드의 순서대로 배열하는 것이 적절하다.

05 농도가 20%인 소금물을 20% 증발시킨 후 농도가 10%인 소금물 200g을 섞어서 농도가 20%인 소금물을 만들었다. 증발 전 소금물에 소금 20g과 물 80g을 섞었을 때 농도는?

① 10%

② 20%

③ 30%

④ 40%

⑤ 50%

해설 증발하기 전 농도가 20%인 소금물의 양을 xg이라고 하자. 이 소금물의 소금의 양은 $0.2xg$이고, 20% 증발했으므로 증발한 후의 소금물의 양은 $0.8xg$이다. 또한 농도가 10%인 소금물의 소금의 양은 $200 \times 0.1 = 20g$이다.

$$\frac{0.2x+20}{0.8x+200} = 0.2 \rightarrow 0.2x+20 = 0.2 \times (0.8x+200) \rightarrow 0.2x+20 = 0.16x+40 \rightarrow 0.04x = 20 \rightarrow x = 500$$

증발 전 소금물의 양은 500g이고 소금의 양은 $500 \times 0.2 = 100g$이다.

따라서 여기에 소금 20g과 물 80g을 섞으면 $\frac{100+20}{500+100} \times 100 = \frac{120}{600} \times 100 = 20\%$이다.

06 다음 자료는 A, B, C, D사의 남녀직원 비율을 나타낸 것이다. 이에 대한 설명으로 옳지 않은 것은?

	A, B, C, D사의 남녀 비율			
구분	A	B	C	D
남(%)	54	48	42	40
여(%)	46	52	58	60

① 여직원 대비 남직원 비율이 가장 높은 회사는 A사이며, 가장 낮은 회사는 D사이다.

② B, C, D사의 여직원 수의 합은 남직원 수의 합보다 크다.

③ A사의 남직원이 B사의 여직원보다 많다.

④ A사의 전체 직원 수가 B사 전체 직원 수의 2배라면 A, B사의 전체 직원 중 남직원이 차지하는 비율은 52%이다.

⑤ A, B, C사의 전체 직원 수가 같다면 A, C사 여직원 수의 합은 B사 여직원 수의 2배이다.

해설 ③ A사와 B사의 전체 직원 수를 알 수 없으므로 제시된 비율만으로는 판단할 수 없다.

07 다음은 2020년 국가기록원의 비공개기록물 공개 재분류 사업 결과 및 현황이다. 이에 대한 설명으로 옳지 않은 것은?

비공개기록물 공개 재분류 사업 결과

(단위 : 건)

구분	합계	재분류 결과			
		공개			비공개
		소계	전부공개	부분공개	
합계	6,891,460	6,261,102	269,599	5,991,503	630,358
30년 경과 비공개기록물	6,228,952	6,088,255	199,517	5,888,738	140,697
30년 미경과 비공개기록물	662,508	172,847	70,082	102,765	489,661

30년 경과 비공개기록물 중 비공개로 재분류된 기록물의 비공개 사유별 현황

(단위 : 건)

합계	비공개 사유					
	법령상 비밀	국방 등 국익침해	국민의 생명 등 공익침해	재판 관련 정보	개인 사생활 침해	법인 등 영업상 비밀침해
140,697	46	9,660	11,952	17,368	99,645	2,026

① 사업 대상 전체 기록물 중 10% 미만이 비공개로 재분류되었다.

② 30년 미경과 비공개기록물 중 전부공개로 재분류된 기록물 건수가 30년 경과 비공개기록물 중 '개인 사생활 침해' 사유에 해당하여 비공개로 재분류된 기록물 건수보다 적다.

③ 사업 대상 전체 기록물 중 전부공개로 재분류된 기록물의 비율이 30년 경과 비공개기록물 중 전부공개로 재분류된 기록물의 비율보다 낮다.

④ 재분류 건수가 많은 것부터 순서대로 나열하면, 30년 경과 비공개기록물은 부분공개, 전부공개, 비공개 순서이고 30년 미경과 비공개기록물은 비공개, 부분공개, 전부공개 순서이다.

⑤ 30년 경과 비공개기록물 중 '국민의 생명 등 공익침해'와 '개인 사생활 침해' 사유에 해당하여 비공개로 재분류된 기록물 건수의 합은 사업 대상 전체 기록물의 3% 이하이다.

해설 사업 대상 전체 기록물 중 전부공개로 재분류된 기록물의 비율은 $\frac{269,599}{6,891,460} \times 100 ≒ 3.9\%$이고, 30년 경과 비공개기록물 중

전부공개로 재분류된 기록물의 비율은 $\frac{199,517}{6,228,952} \times 100 ≒ 3.2\%$이다.

① 사업 대상 전체 기록물 중 비공개로 분류된 자료는 $\frac{630,358}{6,891,460} \times 100 ≒ 9\%$로 10% 미만이다.

② 30년 미경과 비공개기록물 중 전부공개로 재분류된 기록물은 70,082건이고, 30년 경과 비공개기록물 중 '개인 사생활 침해' 사유에 해당하여 비공개로 재분류된 기록물의 건수는 99,645건이다.

④ 제시된 자료를 통해 알 수 있다.

⑤ '국민의 생명 등 공익침해'에 해당하는 건수는 11,952건이고, '개인 사생활 침해'에 해당하는 건수는 99,645건으로 이 항목의

합은 11,952＋99,645＝111,597건이다. 이는 전체의 $\frac{111,597}{6,891,460} \times 100 ≒ 1.6\%$로 3% 이하이다.

1. 논리판단

01 다음 명제가 참일 때, 항상 옳은 것은?

> • 어떤 여학생은 채팅을 좋아한다.
> • 어떤 남학생은 채팅을 좋아한다.
> • 모든 남학생은 컴퓨터 게임을 좋아한다.

① 어떤 여학생은 컴퓨터 게임을 좋아한다.

② 모든 여학생은 컴퓨터 게임을 싫어한다.

③ 어떤 여학생은 채팅과 컴퓨터 게임을 모두 좋아한다.

④ 모든 남학생은 채팅을 싫어한다.

⑤ 어떤 남학생은 채팅과 컴퓨터 게임을 모두 좋아한다.

해설 두 번째, 세 번째 명제를 통해 '어떤 남학생은 채팅과 컴퓨터 게임을 모두 좋아한다'를 추론할 수 있다.

02 그루터기 동아리 다섯 학생이 주말을 포함한 일주일 동안 각자 하루를 골라 봉사를 하러 간다. 다음 중 참이 아닌 것은?

> • A, B, C, D, E 다섯 학생은 일주일 동안 정해진 요일에 혼자서 봉사를 하러 간다.
> • A는 B보다 빠른 요일에 봉사를 하러 간다.
> • E는 C가 봉사를 다녀오고 이틀 후에 봉사를 하러 간다.
> • B와 D는 평일에 봉사를 하러 간다.
> • C는 목요일에 봉사를 하러 가지 않는다.
> • A는 월요일, 화요일 중에 봉사를 하러 간다.

① B가 화요일에 봉사를 하러 간다면 토요일에 봉사를 하러 가는 사람은 없다.

② D가 금요일에 봉사를 하러 간다면 다섯 명은 모두 평일에 봉사를 하러 간다.

③ D가 A보다 빨리 봉사를 하러 간다면 B는 금요일에 봉사를 하러 가지 않는다.

④ E가 수요일에 봉사를 하러 간다면 토요일에 봉사를 하러 가는 사람이 있다.

⑤ C가 A보다 빨리 봉사를 하러 간다면 D는 목요일에 봉사를 하러 갈 수 있다.

해설 E가 수요일에 봉사를 간다면 C는 월요일에 가고, A는 화요일에 가게 되며, B와 D는 평일에만 봉사를 가므로 토요일에 봉사를 가는 사람은 없다.

03 A~D의 4명은 각각 1명의 자녀를 두고 있는 아버지이다. 4명의 아이 중 2명은 아들이고, 2명은 딸인 것으로 알려져 있다. 사내아이의 아버지인 2명은 사실대로 말하고 있다. 다음 중 올바른 결론은?

> A : B와 C의 아이는 아들이다.
> B : C의 아이는 딸이다.
> C : D의 아이는 딸이다.
> D : A와 C의 아이는 딸이다.

① A의 아이는 아들이다.

② B의 아이는 딸이다.

③ C의 아이는 아들이다.

④ B의 아이는 아들, D의 아이는 딸이다.

⑤ D의 아이는 아들이다.

해설 우선 A의 아이가 아들이라고 하면 그의 발언은 성립하게 되는데, B, C의 아이도 아들이라 하였으므로 이것은 사내아이가 2명밖에 없다는 조건에 모순된다. 그러므로 A의 아이는 딸이다. 다음에 C의 아이가 아들이라고 하면 C의 발언에서 D의 아이는 딸이 되므로 B의 아이는 아들이어야 한다. 그런데 이것은 B의 발언과 모순된다(사내아이의 아버지인 B가 거짓말을 한 것이 되므로). 따라서 C의 아이도 딸이다. 그러므로 사내아이의 아버지는 B와 D이다.

04 다음 중 3명은 진실만을 말하는 착한 사람이고, 2명은 거짓만 말하는 나쁜 사람일 때, 착한 사람을 모두 고르면?

> A : 나는 착한 사람이다.
> B : A가 착한 사람이면 D도 착한 사람이다.
> C : D가 나쁜 사람이면 A도 나쁜 사람이다.
> D : A가 착한 사람이면 E도 착한 사람이다.
> E : A는 나쁜 사람이다.

① B, C, E

② B, C, D

③ A, B, C

④ B, D, E

⑤ A, D, C

해설 두 사람은 나쁜 사람이므로 서로 진술이 엇갈리는 A와 E를 먼저 살펴보아야 한다. A를 착한 사람이라고 가정하면 'A(T)－B(F)－D(F)－C(F)－E(F)'으로 나쁜 사람이 4명이 되므로 모순이다. 즉, A는 나쁜 사람이고, B와 C는 서로 대우이므로 두 사람은 착한 사람이다(두 사람이 나쁜 사람이라면 나쁜 사람은 'A, B, C' 3명이 된다). 따라서 'B, C, E'가 착한 사람이고, 'A, D'가 나쁜 사람이다.

05 다음 글의 집필의도로 가장 적절한 것은?

> 서양 사람들은 전통적으로 영혼 · 정신 · 의식 · 마음 등으로 인간을 이해하고자 했다. 몸을 종속적이거나 부차적인 것으로 여겼던 것이다. 이와 달리 몸을 중심으로 인간의 존재를 규명하고자 한 학자들이 있었는데, 푸코와 메를로퐁티가 그들이다.
>
> 우리는 지하철에서 사람을 볼 때 사람이 앉아 있는 자세만 보아도 그 사람이 남자인지 여자인지 알 수 있다. 이러한 자세의 차이를 만드는 것은 무엇일까? 푸코는 구성주의 이론을 대표하는 학자로 우리의 몸이 어떻게 규율화 되는지를 '몸-권력'의 개념으로 설명한다. 푸코는 인간의 몸이 정치 · 사회적 권력에서 요구하는 행동 양식을 따르게 된다고 보았다. 푸코에 따르면 학교, 군대 등의 근대적인 정치 · 사회 조직은 통제된 일람표를 사람들에게 제시하고 반복적인 훈육을 통해 할 일과 하지 않아야 할 일을 체화시킨다. 개인들은 모두 어떤 식으로든 규정된 행동 양식을 따르게 되고, 이러한 규제는 몸에 각인되며 몸을 통해 실현된다는 것이다. 앞서 언급한 지하철에서의 남자와 여자의 자세 차이도 이러한 정치 · 사회적 권력의 요구가 하나의 행동 양식으로 체화된 결과인 것이다. 그러나 푸코는 우리의 몸이 어째서 규율을 받아들이는지에 대해서는 말해 주지 않았다.
>
> 이 문제에 대한 해답을 제시한 학자는 메를로퐁티이다. 그는 '몸-주체'의 개념을 제시하여 이 문제에 대한 답을 제시했다. 메를로퐁티는 몸과 정신은 분리하여 이해할 수 없는 영역의 것이라는 관점에서 '세계에의 존재'로서의 우리는 세계에서 의도를 가지고 세계와 관계 맺으며 살고 있는 몸이라고 보았다. 그는 우리를 둘러싼 환경인 세계에서 삶을 전개하기 위해 습관을 형성하고 그것들로 인하여 능숙하게 행동할 수 있게 된다고 보았다. 습관을 유기체가 생명을 유지하기 위해 하는 행위, 즉 실존적 행위로 본 메를로퐁티는 인간의 습관은 사회성 및 역사성을 띤다고 보았다. 왜냐하면 인간이 '세계에의 존재'라고 말할 때, 이 세계는 우리의 물리적 환경만을 말하는 것이 아니라 제도와 문화까지 포함하는 세계, 인간적인 세계라고 생각했기 때문이다. 그리고 인간 존재는 세계에서 능동적으로 살아가는 주체로 그 세계와 적극적으로 상호 작용하면서 의미를 생산해 낸다고 보았다.
>
> 몸을 행위의 주체로 파악하여 행위의 사회적 의미를 분석하고자 한다는 점에서 푸코와 메를로퐁티의 입장은 서로 통하지만 몇 가지 차이를 보인다. 우선 푸코는 정치 · 사회적 권력에 입각하여 몸과 행위를 이해하는 데 비해, 메를로퐁티는 실존성에 입각하여 몸과 행위를 이해한다. 둘째, 푸코는 몸의 불안정성과 변화를 강조하는 경향이 있는 데 반해, 메를로퐁티는 몸-주체가 습관으로부터 안정성을 끌어낸다고 보았다. 다시 말해 푸코에 의하면 인간에게 안정적인 것은 없으며 규율이 변화하는 시기에 인간의 몸은 몸을 파헤치고 분해하며 재조립하는 권력 장치 속으로 들어가게 됨으로써 변화 가능성을 갖게 되는 것이다. 이에 비해 메를로퐁티는 인간의 몸은 행위를 통해 세계에 주체적으로 참여하는 것으로 보고, 이러한 행위가 습관화되면서 안정성을 얻는다고 보았다.

① 구체적인 사례들을 통해 일반화된 이론을 정립하기 위해

② 공통점과 차이점을 중심으로 두 학자의 견해를 소개하기 위해

③ 새로운 이론이 사회적 합의에 의해 성립된 것을 증명하기 위해

④ 상식적인 개념을 제시한 후 그것과 대립되는 현상을 보여주기 위해

⑤ 어떤 학자가 주장한 이론을 소개하고 그 이론의 한계를 지적하기 위해

해설 몸을 중심으로 인간의 존재를 규명하여 행위하는 몸의 사회적 의미를 분석하고자 했다는 점에서 푸코와 메를로퐁티는 공통점을 갖는다. 그러나 푸코는 인간의 몸이 정치 · 사회적 권력에서 요구하는 행동 양식을 따르고 있다고 본 반면, 메를로퐁티는 인간의 몸이 우리를 둘러싼 환경인 세계에 주체적으로 적응한다고 보았다. 따라서 제시된 글은 몸을 중심으로 인간의 존재를 규명하고자 한 푸코와 메를로퐁티의 견해를 공통점과 차이점을 중심으로 소개하고 있다.

06 다음 중 ㉠의 입장에서 호메로스의 『일리아스』를 비판한 내용으로 적절하지 않은 것은?

기원전 5세기, 헤로도토스는 페르시아 전쟁에 대한 책을 쓰면서 『역사(Historiai)』라는 제목을 붙였다. 이 제목의 어원이 되는 'histor'는 원래 '목격자', '증인'이라는 뜻의 법정 용어였다. 이처럼 어원상 '역사'는 본래 '목격자의 증언'을 뜻했지만 헤로도토스의 『역사』가 나타난 이후 '진실의 탐구' 혹은 '탐구한 결과의 이야기'라는 의미로 바뀌었다.

헤로도토스 이전에는 사실과 허구가 뒤섞인 신화와 전설, 혹은 종교를 통해 과거에 대한 지식이 전수됐다. 특히 고대 그리스인들이 주로 과거에 대한 지식의 원천으로 삼은 것은 『일리아스』였다. 『일리아스』는 기원전 9세기의 시인 호메로스가 오래전부터 구전되어 온 트로이 전쟁에 대해 읊은 서사시이다. 이 서사시에서는 전쟁을 통해 신들, 특히 제우스 신의 뜻이 이루어진다고 보았다. 헤로도토스는 바로 이런 신화적 세계관에 입각한 서사시와 구별되는 새로운 이야기 양식을 만들어 내고자 했다. 즉, 헤로도토스는 가까운 과거에 일어난 사건의 중요성을 인식하고 이를 직접 확인 · 탐구해 인과적 형식으로 서술함으로써 역사라는 새로운 분야를 개척한 것이다.

『역사』가 등장한 이후, 사람들은 역사 서술의 효용성이 과거를 통해 미래를 예측하게 하여 후세인(後世人)에게 교훈을 주는 데 있다고 인식하게 되었다. 이러한 인식에는 한 번 일어났던 일이 마치 계절처럼 되풀이하여 다시 나타난다는 순환 사관이 바탕에 깔려 있다. 그리하여 오랫동안 역사는 사람을 올바르고 지혜롭게 가르치는 '삶의 학교'로 인식되었다. 이렇게 교훈을 주기 위해서는 과거에 대한 서술이 정확하고 객관적이어야 했다.

물론 모든 역사가들이 정확성과 객관성을 역사 서술의 우선적 원칙으로 앞세운 것은 아니다. 오히려 헬레니즘과 로마 시대의 역사가들 중 상당수는 수사학적인 표현으로 독자의 마음을 움직이는 것을 목표로 하는 역사 서술에 몰두하였고, 이런 경향은 중세시대에도 어느 정도 지속되었다. 이들은 이야기를 감동적이고 설득력 있게 쓰는 것이 사실을 객관적으로 기록하는 것보다 더 중요하다고 보았다. 이런 점에서 그들은 역사를 수사학의 테두리 안에 집어넣은 셈이 된다.

하지만 이 시기에도 역사의 본령은 과거의 중요한 사건을 가감 없이 전달하는 데 있다고 보는 역사가들이 여전히 존재하여 그들에 대해 날카로운 비판을 가하기도 했다. 더욱이 15세기 이후부터는 수사학적 역사 서술이 역사 서술의 장에서 퇴출되고, ㉠ 과거를 정확히 탐구하려는 의식과 과거 사실에 대한 객관적 서술 태도가 역사의 척도로 다시금 중시되었다.

① 직접 확인하지 않고 구전에만 의거해 서술했으므로 내용이 정확하지 않을 수 있다.

② 신화와 전설 등의 정보를 후대에 전달하면서 객관적 서술 태도를 배제하지 못했다.

③ 트로이 전쟁의 중요성은 인식하였으나 실제 사실을 확인하는 데까지는 이르지 못했다.

④ 신화적 세계관에 따른 서술로 인해 과거에 대해 정확한 정보를 추출해 내기 어렵다.

⑤ 과거에 대한 지식을 습득하는 수단으로 사용되기도 했지만 과거를 정확히 탐구하려는 의식은 찾을 수 없다.

해설 『일리아스』는 객관적 서술 태도와는 거리가 멀다고 할 수 있다.

1. 언어비평

※ 다음 제시문을 읽고 각 문제가 항상 참이면 ①, 거짓이면 ②, 알 수 없으면 ③을 고르시오. [01~03]

- 등산을 좋아하는 사람은 스케이팅을 좋아하지 않는다.
- 영화 관람을 좋아하지 않는 사람은 독서를 좋아한다.
- 영화 관람을 좋아하지 않는 사람은 조깅을 좋아하지 않는다.
- 낮잠 자기를 좋아하는 사람은 스케이팅을 좋아한다.
- 스케이팅을 좋아하는 사람은 독서를 좋아한다.

01 낮잠 자기를 좋아하는 사람은 독서를 좋아한다.

① 참   ② 거짓   ③ 알 수 없음

> **해설** 네 번째, 다섯 번째 조건을 통해서 '낮잠 자기를 좋아하는 사람은 독서를 좋아한다'는 사실을 알 수 있다.

02 영화 관람을 좋아하지 않는 사람은 독서는 좋아하지만 조깅은 좋아하지 않는다.

① 참   ② 거짓   ③ 알 수 없음

> **해설** 두 번째, 세 번째 조건을 통해서 '영화 관람을 좋아하지 않는 사람은 독서를 좋아하고, 조깅은 좋아하지 않는다'는 사실을 알 수 있다.

03 등산을 좋아하는 사람은 낮잠 자기를 좋아한다.

① 참   ② 거짓   ③ 알 수 없음

> **해설** 첫 번째 조건과 네 번째 조건의 대우를 통해 '등산을 좋아하는 사람은 스케이팅을 좋아하지 않고, 스케이팅을 좋아하지 않는 사람은 낮잠 자기를 좋아하지 않는다'는 것을 알 수 있다.

※ 다음 제시문을 읽고 각 문장이 항상 참이면 ①, 거짓이면 ②, 알 수 없으면 ③을 고르시오. [04~06]

- 과자 한 봉지를 A, B, C 세 사람이 나누어 먹는다.
- 과자 한 봉지에는 과자가 10개 들어있다.
- 세 사람 중 과자를 한 개도 먹지 않은 사람은 없으며, 세 사람이 먹은 과자의 개수는 각각 다르다.
- 과자를 가장 적게 먹은 사람은 A이다.
- C는 B보다 과자를 2개 더 많이 먹었다.

04 남은 과자의 개수는 3개 이하이다.

① 참   ② 거짓   ③ 알 수 없음

해설 제시문의 조건에 따르면 가능한 모든 경우는 다음의 3가지다.

구분	A	B	C
〈경우 1〉	1	2	4
〈경우 2〉	1	3	5
〈경우 3〉	2	3	5

모든 경우에서 남은 과자의 수는 3개 이하이다.

05 C가 과자를 5개 먹었을 때, A는 과자를 1개 먹었다.

① 참   ② 거짓   ③ 알 수 없음

해설 C가 과자를 5개 먹은 경우는 〈경우 2〉와 〈경우 3〉이다. 〈경우 2〉에서는 A가 과자를 1개 먹었으나, 〈경우 3〉에서는 그렇지 않다. 따라서 C가 과자를 5개 먹었을 때 A가 과자를 1개 먹었는지의 여부는 주어진 조건만으로 알 수 없다.

06 두 명이 홀수 개의 과자를 먹었다.

① 참   ② 거짓   ③ 알 수 없음

해설 〈경우 2〉와 〈경우 3〉에서는 두 명이 홀수 개의 과자를 먹었으나, 〈경우 1〉에서는 한 명 만이 홀수 개의 과자를 먹었다. 따라서 두 명이 홀수 개의 과자를 먹었는지의 여부는 주어진 조건만으로 알 수 없다.

07 다음은 전력사용에 대한 절약현황에 관한 설문조사 자료이다. 이에 대한 설명으로 옳은 것은?(단, 인원과 비율은 소수점 이하 둘째 자리에서 반올림한다)

구분	2018년				2019년			
	노력 안함	조금 노력함	노력함	매우 노력함	노력 안함	조금 노력함	노력함	매우 노력함
남성	2.5	38.0	43.7	15.8	3.5	32.4	42.1	22.0
여성	3.4	34.7	45.1	16.8	3.9	35.0	41.2	19.9
10대	12.4	48.1	22.5	17.0	13.1	43.2	25.8	17.9
20대	10.4	39.5	27.6	22.5	10.2	38.2	28.4	23.2
30대	11.5	26.4	38.3	23.8	10.7	21.9	42.7	24.7
40대	10.5	25.7	42.1	21.7	9.4	23.9	44.0	22.7
50대	9.3	28.4	40.5	21.8	9.5	30.5	39.2	20.8
60대 이상	10.0	31.3	32.4	26.3	10.4	30.7	33.2	25.7

전력사용에 대한 절약현황 (단위 : %)

① 남성과 여성 모두 2019년에 전년 대비 노력함을 선택한 인원은 증가했다.

② 2018~2019년 모든 연령대에서 노력 안함의 비율은 50대가 가장 낮다.

③ 여성 조사인구가 매년 500명일 때, 매우 노력함을 택한 인원은 2019년도에 전년 대비 15명 이상 늘어났다.

④ 2019년의 60대 이상 조금 노력함의 비율은 전년 대비 2% 이상 증가했다.

⑤ 각 연령대별 매우 노력함을 선택한 비율은 2018년 대비 2019년에 모두 증가하였다.

해설 여성 조사인구가 매년 500명일 때, 2018년의 매우 노력함을 택한 인원은 500×0.168=84명이고, 2019년은 500×0.199=99.5명으로 2019년도는 전년 대비 15.5명이 더 늘어났다.

① 남성과 여성 모두 정확한 조사대상 인원이 제시되어 있지 않아서 알 수 없다.

② 2019년에 모든 연령대에서 노력 안함의 비율이 가장 낮은 연령대는 40대이다.

④ 2019년의 60대 이상 조금 노력함의 전년 대비 증감률을 구하면, $\frac{31.3-30.7}{31.3} \times 100 ≒ 1.9\%$만큼 감소했다.

⑤ 2018년 대비 2019년에 연령대별 매우 노력함을 선택한 비율이 50대와 60대 이상은 감소했다.

08 다음은 김포공항의 2017년과 2018년 에너지 소비량 및 온실가스 배출량에 대한 자료이다. 이에 대한 〈보기〉의 설명으로 옳은 것을 모두 고르면?

김포공항 에너지 소비량

(단위 : TOE)

구분	에너지 소비량									
	합계	건설 부문				이동 부문				
		소계	경유	도시가스	수전전력	소계	도시가스	경유	도시가스	천연가스
2017년	11,658	11,234	17	1,808	9,409	424	25	196	13	190
2018년	17,298	16,885	58	2,796	14,031	413	28	179	15	191

김포공항 온실가스 배출량

(단위 : 톤CO2eq)

구분	온실가스 배출량				
	합계	고정 연소	이동 연소	공정 배출	간접 배출
2017년	30,823	4,052	897	122	25,752
2018년	35,638	6,121	965	109	28,443

• **보기** •

ㄱ. 에너지 소비량 중 이동 부문에서 경유가 차지하는 비중은 2018년에 전년 대비 10%p 이상 감소하였다.
ㄴ. 건설 부문의 도시가스 소비량은 2018년에 전년 대비 30% 이상 증가하였다.
ㄷ. 2018년 온실가스 배출량 중 간접 배출이 차지하는 비중은 2017년 온실가스 배출량 중 고정 연소가 차지하는 비중의 5배 이상이다.

① ㄱ
② ㄴ
③ ㄱ, ㄷ
④ ㄴ, ㄷ
⑤ ㄱ, ㄴ, ㄷ

해설 ㄴ. 건설 부문의 도시가스 소비량은 2017년에 1,808TOE, 2018년에 2,796TOE로,

2018년의 전년 대비 증가율은 $\frac{2,796-1,808}{1,808} \times 100 ≒ 54.6\%$이다. 따라서 옳은 설명이다.

ㄷ. 2018년 온실가스 배출량 중 간접 배출이 차지하는 비중은 $\frac{28,443}{35,638} \times 100 ≒ 79.8\%$이고,

2017년 온실가스 배출량 중 고정 연소가 차지하는 비중은 $\frac{4,052}{30,823} \times 100 ≒ 13.1\%$이다. 5배는 $13.1 \times 5 = 65.5\%$로

2018년 온실가스 배출량 중 간접 배출이 차지하는 비중인 79.8%보다 작으므로 옳은 설명이다.

ㄱ. 에너지 소비량 중 이동 부문에서 경유가 차지하는 비중은 2017년에 $\frac{196}{424} \times 100 ≒ 46.2\%$이고,

2018년에 $\frac{179}{413} \times 100 ≒ 43.3\%$로 전년 대비 2.9%p 감소하였으므로 틀린 설명이다.

공기업 최신기출문제

01 / 한국중부발전

1. 의사소통능력

01 다음 중 ㉠에 들어갈 사자성어로 가장 적절한 것은?

> A공사는 전기와 소금을 동시에 만들어낼 수 있는 염전 태양광 발전 기술을 개발했다. 이에 따라 우리나라와 비슷한 방식으로 소금을 만들어내는 중국, 인도 등에 기술을 이전해 수익을 낼 수 있을 것으로 기대된다.
> A공사는 녹색에너지연구원, SM소프트웨어와 공동으로 10kW급 염전 태양광 발전시스템을 개발했다고 7일 밝혔다. 이번에 개발한 발전시스템은 수심 5cm 내외의 염전 증발지 바닥에 수중 태양광 모듈을 설치해 소금과 전력을 동시에 생산할 수 있는＿＿＿＿＿＿㉠＿＿＿＿＿＿ 시스템이다. 국내 염전 중 85%는 전라남도에 밀집해 있다. 연구진은 2018년 3월부터 전남 무안에 염전 태양광 6kW 설비를 시범 설치한 뒤 이번에 10kW급으로 용량을 늘렸다.
> A공사는 염전 내부에 태양광 설치를 위해 수압에 잘 견디는 태양광 모듈을 설계하고, 태양광–염전 통합운영시스템을 개발했다. 그 결과 여름철에는 염수(소금물)에 의한 냉각으로 일반 지상 태양광과 비교해 발전량이 5% 개선됐다. 또한, 태양광 모듈에서 발생하는 복사열로 염수 증발 시간도 줄어서 소금 생산량도 늘었다. 발전시스템 상부에 염수가 항상 접촉해 있지만, 전기 안전과 태양광 모듈 성능 저하 등 운영 결함은 없는 것이 특징이다.
> 한편, 국내 염전 증발지 40km^{2}에 이 기술을 적용하면 최대 4GW 발전부지 확보가 가능하다. 특히 국내와 유사한 천일염 방식으로 소금을 생산하는 중국, 인도, 프랑스, 이탈리아 등에 기술 이전도 가능해 해외 수익도 창출할 수 있을 것으로 A공사는 기대했다. A공사 관계자는 "추가적인 부지 확보 없이 염전에서 태양광 전력을 생산할 수 있어 일석이조이며, 열악한 염전산업계를 지원해 주민들의 소득증대에도 기여할 것이다"라고 말했다.

① 아전인수(我田引水)

② 일거양득(一擧兩得)

③ 토사구팽(兎死狗烹)

④ 백척간두(百尺竿頭)

해설 태양광 발전으로 전기와 소금을 동시에 생산한다는 의미이므로, 한 가지 일로써 두 가지 이익을 얻는다는 뜻을 가진 일거양득이 ㉠에 들어가야 한다.

무공해 에너지의 공급원으로 널리 알려진 수력발전소가 실제로는 기후 변화에 악영향을 미친다는 주장이 제기되었다고 영국의 옵서버 인터넷판이 보도했다.

프랑스와 브라질 과학자들은 이번 주 프랑스 파리에서 열리는 유네스코(UNESCO) 회의에서 수력발전을 위해 건설된 댐과 발전소에서 많은 양의 메탄이 배출돼 지구온난화를 야기한다는 내용을 발표할 것으로 알려졌다. 메탄이 지구온난화에 미치는 영향은 이산화탄소의 20배에 달한다. 이들은 댐이 건설되면서 저수지에 갇힌 유기물들이 부패 과정에서 이산화탄소는 물론 메탄을 생성한다며 이러한 현상은 특히 열대 지방에서 극심하게 나타난다고 주장했다. 또 필립 펀사이드 아마존 국립연구소(NIRA)를 포함한 과학자들은 이번 주 영국 과학전문지 네이처를 통해 수력발전소가 가동 후 첫 10년 동안 화력발전소의 4배에 달하는 이산화탄소를 배출한다는 견해를 밝힐 예정이다.

그러나 이들의 주장에 반대하는 의견을 표명하는 과학자들도 있다. 반론을 제기한 학자들은 메탄 배출은 댐 운영 첫해에만 발생하는 현상으로, 수력발전소가 안정적으로 운영되면 상대적으로 적은 양의 메탄과 이산화탄소만 나오게 된다고 지적했다.

02 다음 중 윗글과 가장 관련이 깊은 사자성어는?

① 고식지계(姑息之計) ② 결자해지(結者解之)

③ 일장일단(一長一短) ④ 과유불급(過猶不及)

해설 수력발전으로 전기를 생산하기 위해서는 거대한 댐을 건설해야 하는데 이 댐을 건설할 때 많은 이산화탄소가 발생한다. 따라서 수력발전을 통해 이산화탄소를 배출시키지 않고 전기를 생산할 수 있다는 장점이 있는 반면, 댐을 건설할 때 이산화탄소가 발생하는 단점도 있다는 점에서 장점과 단점을 통틀어 이르는 '일장일단(一長一短)'이 제시문과 가장 관련이 깊다.
① 고식지계 : 당장의 편안함만을 꾀하는 일시적인 방편
② 결자해지 : 일을 저지른 사람이 그 일을 해결해야 함
④ 과유불급 : 모든 사물이 정도를 지나치면 미치지 못한 것과 같음

03 다음 중 윗글의 내용과 일치하지 않는 것은?

① 이산화탄소보다 메탄이 환경에 더 큰 악영향을 끼친다.

② 수력발전은 이산화탄소를 배출한다.

③ 유기물들이 부패하면 유해물질이 생성된다.

④ 일부 과학자들은 수력발전소 운영 초기에만 유해물질이 생성된다고 주장한다.

해설 수력발전이 이산화탄소를 배출하는 것이 아니라, 수력발전을 위한 댐을 건설할 때 이산화탄소가 배출된다.
① 메탄이 지구온난화에 미치는 영향은 이산화탄소의 20배에 달한다.
③ 댐이 건설되면서 저수지에 갇힌 유기물들이 부패 과정에서 이산화탄소는 물론 메탄을 생성한다.
④ 반론을 제기한 학자들은 메탄 배출은 댐 운영 첫해에만 발생하는 현상이라고 주장한다.

🔒 01 ② 02 ③ 03 ②

04 다음 대화를 바탕으로 적절하지 않은 것은?

> A부장 : 이번 주는 회사의 단합대회가 있습니다. 모든 사원들은 참석을 할 수 있도록 해 주시길 바랍니다.
> B팀장 : 원래 단합대회는 각 부서별로 일정을 조율해서 정하지 않았나요? 이번에는 왜 회의도 없이 단합대회가 갑자기 정해졌나요?
> C사원 : 다 같이 의견을 모아서 단합대회 날짜를 정했으면 좋았겠네요.
> A부장 : 이번 달은 국외 프로젝트에 참여하는 직원들이 많아서 일정을 조율하기가 힘들었습니다. 그래서 이번에는 이렇게 단합대회 날짜를 정하게 되었습니다.
> B팀장 : 그렇군요. 그렇다면 일정을 조율해 보겠습니다.

① C사원은 A부장의 의견이 마음에 들지 않는다.

② B팀장은 단합대회가 갑자기 정해진 이유를 알게 되었다.

③ B팀장은 참석하지 않는 의사를 표시했다.

④ A부장은 자신의 의견을 근거를 가지고 설명하였다.

> 해설 B팀장은 단합대회에 참석하지 않는다는 의사표시를 한 것이 아니라 A부장이 갑작스럽게 단합대회 날짜를 정하게 된 이유를 듣고 일정을 조율해 보겠다는 의미의 대답을 한 것이다.

05 다음 중 벤치마킹(Benchmarking)에 대한 설명으로 적절한 것은?

① 외부로부터 기술만 받아들이는 것이다.

② 뛰어난 기술 등을 비합법적으로 응용하는 것이다.

③ 모방과 달리 받아들인 것들을 환경에 맞춰 재창조하는 것이다.

④ 직접적 벤치마킹은 인터넷 등에서 자료를 모아 하는 것이다.

> 해설 벤치마킹은 모방과는 달리 성공한 상품, 우수한 경영 방식 등의 장점을 배우고 자신의 환경에 맞춰 재창조하는 것을 말한다.
> ① 벤치마킹이란 외부의 기술을 받아들이는 것이 아닌 받아들인 기술을 자신의 환경에 적합한 기술로 재창조하는 것을 말한다.
> ② 벤치마킹이란 특정 분야에서 뛰어난 업체나 상품, 기술, 경영 방식 등을 배워 합법적으로 응용하는 것을 의미한다.
> ④ 간접적 벤치마킹에 대한 설명이다. 직접적 벤치마킹은 벤치마킹 대상을 직접 방문하여 수행하는 방법이다.

06 우선순위가 붙은 가장 기본적인 대기 행렬에 대한 서비스 방법의 하나로, 서비스 창구에 도착한 순서로 처리되는 것을 지칭하는 말은?

① First-come, First-served

② Last-in First-out

③ Round Robin

④ Shortest Job First Scheduling

> **해설** 선도착 선처리(First-come, First-served)에 대한 설명으로 여러 작업들이 처리를 기다리며 대기 행렬을 이루고 있을 때, 가장 먼저 들어온 작업부터 실행해 주고 요청이 들어온 순서대로 처리하는 방식이다.

07 다음 중 ㉠~㉤에 들어갈 말을 올바르게 짝지은 것은?

경청의 5단계

단계	경청 정도	내용
㉠	0%	상대방은 이야기를 하지만 듣는 사람에게 전달되는 내용은 하나도 없는 단계이다.
㉡	30%	상대방의 이야기를 듣는 태도는 취하고 있지만, 자기 생각 속에 빠져 있어 이야기의 내용이 전달되지 않는 단계이다.
㉢	50%	상대방의 이야기를 듣기는 하나 자신이 듣고 싶은 내용을 선택적으로 듣는 단계이다.
㉣	70%	상대방이 어떤 이야기를 하는지 내용에 집중하면서 듣는 단계이다.
㉤	100%	상대방의 이야기에 집중하면서 의도와 목적을 추측하고, 이해한 내용을 상대방에게 확인하면서 듣는 단계이다.

	㉠	㉡	㉢	㉣	㉤
①	선택적 듣기	무시	듣는 척하기	공감적 듣기	적극적 듣기
②	듣는 척하기	무시	선택적 듣기	적극적 듣기	공감적 듣기
③	듣는 척하기	무시	선택적 듣기	공감적 듣기	적극적 듣기
④	무시	듣는 척하기	선택적 듣기	적극적 듣기	공감적 듣기

> **해설** 경청의 5단계
> ㉠ 무시(0%), ㉡ 듣는 척하기(30%), ㉢ 선택적 듣기(50%), ㉣ 적극적 듣기(70%), ㉤ 공감적 듣기(100%)

1. 의사소통능력

01 다음 글의 내용과 가장 일치하는 것은?

> 동일본대지진은 일본 수도 도쿄에서 300km가량 떨어진 미야기현 앞바다에서 발생했다. 이 지진은 일본 관측 사상 최대인 규모 9.0으로 20세기 이후 발생한 세계 지진 중에서 네 번째로 강력한 지진이었다. 미야기현 앞바다를 중심으로 남북 약 500km, 동서 200km가량의 광대한 해저를 뒤흔든 이 지진의 진원은 바다와 육지의 지각판이 서로 부딪치는 경계부로, 이 지진은 해저 지각에 큰 변동을 일으키며 쓰나미를 만들었다. 최대 파고가 9.3m 이상으로 관측된 당시 쓰나미는 미야기, 이와테, 후쿠시마 등 동일본 연안 지역을 강타했다. 동일본대지진 당시 사망한 1만 5,899명과 실종된 2,527명의 대부분은 쓰나미로 인한 희생자들이다. 물적 피해도 컸다. 완전히 파괴된 건물이 12만 1,992호, 반파된 건물은 28만 2,920호에 달했다.
> 동일본 연안 마을을 휩쓴 쓰나미의 거센 물살은 후쿠시마현 후타바·오쿠마 마을에 들어선 후쿠시마 제1원전도 덮쳤고, 이는 강진에 따른 송전탑 붕괴 등으로 외부 전원이 끊긴 상태에서 원자로를 식힐 냉각장치를 가동하는 데 필요한 비상용 발전기 가동까지 침수로 멈추게 하는 비상사태를 일으켰다. 결국 같은 블록에 설치된 원자로 4기 중 정기점검 중이던 4호기를 제외한 1~3호기에서 노심(원자로에서 연료가 되는 핵분열성 물질과 감속재가 들어 있는 부분)이 고열로 녹아내리는 용융이 발생해 지진이 일어난 지 하루 만인 3월 12일 오후부터 1호기를 시작으로 3·4호기에서 연쇄적으로 원자로 건물에 들어찬 수소가스가 폭발했다. 당시 2호기에서도 노심 용융이 일어났지만 1호기의 폭발 충격으로 건물에 구멍이 생긴 탓에 수소폭발을 면했다. 다만 다량의 방사성 물질 누출은 피하지 못했다. 핵연료가 장전되지 않은 상태였던 4호기는 3호기에 연결된 배관망을 통해 수소가스가 유입되는 바람에 원자로 건물이 폭발했다. 이 사고는 국제원자력 사고등급(INES) 기준으로 1986년의 옛 소련 체르노빌 원전 사고와 같은 최고 레벨(7)에 해당하는 '대재앙'이었다.

① 동일본대지진은 20세기 이후 일어난 지진 중 가장 규모가 큰 지진이다.

② 동일본대지진 당시 인명 피해는 1만 8,426건에 달한다.

③ 동일본대지진으로 입은 건물 피해는 40만건이 넘는다.

④ 지진으로 인해 발생한 쓰나미로 후쿠시마 제1원전에 있던 4대의 원자로 모두에서 용융이 발생했다.

해설 완전히 파괴된 건물 12만 1,992호, 반파된 건물 28만 2,920호로 40만건이 넘는다.
① 진도 9.0으로, 일본에서 관측된 지진 중 가장 규모가 큰 지진이었으며, 세계 지진 중에서는 네 번째이다.
② 인명 피해에는 부상자까지 포함한다. 그러나 부상자에 대한 정보는 나와 있지 않으므로 정확한 인명 피해를 파악할 수 없다.
④ 원자로 4기 중 정기점검 중이던 4호기를 제외한 1~3호기에서 용융이 발생했다.

02 다음 글을 읽고, 이해한 내용으로 적절한 것은?

> 가계부채는 규모에 있어 2000~2003년간의 폭발적인 증가세를 경험한 이후 신용카드 버블 붕괴에 따른 일시적인 조정기를 가졌으나 2004년 이후로도 연평균 10.6%의 빠른 증가세를 보여 왔다. 이러한 증가세는 GDP, 개인처분가능소득, 개인소비 등의 변수에 비해 훨씬 빠른 것으로 가계부채 부담이 가중되고 있음을 확인시켜주고 있다.
>
> 한편, 외환위기 이후 가계 소득과 부채의 상관관계는 2000년 이후로 다시 강화되는 모습을 보여주어 경제능력(Affordability)에 기초한 채무 부담이 이루어지고 있음을 시사하고 있다. 또한, 금융자산과 부채의 상관관계도 지속적으로 증가하고 있어 유동성 충격에 대한 가계의 대응 능력이 다소 강화되었음을 보여준다. 하지만 부동산과 부채의 상관관계는 급격히 증가한 모습을 보여주고 있어 가계대출에 의존한 부동산 투자 편중 심화라는 측면에서 우려의 소지를 안고 있다. 특히 가계 보유자산의 80%에 이르는 부동산 비중은 과도한 부동산 투자가 부채증가의 한 배경일 가능성을 제시하고 있다.
>
> 물론 신용카드 버블기에 해당하는 2000~2003년 사이에는 과도한 소비현상이 발생했던 것으로 보인다. 다만 같은 기간 주택가격 역시 빠르게 상승하였고 주택담보대출 역시 빠르게 증가하였다는 점에서 부동산에 대한 과도한 투자의 가능성을 배제하지 못한다. 특히 2003년 이후 지금까지 평균소비성향이 장기추세선 아래에 위치해 있음을 감안하면, 이후 기간의 연 10.6% 가계신용 증가는 부동산 투자에 몰렸을 가능성이 높아 보인다. 이러한 맥락에서 주택가격 상승과 주택담보대출 증가는 상호작용을 통해 서로를 강화하는 방향으로 작용하였고, 이 과정에서 가계소비의 빠른 증가세가 실현된 것으로 이해된다.
>
> 이러한 상황에서 단기/일시상환 방식/변동금리부의 현 주택담보대출 시스템은 금리 및 주택가격 충격에 취약하며, 차환 위험과 소득 충격 간의 상호작용에 민감한 반응을 보이는 것으로 보인다. 지금까지의 주택 금융시장의 구조적 개선은 LTV(Loan To Value ratio · 주택을 담보로 돈을 빌릴 때 인정되는 자산가치의 비율) 상한을 적용하여 주택가격 충격의 영향을, DTI(Debt To Income · 금융부채 상환능력을 소득으로 따져서 대출한도를 정하는 계산비율) 상한을 적용하여 소득 충격의 영향을, 고정금리의 확대를 통해 금리 충격의 영향을 줄이는 방향으로 진행되어 왔다. 그럼에도 여전히 주택경기의 침체 가능성에 대한 가계 및 금융부문의 대응 능력은 여전히 낮은 수준에 머무른 것으로 보인다. 일례로 주택대출 시장의 만기가 DTI 규제 도입 이후 장기화되었다고는 하나, 거치기간을 길게 두는 '무늬만 장기 대출'인 경우가 많은 것으로 알려져 있다. 이런 맥락에서 금융감독당국은 DTI 상한의 유지와 함께 주택담보대출의 만기 및 상환조건별(금리 변동 및 원리금 분할상환 여부) 대출비중과 연체율의 추이에 관해 항시적인 주의를 기울일 필요가 있어 보인다.

① 가계부채는 2000년 이전부터 매년 꾸준한 증가세를 보여 왔다.

② 금융자산에 따른 부채의 상관관계가 증가하는 것은 유동성 충격에 대한 가계의 대응 능력이 약화되었음을 의미한다.

③ 주택가격 상승과 주택담보대출 증가의 상황 속에서 가계소비는 아무런 영향을 받지 않았다.

④ 주택담보인정 비율을 통해 주택가격 충격의 영향을 줄일 수 있다.

> **해설** 지금까지의 주택 금융시장의 구조적 개선은 LTV 상한을 적용하여 주택가격 충격의 영향을 줄이는 방향으로 진행됐다.
> ① 2000~2003년간의 폭발적인 증가세를 경험한 이후 조정기를 거친 후에도 증가세를 보였지만, 그 이전에도 증가세였는지는 알 수 없다.
> ② 금융자산과 부채의 상관관계도 지속적으로 증가하는 것은 유동성 충격에 대한 가계의 대응 능력이 강화되었음을 보여준다.
> ③ 주택가격 상승과 주택담보대출 증가는 상호작용을 통해 서로를 강화하는 방향으로 작용하였고, 이 과정에서 가계소비의 빠른 증가세가 실현되었다.

※ 다음은 K가 여행지로 고른 후보지에 대한 자료이다. 다음 자료를 읽고 이어지는 질문에 답하시오. [03~04]

- K는 연휴를 맞이하여 가족들과 함께 여행을 가고자 한다.
- K는 최종점수가 가장 높은 여행지로 여행을 간다.
- 최종점수는 접근점수, 입지점수, 숙소점수, 날씨점수를 단순합산하여 도출한다.

- 접근점수는 다음 표에 따라 부여한다.

편도 소요시간	1시간 미만	1시간 이상 1시간 30분 미만	1시간 30분 이상 2시간 미만	2시간 이상
접근점수	30	25	20	15

- 입지점수는 다음 표에 따라 부여한다.

위치	바다	산	도심
입지점수	15	12	9

- 숙소점수는 다음 표에 따라 부여한다.

숙소 만족도	1~3점	4~6점	7~8점	9~10점
숙소점수	10점	12점	15점	20점

- 날씨점수는 다음 표에 따라 부여한다.

날씨	맑음	흐림	비
날씨점수	20	15	5

A~D 여행지 정보

여행지	편도 소요시간	위치	숙소 만족도	날씨
A	2시간 15분	바다	8	맑음
B	1시간 30분	산	7	흐림
C	58분	산	9	비
D	3시간 20분	바다	8	비

03 다음 중 K가 선택할 여행지로 옳은 것은?

① A

② B

③ C

④ D

> **해설** 주어진 조건에 따라 각 여행지의 항목별 점수를 계산하면 다음과 같다.

여행지	접근점수	입지점수	숙소점수	날씨점수	최종점수
A	15	15	15	20	65
B	20	12	15	15	62
C	30	12	20	5	67
D	15	15	15	5	50

따라서 최종점수가 가장 높은 C를 선택할 것이다.

04 K는 가족들의 의견을 고려하여 숙소점수와 접근점수의 산정방식을 다음과 같이 수정하였다. 변경된 방식을 따를 때, 다음 중 K가 선택할 여행지로 옳은 것은?

변경 내용

• 변경된 접근점수

편도 소요시간	1시간 미만	1시간 30분 이상 2시간 30분 미만	2시간 30분 이상 3시간 미만	3시간 이상
접근점수	30	27	24	21

• 변경된 숙소점수

숙소 만족도	1~2점	3~5점	6~8점	9~10점
숙소점수	10점	12점	18점	20점

① A

② B

③ C

④ D

> **해설** 주어진 조건에 따라 각 여행지의 항목별 점수를 계산하면 다음과 같다.

여행지	접근점수	입지점수	숙소점수	날씨점수	최종점수
A	27	15	18	20	80
B	27	12	18	15	72
C	30	12	20	5	67
D	21	15	18	5	59

따라서 최종점수가 가장 높은 A를 선택할 것이다.

1. 의사소통능력

01 다음 중 ㉠, ㉡에 들어갈 단어로 옳은 것은?

> 한국국토정보공사는 ODA 지원 국가 전체 또는 일부의 SOC 인프라 사업지에 대한 정보를 통합하고 분석 · 활용하는 서비스를 제공하고, 사업 수행과정 및 완료 후에도 지속적으로 현행화되는 공간정보에 대한 통합플랫폼을 ㉠ 운영/운용하여 민간기업의 해외진출에 필요한 데이터를 제공한다. 또한, 다양한 해외협력 ㉡ 개발/계발 사업을 진행하고 있다.

	㉠	㉡
①	운영	개발
②	운영	계발
③	운용	개발
④	운용	계발

해설 • 운영 : 조직이나 기구, 사업체 따위를 운용하고 경영함
　　　 • 운용 : 무엇을 움직이게 하거나 부리어 씀
　　　 • 개발 : 토지나 천연자원 따위를 유용하게 만듦
　　　 • 계발 : 슬기나 재능, 사상 따위를 일깨워 줌
　　　 따라서 ㉠에 들어갈 단어는 '운영', ㉡에 들어갈 단어는 '개발'이 적절하다.

02 다음 글에서 설명하는 논리적 오류로 적절한 것은?

> 한 법정에서 피의자에 대해 담당 검사는 다음과 같이 주장하였다. "피의자는 과거에 사기 전과가 있으나 반성하는 기미도 없이 문란한 사생활을 지속해 오고 있습니다. 과거에 마약을 복용하기도 하였으며, 술에 취해 폭력을 가한 적도 있습니다. 따라서 죄질이 나쁘므로 살인 혐의로 기소하고, 법정 최고형을 구형해 주시기 바랍니다."

① 허수아비 공격의 오류　　　　　　　② 피장파장의 오류

③ 애매성의 오류　　　　　　　　　　 ④ 성급한 일반화의 오류

해설 제시문에서 설명하는 논리적 오류는 허수아비 공격의 오류이다. 허수아비 공격의 오류는 상대가 의도하지 않은 것을 강조하거나 허점을 비판하여 자신의 주장을 내세우는 것으로 상대방의 주장과는 상관없는 별개의 논리를 만들어 공격하는 오류이다.

03 다음 〈보기〉에서 팀제의 성과를 높이기 위한 방법으로 옳은 것을 모두 고르면?

보기

ㄱ. 팀의 구성원의 수는 많을수록 좋다.
ㄴ. 팀은 다양한 특성의 사람을 모두 섞는 것이 좋다.
ㄷ. 개인적인 퍼포먼스를 위주로 인센티브를 제공한다.
ㄹ. 의미가 있는 비전을 갖게 하고, 구체적인 목표를 설정한다.

① ㄱ, ㄷ
② ㄴ, ㄹ
③ ㄱ, ㄹ
④ ㄴ, ㄷ

해설 ㄴ. 기술적 전문성이 있는 멤버, 대인관계에 능숙한 멤버, 문제해결능력이 뛰어난 멤버 등 다양한 멤버를 모두 섞어서 구성하는 것이 특정 분야에 특화된 멤버로만 구성하는 것보다 성과를 높일 수 있다.
ㄹ. 의미가 있는 비전을 갖게 하는 것과 구체적인 목표를 설정해 주면 성과를 높일 수 있다.
ㄱ. 팀제의 성과를 높이기 위해서는 구성원의 수는 10명 전후로 적게 하는 것이 좋다.
ㄷ. 조직 내 상명하복 문화가 강하거나 기존의 보상체계가 개개인의 퍼포먼스에 기반해서 오랫동안 유지되어 온 경우에는 팀제 도입이 실패할 수 있다. 개인적 보상뿐만 아니라 그룹의 퍼포먼스에 대해서도 별도의 보상체계를 마련하는 것이 성과를 올리는 데 중요하다.

04 다음 중 밑줄 친 내용에 대한 설명으로 적절한 것은?

이 조직은 기존 Top-down 방식의 기계적 구조가 한계를 나타내자 이에 대한 보완으로 등장한 조직으로 '민첩한, 기민한 조직'이라는 뜻을 가지고 있다. 코로나19의 확산 이후 금융권에서도 변화하는 시대에 대처하기 위해 이 조직을 도입하고 있으며, 이미 글로벌 기업인 마이크로소프트, 구글, 애플 등은 이 조직을 도입하여 운영하고 있다. 도입 초기에는 지속가능한 모델을 구축하지 못해 실패하는 경우도 있었지만, 시간이 지나면서 점점 지속가능한 모델을 구축하고 활성화되고 있다.

① 관리자형 리더가 적합하다.
② 외부 변화에 빠르게 대처할 수 없는 단점이 있다.
③ 부서 간 경계가 낮아 정보 공유 등을 한다.
④ 대규모 팀을 구성해 프로젝트를 진행한다.

해설 애자일 조직(Agile Organization)에 대한 설명이다. 애자일 조직은 급변하는 환경에서 유연하고 민첩하게 대응하기 위한 방식의 조직으로, 기존 기계적 구조의 한계를 계기로 등장하였다. 애자일 조직은 부서 간 경계를 허물고, 필요에 맞게 소규모 팀을 구성해 업무를 수행하는 조직문화를 뜻한다.

🔒 01 ① 02 ① 03 ② 04 ③

05 다음은 S사 제품의 생산 공정 계획을 나타낸 것이다. 다음 상황에 따라 갑, 을, 병 직원이 실행하는 공정 순서로 가장 적절한 것은?

생산 공정 계획

공정	선행공정	소요시간(시간)
A	B	1
B	-	0.5
C	-	2
D	E	1.5
E	-	1

상황

- 선행공정을 제외한 생산 공정 순서는 상관없다.
- 선행공정은 선행공정이 필요한 공정 전에만 미리 실행한다.
- 2명 이상의 직원이 A공정을 동시에 실행할 수 없다.
- 을 직원은 갑 직원보다, 병 직원은 을 직원보다 1시간 늦게 시작한다.
- 생산 공정이 진행될 때 유휴시간 없이 다음 공정으로 넘어간다.

	갑	을	병
①	B - E - A - D - C	B - C - E - D - A	C - B - E - A - D
②	E - D - C - B - A	C - E - D - B - A	E - D - B - C - A
③	B - D - E - A - C	C - D - A - B - E	B - E - A - D - C
④	B - A - E - D - C	B - E - A - C - D	C - A - B - D - E

해설 갑, 을, 병 직원의 공정 순서에 따른 시간을 표로 나타내면 다음과 같다. 선행공정에 따른 순서가 알맞고, A공정이 동시에 진행되지 않으므로 가장 적절한 생산 공정 순서이다. 표에 제시된 숫자는 공정의 소요시간을 나타낸다.

구분	1	2	3	4	5	6	7	8
갑	E	D		C	B	A		
을		C		E	D	B	A	
병			E	D	B	C		A

06 다음은 반도체 항목별 EBSI 현황으로 분기마다 직전분기를 기준(100)으로 계산하였다. 자료에 대한 설명으로 옳은 것은?

> EBSI(수출산업경기전망지수)란 수출산업의 경기동향과 관련있는 수출상담, 계약, 수출단가, 수출채산성 등 15개 항목에 대해 설문조사를 실시해 수출업계의 체감경기를 파악하는 경기지표이다. 지수가 100을 상회하면 기업들의 향후 수출여건이 지금보다 개선될 것으로 전망한다는 뜻이다.

분기별 반도체 항목별 EBSI 현황

항목별	2019년 1분기	2019년 2분기	2019년 3분기	2019년 4분기	2020년 1분기
수출상담	95.7	92.3	101.0	98.4	113.5
수출계약	95.7	96.7	100.9	95.1	138.7
수출상품제조원가	99.6	104.4	99.3	89.9	100.1
수출단가	98.8	103.8	99.3	81.6	74.2
수출채산성	99.2	103.3	99.6	76.5	126.9
수출국경기	95.4	89.5	100.9	97.0	111.6
국제수급상황	95.0	85.9	99.4	73.9	137.8
수입규제, 통상마찰	143.0	100.9	98.8	55.2	140.8
설비가동률	99.8	114.6	101.5	92.3	150.6
자금사정	98.7	111.4	101.0	83.0	112.7

① 기업들은 2019년 1분기부터 3분기까지 국제수급상황이 개선되다가 2019년 4분기에 악화될 것이라고 전망한다.

② 기업들은 2019년 4분기 대비 2020년 1분기의 자금사정이 악화될 것이라고 생각한다.

③ 기업들은 2019년 1분기부터 2020년 1분기까지 수출단가가 계속해서 악화될 것이라고 생각한다.

④ 기업들은 2018년 4분기 대비 2019년 2분기의 수출국경기가 더 안 좋아질 것이라고 전망한다.

> **해설** ④ 2019년 1분기와 2분기의 수출국경기 EBSI는 모두 100 미만이므로 2018년 4분기부터 2019년 2분기까지 수출국경기가 더욱 악화될 것임을 전망하고 있다.

1. 의사소통능력

01 다음 중 글의 내용과 가장 일치하는 것은?

> 비재무적 위험요인이 초래할 수 있는 재무적 충격을 숫자로 나타내고자 하는 노력은 점차 성과를 거두고 있다. 특히 ESG 중에서 E(환경)를 중심으로 가시화된 형태가 나타나고 있다. 이미 EU(유럽연합)를 시작으로 한국, 미국 등 주요국에서는 온실가스 거래시장이 만들어졌다. 지구온난화를 초래하는 온실가스에 가격을 매겨 온실가스를 배출하는 기업들이 비용을 치르게 하자는 발상이 현실화된 대표적 사례이다.
>
> 2008년 금융위기 극복을 위한 글로벌 협의체 G20(주요 20개국) 회의의 하부기구인 TCFD(기후변화 위험의 재무공시를 위한 태스크포스)를 비롯해 SASB(지속가능회계기준위원회), ISO(국제표준화기구) 등 많은 국제기구들이 ESG 요소를 재무적으로 관측할 수 있도록 하는 수단을 만들어왔고 이를 보다 세련되게 다듬는 노력을 기울이고 있다. 예전에는 측정할 수 없다는 이유로 경영·투자판단에 고려되지 않았던 ESG 등 비재무적 요소들이 하나둘씩 숫자의 형태로 나타나기 시작했다는 것이다.
>
> 외국 기관투자자들의 전유물로만 여겨지곤 했던 ESG를 국내에서 가장 선도적으로 투자에 반영한 곳이 바로 국민연금이다. 국민 노후보장의 최후 보루인 국민연금 기금의 규모는 2020년 말 기준 834조원에 이르고 이 중 국내 주식 자산의 규모만 177조원에 달한다. 코스피·코스닥 전체의 시가총액 합계가 약 2,300조원인데 이 중 7.5%가량을 국민연금이 보유하고 있다는 얘기다. 더불어 국민연금은 국내 회사채·여신채 등 민간 기업들이 발행한 채권도 75조원 가량을 보유하고 있다. 국내 기업들의 자금상환 능력이 쪼그라들거나 기업가치가 훼손될 경우 국민연금이 타격을 입을 수밖에 없는 구조다. 이 때문에 국민연금이 가장 선도적으로 ESG 요소를 투자에 접목해왔던 것이다. 국민연금은 이미 15년 전, 국내에선 아직 ESG 이슈가 낯설었던 2006년부터 위탁 운용을 통해 ESG 전략을 투자에 접목해왔고 ESG 투자 규모를 늘려왔다.
>
> 2020년 기준으로 전체 기금 자산에서 차지하는 ESG 투자자산의 비중은 현재 10%에 불과하지만 이를 내년까지 50%까지 늘리겠다는 비전을 제시한 바 있다. ESG 투자 대상 자산도 현재의 국내 주식 일부에서 국내 채권, 해외 주식·채권 등으로 대폭 확장될 예정이다. 국민연금은 2009년 UN PRI(유엔책임투자원칙) 서명 기관으로 가입한 것은 물론이고 2019년에는 ICGN(국제기업지배구조네트워크), 2020년에는 AIGCC(기후변화 관련 아시아 투자자 그룹)에 잇따라 가입했다. 글로벌 연기금 및 기관들과의 적극적인 정보교류와 협력 인프라를 구축하겠다는 차원에서다. 나아가 ESG 투자와 관련한 글로벌 원칙과 기준을 형성하는 과정에도 국민연금의 목소리가 반영될 수 있을 것으로 보인다. 머지않아 기금 규모 1,000조원 돌파를 눈앞에 둔 국민연금의 ESG 투자는 세계 일류로 도약하는 우리 기업들의 지속가능성을 높이는 데도 기여하고 있다는 평가를 받는다.

① 미국에서 처음으로 온실가스 배출에 비용을 치르자는 제안을 했다.

② 이전에도 사람들은 투자에 있어서 비재무적인 요소를 고려했다.

③ 국민연금은 10여 년 전부터 ESG 관련 투자를 해왔다.

④ 2020년 기준 국민연금 전체 기금 자산에서 ESG 투자자산이 차지하는 비율은 50%에 달한다.

해설 국민연금은 이미 15년 전, 국내에선 아직 ESG 이슈가 낯설었던 2006년부터 위탁 운용을 통해 ESG 전략을 투자에 접목해왔고 ESG 투자 규모를 늘려왔다.

02 다음 〈보기〉에서 설명하는 컴퓨터 시스템 구성요소는?

● 보기 ●

- CPU 가까이에 위치하며 반도체 기억장치 칩들로 고속 액세스 가능
- 가격이 높고 면적을 많이 차지
- 저장 능력이 없으므로 프로그램 실행 중 일시적으로 사용

① LAN
② 주기억장치

③ 보조저장장치
④ 입출력장치

해설 컴퓨터 시스템의 구성요소
- CPU : 일련의 기계어 명령어를 실행하는 하드웨어의 구성요소
- 보조저장장치 : 2차 기억장치, 디스크나 CD−ROM과 같이 영구 저장 능력을 가진 기억장치
- 입출력장치 : 각 장치마다 별도의 제어기가 있어 CPU로부터 명령을 받아 장치의 동작을 제어하고 데이터를 이동시키는 일을 수행
- 주기억장치 : 프로그램이 실행될 때 보조기억장치로부터 프로그램이나 자료를 이동시켜 실행시킬 수 있는 기억장치

03 다음 세대별 컴퓨터의 특징으로 옳지 않은 것은?

- **1세대**
  – 애니악 개발, 기계언어의 개발
  – 진공관을 기억 소자로 활용하며 천공카드를 입·출력 장치로 사용
- **2세대**
  – 자기코어를 통해 자기장으로 정보를 저장하는 주기억장치 사용
  – 운영체제 도입으로 고급 수준의 프로그래밍 언어가 등장
- **3세대**
  – 정보를 저장하기 위해 집적 회로를 사용
  – 다중 프로그래밍
  – 시분할처리가 가능해짐
  – 2세대 컴퓨터에 비해 가격이 크게 상승
- **4세대**
  – 고밀도 집적 회로와 초고밀도 집적 회로가 사용되면서 중앙처리장치인 마이크로 프로세서가 개발
  – IBM과 애플에서 각각 개인용 컴퓨터가 출시

① 1세대
② 2세대

③ 3세대
④ 4세대

해설 3세대 컴퓨터는 2세대 컴퓨터에 비해 소형화되었으며 가격이 하락하였다.

🔒 01 ③ 02 ② 03 ③

※ 다음 자료를 읽고 이어지는 질문에 답하시오. [04~06]

블랙박스 시리얼 번호 체계

개발사		제품		메모리 용량		제조년월				일련번호	PCB버전
값	의미	값	의미	값	의미	값	의미	값	의미	값	값
A	아리스	BD	블랙박스	1	4GB	A	2017년	1~9	1~9월	00001	1
S	성지	BL	LCD 블랙박스	2	8GB	B	2018년	O	10월	00002	2
B	백경	BP	IPS 블랙박스	3	16GB	C	2019년	N	11월	...	3
C	천호	BE	LED 블랙박스	4	32GB	D	2020년	D	12월	09999	
M	미강테크					E	2021년				

※ 예시 : ABD2B6000101 → 아리스 블랙박스, 8GB, 2018년 6월 생산, 10번째 모델, PCB 1번째 버전

A/S 접수 현황

분류1	분류2	분류3	분류4
ABD1A2001092	MBE2E3001243	SBP3CD012083	ABD4B3007042
BBD1DD000132	MBP2CO120202	CBE3C4000643	SBE4D5101483
SBD1D9000082	ABE2D0001063	BBD3B6000761	MBP4C6000263
ABE1C6100121	CBL2C3010213	ABP3D8010063	BBE4DN020473
CBP1C6001202	SBD2B9001501	CBL3S8005402	BBL4C5020163
CBL1BN000192	SBP2C5000843	SBD3B1004803	CBP4D6100023
MBD1A2012081	BBL2BO010012	MBE3E4010803	SBE4E4001613
MBE1DB001403	CBD2B3000183	MBL3C1010203	ABE4DO010843

04 A/S가 접수되면 수리를 위해 각 제품을 해당 제조사로 전달한다. 그런데 제품 시리얼 번호를 확인하는 과정에서 조회되지 않는 번호가 있다는 것을 발견하였다. 총 몇 개의 시리얼 번호가 잘못 기록되었는가?

① 6개   ② 7개

③ 8개   ④ 9개

해설 A/S 접수 현황에서 잘못 기록된 일련번호는 총 7개이다.

분류1	• ABE1C6100121 → 일련번호가 09999 이상인 것은 없음 • MBE1DB001403 → 제조월 표기기호 중 'B'는 없음
분류2	• MBP2C0120202 → 일련번호가 09999 이상인 것은 없음 • ABE2D0001063 → 제조월 표기기호 중 '0'은 없음
분류3	• CBL3S8005402 → 제조년도 표기기호 중 'S'는 없음
분류4	• SBE4D5101483 → 일련번호가 09999 이상인 것은 없음 • CBP4D6100023 → 일련번호가 09999 이상인 것은 없음

05 A/S가 접수된 제품 중 2017~2018년도에 생산된 것에 대해 무상으로 블루투스 기능을 추가해주는 이벤트를 진행하고 있다. A/S접수가 된 블랙박스 중에서 이벤트에 해당하는 제품은 모두 몇 개인가?

① 6개   ② 7개

③ 8개   ④ 9개

해설 제조연도는 시리얼 번호 중 앞에서 다섯 번째 알파벳으로 알 수 있다. 2017년도는 'A', 2018년도는 'B'로 표기되어 있으며, 〈A/S 접수 현황〉에서 찾아보면 총 9개이다.

06 당사의 제품을 구매한 고객이 A/S를 접수하면 상담원은 제품 시리얼 번호를 확인하여 기록해 두고 있다. 제품 시리얼 번호는 특정 기준에 의해 분류하여 기록하고 있는데, 다음 중 그 기준은 무엇인가?

① 개발사   ② 제품

③ 메모리 용량   ④ 제조년월

해설 A/S 접수 현황에 제품 시리얼 번호를 보면 네 번째 자리의 숫자가 분류1에는 '1', 분류2에는 '2', 분류3에는 '3', 분류4에는 '4'로 나눠져 있음을 알 수 있다. 따라서 네 번째 자리가 의미하는 메모리 용량이 시리얼 번호를 분류하는 기준이다.

한국사능력검정시험

01 (가)에 들어갈 문화유산으로 옳은 것은?

[2점]

> **문화재 설명**
>
> (가)
>
> 국보 제119호로 지정된 고구려의 불상으로 경상
> 남도 의령에서 출토되었다. 전체 높이는 16.2cm
> 이다. 뒷면에 새겨진 '연가 7년'이라는 글자로 불
> 상의 제작 시기를 추정할 수 있다.

① ②

③ ④

> **기출 태그** #고구려 불상 #국보 제119호
> #금동연가 칠년명 여래 입상

해설

③ 금동연가 칠년명 여래 입상은 경남 의령 지방에서 출토
된 고구려의 불상이다. 국보 제119호로 지정되어 있으
며, 강렬한 느낌을 주는 불상 양식에서 고구려적인 특
징이 잘 나타나 있다.

02 (가)에 해당하는 문화유산으로 옳은 것은?

[1점]

> ○○○○년 ○○월 ○○일 날씨:☀
>
> 석가탑   다보탑
>
> 오늘은 가족과 함께 신라의 수도였던 경주를 여행하였
> 다. 신라인이 남긴 여러 문화유산을 둘러보며 그들의
> 높은 예술 수준에 감명을 받았다. 8세기 중엽 김대성
> 이 조성했다고 전해지는 □(가)□에는 석가탑과 다보
> 탑이 나란히 서 있었다. 이 절을 둘러보며 불교의 이상
> 세계를 지상에 건설하고자 했던 신라인의 마음을 잘
> 느낄 수 있었다.

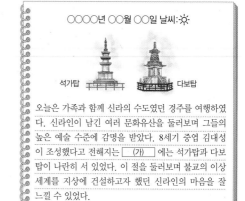

① 금산사   ② 법주사

③ 불국사   ④ 수덕사

> **기출 태그** #신라 수도 경주 #불국사 #석가탑·다보탑

해설

③ 불국사(사적 제502호)는 통일 신라 경덕왕 때 김대성에
의해 조성된 사찰로, 과거·현재·미래의 부처가 사는
정토(淨土), 즉 이상향을 구현하고자 하였던 신라인들
의 정신세계가 잘 드러나 있다. 불국사에 있는 석가탑
(경주 불국사 삼층 석탑, 국보 제21호)과 다보탑(국보
제20호)은 우리나라의 가장 대표적인 석탑으로 대웅전
과 자하문 사이의 뜰 동서쪽에 마주 보고 서 있다.

03 (가)에 들어갈 내용으로 가장 적절한 것은?

[2점]

탐구 활동 계획서

이름: ○○○

1. 주제: 후삼국 통일 과정
2. 방법: 문헌 조사, 인터넷 검색 등
3. 주요 사건
   • 금성(나주) 점령
   (가)
   • 경순왕의 항복
   • 일리천 전투

① 고창 전투
② 진포 대첩
③ 삼별초 항쟁
④ 위화도 회군

기출
태그 #후삼국 통일 과정 #금성(나주) 점령
#경순왕의 항복 #일리천 전투

해설

① 공산 전투에서 승리한 견훤은 교통의 요충지였던 고창(안동)을 포위하여 공격하였으나 8,000여 명의 사상자를 내며 왕건에게 크게 패하였다(930). 그 결과 왕건은 경상도 일대에서 견훤 세력을 몰아내고 후삼국 통일의 기반을 마련하였다.

04 (가)에 해당하는 문화유산으로 옳은 것은?

[1점]

이달의 뮤지컬

등불처럼 불꽃처럼

청주 흥덕사에서 간행된 금속 활자본인 (가) 을
프랑스 국립 도서관에서 발견하여 알린 그녀!
조선 왕실의 행사를 기록한 외규장각 의궤의
국내 반환을 위해 애쓴 그녀!
박병선 박사의 꿈과 열정이
춤과 노래로 펼쳐집니다.

일시 : ○○○○년 ○○월 ○○일 오후 7시
장소 : ○○ 문화 센터 대강당

① 	② 
신증동국여지승람	직지심체요절
③ 	④
왕오천축국전	무구정광대다라니경

기출
태그 #직지심체요절 #세계 최고 금속 활자본
#프랑스 국립 도서관 발견

해설

② 『직지심체요절』은 고려 때(1377) 청주 흥덕사에서 간행한 현존하는 세계 최고(最古)의 금속 활자본으로 공인받고 있다. 프랑스 국립 도서관에서 연구원으로 일하던 박병선 박사에 의하여 발견되었으며 현재까지도 그곳에 소장되어 있다.

05 (가) 왕의 정책으로 옳은 것은? [3점]

조선 제7대 국왕 ___(가)___ 의 모습을 담은 밑그림이 공개되었습니다. 이것은 일제 강점기에 어진 모사본을 옮겨 그리는 과정에서 제작되었습니다. ___(가)___ 은/는 6조 직계제를 다시 시행하는 등 왕권 강화를 위해 노력하였습니다.

○○박물관 ___(가)___ 의 어진 밑그림 첫 공개

① 경복궁을 중건하였다.
② 직전법을 실시하였다.
③ 초계문신제를 시행하였다.
④ 5군영 체제를 완성하였다.

해설

세조는 왕권을 강화하기 위해 의정부 서사제를 폐지하고 태종 때 시행되었던 6조 직계제를 부활시켜 6조의 업무를 국왕에게 직접 보고하게 하였다.
② 조선 세조는 과전의 세습화로 과전 부족 등이 초래하자 이를 바로잡기 위해 현직 관리에게만 수조권을 지급하는 직전법을 실시하였다.

06 다음 인물에 대한 설명으로 옳은 것은? [2점]

역사 인물을 찾아서

■ 조선 후기 실학자 · 문장가
■ 생몰: 1737년~1805년
■ 호: 연암
■ 주요 활동
 – 「양반전」, 「허생전」 저술
 – 수레와 선박의 이용 등을 강조

① 몽유도원도를 그렸다.
② 열하일기를 저술하였다.
③ 사상 의학을 정립하였다.
④ 대동여지도를 제작하였다.

해설

조선 후기 중상주의 실학자였던 연암 박지원은 상공업의 진흥과 수레 · 선박의 이용 및 화폐 유통의 필요성을 강조하였다. 또한, 「양반전」, 「허생전」, 「호질」 등을 통해 양반의 무능과 허례를 풍자하고 비판하였다.
② 박지원은 청에 다녀온 뒤 『열하일기』를 저술하여 상공업 발달의 중요성과 화폐 유통의 필요성에 대해 주장하였다.

07 (가) 종교에 대한 설명으로 옳은 것은? [2점]

□□ 신문

제△△호 2014년 ○○월 ○○일

교황, 서소문 성지 방문

프란치스코 교황은 지난 8월 16일 서울특별시의 서소문 순교 성지를 방문하였다. 이곳은 200여 년 전, 유교 윤리를 어겼다는 이유로 이승훈을 비롯한 ┌(가)┐ 을/를 믿는 사람들을 처형한 곳이다. 교황은 순교자들을 애도하며 이곳에 세워진 현양탑에 헌화하였다.

① 중광단 결성을 주도하였다.

② 기관지로 만세보를 발간하였다.

③ 초기에는 서학으로 소개되었다.

④ 동경대전을 기본 경전으로 삼았다.

기출 태그 #천주교 탄압 #신유박해 #현양탑

해설

순조 때 노론 벽파가 천주교에 대한 대대적인 탄압을 가하였다. 이로 인해 이승훈, 정약종, 주문모 등 300여 명이 처형되고, 정약전, 정약용 등이 유배를 가는 등 천주교 전파에 앞장섰던 실학자들과 많은 천주교 신자들이 피해를 입은 신유박해가 발생하였다(1801).

③ 조선 후기에 청에 다녀온 사신들을 통해 서학으로 소개된 천주교는 조상에 대한 제사를 거부하여 조선 정부로부터 사교로 규정되고 탄압받았다.

08 (가)~(다)를 사건이 일어난 순서대로 옳게 나열한 것은? [2점]

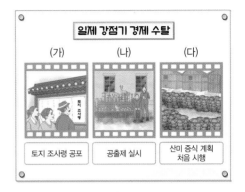

일제 강점기 경제 수탈

(가) 토지 조사령 공포 | (나) 공출제 실시 | (다) 산미 증식 계획 처음 시행

① (가) - (나) - (다)

② (가) - (다) - (나)

③ (나) - (가) - (다)

④ (다) - (나) - (가)

기출 태그 #일제 강점기 경제 수탈 #토지 조사령 #산미 증식 계획 #공출제

해설

(가) 토지 조사령(1912): 조선 총독부는 1910년대에 토지 조사 사업을 위해 토지 조사국을 설치하고 토지 조사령을 발표하여 일정 기간 내 토지를 신고하도록 하였다. 신고하지 않은 토지는 총독부에서 몰수하여 일본인에게 헐값으로 불하하였다.

(다) 산미 증식 계획(1920): 1920년대에는 자본주의가 발전하면서 인구가 급증하고 도시화가 진행되어 쌀값이 폭등하는 등 식량 부족 문제가 발생하였다. 이에 일제는 부족한 쌀을 조선에서 수탈하기 위해 산미 증식 계획을 실시하였다.

(나) 공출제(1940): 일제는 1930년대 이후 대륙 침략을 위해 병참 기지화 정책을 시행하여 물적 수탈을 하였다. 또한, 군량미 확보를 위한 식량 배급 및 미곡 공출 제도를 실시하였다.

09 다음 자료에 나타난 사건으로 옳은 것은?

[2점]

① 6 · 3 시위
② 새마을 운동
③ 원산 총파업
④ 제주 4 · 3 사건

해설

③ 원산 총파업(1929)은 라이징 선(Rising Sun) 석유 회사의 일본인 감독이 조선인 노동자를 구타한 사건이 발단이 되었다. 노동자들은 일본인 감독 파면, 최저 임금제 실시, 해고 수당제 실시 등을 내세우며 파업을 계속하였다. 이후 원산 노동조합 연합회를 중심으로 단결하여 4개월간 파업이 지속되면서 전국적인 관심을 끌었다. 결국 총파업은 실패하였지만 민족 운동에서 노동 운동의 역할과 중요성을 부각시켰다.

10 (가)에 들어갈 내용으로 옳은 것은?   [2점]

① 남북 기본 합의서
② 7 · 4 남북 공동 성명
③ 6 · 15 남북 공동 선언
④ 한반도 비핵화 공동 선언

해설

③ 김대중 정부 당시 북한과의 교류가 크게 확대되어 평양에서 최초로 남북 정상 회담이 이루어지면서 6 · 15 남북 공동 선언이 발표되었다(2000).

01 (가) 나라에 대한 설명으로 옳은 것은? [2점]

이 유물은 중국 지린성 쑹화강 유역의 둥퇀산 유적에서 출토된 <u>(가)</u> 의 금동제 가면이다. 『삼국지』 동이전에 따르면 <u>(가)</u> 에는 여러 가(加)들이 별도로 관할하는 사출도가 있었으며, 사람을 죽여 순장하는 풍습이 행해졌다고 한다.

① 12월에 영고라는 제천 행사를 열었다.

② 신지, 읍차라고 불린 지배자가 있었다.

③ 제사장인 천군과 신성 지역인 소도가 존재하였다.

④ 대가들이 사자, 조의, 선인 등의 관리를 거느렸다.

⑤ 다른 부족의 영역을 침범하면 소나 말로 변상하였다.

기출 태그 #부여 #사출도 #5부 구성 연맹 왕국 #순장 #제천 행사 영고

해설

중국 지린성 쑹화강 유역의 둥퇀산에서 출토된 금동제 가면은 일제강점기 때 발견된 부여의 유물로, 이를 통해 부여의 세력 범위와 당시 부여인의 외형적 특징 등을 알 수 있다. 부여는 왕 아래 마가, 우가, 저가, 구가의 가(加)들이 각자의 행정 구역인 사출도를 다스렸으며, 왕이 통치하는 중앙과 합쳐 5부를 구성하는 연맹 왕국이었다. 또한, 지배 계급이 죽었을 때 그 부인이나 노비 등 산 사람을 함께 묻던 순장이라는 풍습이 있었다.

① 부여에서는 매년 12월에 풍성한 수확제이자 추수 감사제의 성격을 지닌 영고라는 제천 행사가 열렸다.

02 밑줄 그은 '대사'의 활동으로 옳은 것은? [3점]

부석사 창건 설화

당에 유학했던 <u>대사</u>가 공부를 마치고 귀국길에 오르자 그를 사모했던 선묘라는 여인이 용으로 변하여 귀국길을 도왔다. 신라에 돌아온 <u>대사</u>는 불법을 전파하던 중 자신이 원하는 절을 찾았다. 그런데 그곳은 이미 다른 종파의 무리들이 있었다. 이때 선묘룡이 나타나 공중에서 커다란 바위로 변신하여 절의 지붕 위에서 떨어질 듯 말 듯 하자 많은 무리들이 혼비백산하여 달아났다. 이러한 연유로 이 절을 '돌이 공중에 떴다'는 의미의 부석사(浮石寺)로 불렀다.

① 향가 모음집인 『삼대목』을 편찬하였다.

② 무애가를 지어 불교 대중화에 힘썼다.

③ 화랑도의 규범으로 세속 5계를 제시하였다.

④ 『화엄일승법계도』를 지어 화엄 사상을 정리하였다.

⑤ 인도와 중앙아시아를 다녀와서 『왕오천축국전』을 남겼다.

기출 태그 #의상 #부석사 전설 #화엄일승법계도 #화엄 사상 정리

해설

경상북도 일대에 구전되어 내려오는 부석사 전설(선묘 설화)에 의하면, 통일 신라의 승려 의상이 당에 가서 공부할 때 머물던 집주인의 딸 선묘가 의상을 사모하였다. 선묘는 용으로 변하여 의상이 신라로 돌아올 때 탄 배의 바닥을 받쳐 무사히 귀국하도록 도왔다. 이후 의상이 신라에서 불법을 전파하던 중 원하는 절을 찾았으나 이미 다른 종파의 무리들이 살고 있자 신묘룡이 공중에서 질의 징상을 딥고 떨어질 듯 위협하여 그들을 모두 내쫓고 의상이 이 절에 들어갈 수 있게 되었다고 한다. 이때 이 절의 이름을 '돌이 공중에 떴다'는 의미의 부석사(浮石寺)로 부르게 되었다.

④ 의상은 부석사를 중심으로 수많은 제자들을 양성하였으며, 『화엄일승법계도』를 저술하여 화엄 사상을 정립하고 화엄 교단을 세웠다.

03 (가), (나) 사이의 시기에 있었던 사실로 옳은 것은? [2점]

> (가) 날이 밝아오자 (여러 장수들이) 태조를 곡식 더미 위에 앉히고는 군신의 예를 행하였다. 사람을 시켜 말을 달리며 "왕공(王公)께서 이미 의로운 깃발을 들어 올리셨다"라고 외치게 하였다. …… 궁예가 이 소식을 듣고는 어찌할 바를 몰라 미복(微服) 차림으로 북문을 빠져나갔다.
>
> ㅡ 『고려사절요』 ㅡ
>
> (나) 여름 6월 견훤이 막내아들 능예와 딸 애복, 애첩 고비 등과 더불어 나주로 달아나 입조를 요청하였다. …… 도착하자 그를 상보(尙父)라 일컫고 남궁(南宮)을 객관(客館)으로 주었다. 지위를 백관의 위에 두고 양주를 식읍으로 주었다.
>
> ㅡ 『고려사』 ㅡ

① 견훤이 후백제를 건국하였다.
② 김흠돌이 반란을 도모하였다.
③ 장보고가 청해진을 설치하였다.
④ 신숭겸이 공산 전투에서 전사하였다.
⑤ 신검이 일리천에서 고려군에게 패배하였다.

해설
(가) 궁예는 후고구려를 세웠으나 미륵 신앙을 바탕으로 한 전제 정치로 인해 백성과 신하들의 원성을 사면서 왕건에 의해 축출되었다(918). 태조 왕건은 궁예를 몰아내고 왕위에 오른 뒤 고구려를 계승한다는 의미로 국호를 고려라 하였다.
(나) 후백제의 견훤이 넷째 아들인 금강을 후계자로 삼으려 하자 맏아들 신검이 금강을 죽이고 견훤을 금산사에 유폐시켰다. 이후 견훤은 탈출하여 고려 왕건에게 투항하였고(935), 왕건은 견훤에게 상보(尙父)의 지위와 식읍 양주를 주었다.
④ 견훤의 후백제군이 신라의 금성을 급습하자 고려가 군사를 보내 신라를 도왔으나 공산 전투에서 패배하였다. 이때 후백제군에 포위된 태조 왕건을 구출하고 신숭겸이 전사하였다(927).

04 밑줄 그은 '이 책'에 대한 설명으로 옳은 것은? [3점]

① 남북국이라는 용어를 처음 사용하였다.
② 사초와 시정기를 바탕으로 편찬하였다.
③ 단군의 고조선 건국 이야기를 수록하였다.
④ 충북 청주 흥덕사에서 금속 활자본으로 간행되었다.
⑤ 유교 사관에 입각하여 기전체 형식으로 서술하였다.

해설
고려 충렬왕 때 이승휴가 쓴 『제왕운기』는 7언시, 5언시의 운문체 역사시이다. 중국과 우리나라 역대 왕의 계보를 수록하였으며 중국과 우리나라의 역사를 병렬적으로 서술하여 우리 역사만의 독자성을 강조하였다.
③ 『제왕운기』는 단군의 고조선 건국 이야기를 수록하여 고조선을 한국사에 포함시켰으며 이러한 역사의식은 고려 말 신진 사대부에게 전승되었다.

05 다음 가상 뉴스 이후에 전개된 상황으로 옳은 것은? [2점]

> 며칠 전 우리 군사들이 명군과 연합하여 일본군으로부터 평양성을 탈환하였습니다. 이번 승리는 불리했던 전세를 역전시킬 계기가 될 것으로 보입니다.

조·명 연합군, 평양성을 탈환하다

① 이순신이 명량에서 대승을 거두었다.
② 최무선이 진포에서 왜구를 격퇴하였다.
③ 신립이 탄금대에서 배수의 진을 치고 싸웠다.
④ 김종서가 6진을 개척하여 영토를 확장하였다.
⑤ 배중손이 삼별초군을 이끌고 진도에서 항전하였다.

해설

선조 때 일본이 조선을 침입하여 임진왜란이 발생하였고 (1592) 보름 만에 수도 한양이 함락되었다. 이에 조선은 명에 군사를 요청하였고, 조명 연합군을 결성하여 왜군에 크게 승리하면서 평양성을 탈환하였다(1593.1.).
① 명이 참전하여 전쟁의 장기화 조짐이 보이자 강화 협상을 진행하였으나 결국 결렬되었고, 일본이 다시 조선을 침략하여 정유재란이 발발하였다(1597.1.). 이때 수군에서 활약하던 이순신은 12척의 배로 울돌목(명량)의 좁은 수로를 활용하여 왜군 133척의 배에 맞서 싸워 큰 승리를 거두었다(1597.9.).

---

06 밑줄 그은 '변란'에 대한 설명으로 옳은 것은? [2점]

> 경상도 안핵사 박규수 아뢰옵니다. 금번 진주의 백성들이 변란을 일으킨 것은 오로지 전 경상 우병사 백낙신이 탐욕을 부려 수탈하였기 때문입니다. 변란을 격발시킨 죄를 물어 그를 엄중히 처결하도록 하소서.

① 홍경래가 주도하여 봉기하였다.
② 청군이 파병되는 결과를 가져왔다.
③ 흥선 대원군 집권 시기에 일어났다.
④ 삼정이정청이 설치되는 계기가 되었다.
⑤ 보국안민, 제폭구민을 기치로 내걸었다.

해설

삼정의 문란과 경상 우병사 백낙신의 수탈에 견디다 못한 농민들의 반발로 진주 지역의 몰락 양반인 유계춘을 중심으로 한 임술 농민 봉기가 발생하였다(1862).
④ 농민 봉기를 조사하기 위해 안핵사로 파견된 박규수는 민란의 원인이 삼정의 문란에 있다고 보고 삼정이정청을 설치하여 삼정의 폐단을 해결하려고 노력하였다.

07 (가) 사절단에 대한 설명으로 옳은 것은?[2점]

> **한국사 동영상 제작 계획안**
>
> **(가)** , 서양의 근대 문물을 직접 목격하다
>
> ■ **기획 의도**
> 미국 공사의 부임에 대한 답례로 파견된 **(가)** 의 발자취를 통해 근대 문물을 시찰한 과정을 살펴본다.
>
> ■ **장면별 구성**
> **#1.** 대륙 횡단 열차를 타고 워싱턴에 도착하다.
> **#2.** 뉴욕에서 미국 대통령 아서를 접견하다.
> **#3.** 보스턴 만국 박람회를 참관하다.
> **#4.** 병원, 전신 회사, 우체국 등을 시찰하다.

① 수신사라는 이름으로 보내졌다.

② 조선책략을 들여와 국내에 소개하였다.

③ 기기국에서 무기 제조 기술을 배웠다.

④ 개화 반대 여론을 의식하여 비밀리에 파견되었다.

⑤ 전권대신 민영익과 부대신 홍영식 등으로 구성되었다.

기출태그 #보빙사 #서양에 파견된 최초 사절단
#미국 대통령 접견 #산업 문물 시찰

해설
보빙사는 서양 국가에 파견된 최초의 사절단으로, 워싱턴에 도착하여 미국 아서 대통령을 접견하고 그 후 40여 일간 외국 박람회, 공업 제조 회관, 병원, 신문사, 육군 사관학교 등을 방문 · 시찰하였다.
⑤ 조미 수호 통상 조약이 체결된 후 조선 주재 미국 공사가 파견되면서 조선 정부는 전권대신 민영익, 부대신 홍영식, 서광범 등을 중심으로 한 보빙사를 미국에 파견하였다(1883).

---

08 (가)에 대한 설명으로 옳은 것은? [1점]

> **국권 침탈의 아픔이 서린 중명전**
>
> **소개**
> 지상 2층 지하 1층의 붉은 벽돌 건물인 중명전은 러시아 건축가 사바틴이 설계하였다. 이 건물은 황실의 도서관으로 사용되다가 1904년 경운궁의 대화재 이후 고종 황제의 집무실로 사용되었다. 이곳에서 이토 히로부미가 대한 제국의 외교권을 박탈하는 **(가)** 의 체결을 강요하였다.
>
> 주소: 서울특별시 중구 정동길 41-11
> 개방 시간: 09:30~17:30

① 아관 파천의 배경이 되었다.

② 청일 전쟁 발발의 원인이 되었다.

③ 통감부가 설치되는 결과를 가져왔다.

④ 대한 제국의 군대 해산을 규정하였다.

⑤ 천주교 포교를 허용하는 조항이 들어있다.

기출태그 #을사늑약 #외교권 박탈 #통감부 설치
#이토 히로부미 #내정 간섭 #중명전

해설
중명전은 황실 도서관으로 사용하기 위해 지어졌다가 1904년 경운궁(덕수궁)이 불타자 고종의 집무실로 사용되었던 곳으로, 이후 을사늑약이 체결된 장소이기도 하다.
③ 1905년 을사늑약이 체결되면서 대한 제국의 외교권이 박탈되었다. 이듬해 서울에 통감부가 설치되었고, 조약 체결의 원흉인 이토 히로부미가 초대 통감으로 부임하여 외교뿐만 아니라 내정에도 간섭하였다.

09 다음 기자 회견의 배경상황으로 가장 적절한 것은? [2점]

군정 장관 아놀드 소장은 12월 29일 오전 10시 30분 군정청 제1회의실에서 신문 기자단과 회견하고 신탁 통치에 관한 질문에 대략 다음과 같은 견해를 표명하고 일문일답을 하였다. "…… 신탁 통치는 조선 임시 민주 정부를 수립코자 함이 목적일 것이다. 우선 조선인이 당면한 경제 산업에 있어 유의하여 신탁 관리 문제로 모든 기관이 중지 상태로 들어가지 않기를 요망한다. 현 단계에 이르러 진실한 냉정이 필요할 것이다. 4개국을 믿고 있는 중에 직무에 충실하여야 한다."

① 좌우 합작 7원칙이 발표되었다.
② 제1차 미·소 공동 위원회가 결렬되었다.
③ 모스크바 삼국 외상 회의가 개최되었다.
④ 반민족 행위 특별 조사 위원회가 구성되었다.
⑤ 유엔 소총회에서 남한만의 단독 총선거가 결의되었다.

기출 태그 #모스크바 삼국 외상 회의 #신탁 통치 #미·소 공동 위원회 설치

해설
③ 1945년 8월 15일 일본이 항복하면서 북위 38도 이남 한반도에 미군이 진주하게 되었고, 1948년 8월 15일 대한민국이 수립될 때까지 3년간 미군정이 실시되었다. 그러던 중 세계 대전 전후 문제 처리를 위해 소련의 모스크바에서 열린 모스크바 삼국 외상 회의에서 한반도 미·소 공동 위원회 설치와 최대 5년간의 신탁 통치 협정이 결정되었다(1945.12.).

10 (가), (나) 사이의 시기에 있었던 사실로 옳은 것은? [2점]

(가) 북한군의 공격에 밀려 낙동강 방어선으로 후퇴한 제1사단은 다부동 일대에서 북한군 제2군단의 공세에 맞서 8월 3일부터 9월 2일까지 치열한 전투를 벌였다. 이 전투에서 제1사단 12연대는 특공대를 편성, 적 전차 4대를 파괴하는 등 중요한 역할을 수행하며 전투를 승리로 이끌었다.

(나) 개성에서 열린 첫 정전 회담에서 유엔군 대표단은 어떠한 정치적 또는 경제적 문제의 논의를 단호히 거부하는 동시에 침략 재발의 방지를 보장하는 화평만이 전쟁을 종식시킬 수 있다고 공산군 대표단에게 경고하였다.

① 애치슨 선언이 발표되었다.
② 흥남 철수 작전이 전개되었다.
③ 여수·순천 10·19 사건이 일어났다.
④ 한미 상호 방위 조약이 체결되었다.
⑤ 부산에서 발췌 개헌안이 통과되었다.

기출 태그 #6·25 전쟁 #낙동강 방어선 #소련의 정전 제의 #흥남 철수 작전

해설
(가) 1950년 북한의 남침으로 6·25 전쟁이 시작되었고, 서울을 점령당한 뒤 낙동강 방어선까지 밀려나게 되었다. UN군의 파병 이후 국군은 낙동강을 사이에 두고 치열한 공방전을 펼쳤다(1950.8.).
(나) 전쟁이 1년여간 지속되자 소련 측의 제의로 개성에서 정전 회담이 시작되었다(1951.7.).
② 중공군의 개입 이후 38도선 일대에서 교착 상태가 지속되고 원산 지역을 뺏겨 전세가 불리해지자 국군과 유엔군은 흥남 해상으로 철수 작전을 전개하여 병력과 물자, 피난민을 철수시켰다.

발췌 ▶ 2021 한국사능력검정시험 기출이 답이다 심화(1·2·3급)·기본(4·5·6급)

면접위원이 찾고 싶은
문제해결능력이란?

최근 다수의 기업들이 변화가 많은 환경에 노출됨에 따라 직원들의 문제해결능력을 요구하는 경우가 증가하고 있습니다. 문제해결능력이란 대안을 제시하여 문제상황이나 과제를 해결할 수 있는 능력을 의미합니다. 이에 따라 채용현장에서도 단순한 단답형의 대안이 아닌 대안을 도출하는 근거와 대안을 만드는 과정, 그 과정에 필요한 협업·협력 및 문제를 해결하기 위한 커뮤니케이션 능력을 종합적으로 판단하고 평가하고 있습니다. 이번 칼럼에서는 면접위원이 원하는 지원자의 문제해결능력의 의미가 무엇인지, 실제 면접현장에서 어떻게 대응해야 하는지 살펴보겠습니다.

문제해결능력의 중요성이 강조된 것은 비단 어제오늘의 일이 아닙니다. 정확히 말하면 최근 들어 더 많은 관심을 받으며 그 중요성도 높아지고 있습니다. 문제해결은 단순히 문제를 해결하고 정답을 찾는다는 좁은 의미가 아니라 문제해결 대안을 찾기 위한 전반적인 과정을 포함하는 것이므로 면접현장에서 문제해결과 관련된 질문을 받을 것을 대비해 자신이 생각한 근거와 해결과정을 포함하여 말하는 연습이 반드시 필요합니다. 아울러 이러한 근거나 과정 또는 문제해결 이후의 결과를 자신의 경험에 의거하여 말한다면 면접위원의 입장에서는 그 공감도와 진실성이 더욱 높아질 것입니다.

간단한 질문을 예시로 들어보겠습니다.

> **Q. 최근 기뻤던 일이나 보람찬 일을 한 경험이 있다면 소개해 주십시오.**

위 질문은 최근 기분 좋은 일이 있었는지 묻는 순수한 의도로 보일 수도 있습니다. 실제로 이러한 질문을 받고 상당수의 지원자들은 자신의 일상에서 반복되는 기분 좋은 일을 간단히 구술하는 경우가 많

습니다. 하지만 질문의 의도를 조금 더 깊이 생각해보면 최근에 귀하가 어떤 문제를 성공적으로 해결해 성취한 경험이 있는지를 우회적으로 질문했을 가능성이 높습니다. 따라서 이러한 면접위원의 의도를 파악하고 그에 맞는 답변을 해야만 추가질문을 받을 수 있으며, 면접위원의 공감과 함께 긍정적인 평가를 받을 수 있을 것입니다.

> **지원자 A**
>
> 저는 최근 오랜만에 친구들을 만나서 보람 있고 의미 있는 시간을 보냈습니다. 바빠서 가까운 지인을 자주 만나지 못하는 것이 늘 마음에 걸렸었는데 오랜만에 반가움이 가득한 시간을 보내서 기뻤습니다.

지원자A가 답변한 내용을 살펴보면 특별히 잘못된 답변이라고 말할 수는 없습니다. 그러나 만약 면접위원의 의도가 앞서 설명한 것처럼 어떤 성과나 성취를 위한 능동적인 지원자의 행동이나 경험을 알고 싶어 질문한 것이라면 면접위원의 관심을 끌지 못하는 평범한 답변이 될 것입니다. 따라서 위와 같은 답변은 가점을 받기 힘들다고 할 수 있습니다. 다른 답변을 살펴보겠습니다.

최근 저는 저녁에 아르바이트를 했는데, 다른 사람과 교대를 하기 전에 중요한 사항을 메모로 남겨 전달했습니다. 그래서 이전보다 인수인계 시간이 빨라졌고, 이를 본 매니저님은 저에게 빈틈없는 성격이라며 다른 직원들 앞에서 칭찬을 해주셨습니다. 이러한 경험은 저를 기쁘게 했습니다.

지면의 한계로 답변을 최대한 짧게 정리했지만, 지원자B의 답변 내용에는 중요한 것이 포함돼 있습니다. 자신의 아르바이트 경험에서 성과를 정확히 명시하고 성과를 위한 구체적인 행동(과정)과 이에 따른 다른 사람의 평판(평가)이 포함돼 있다는 점입니다. 이는 지원자A의 답변과 비교해 상대적으로 면접위원에게 더 관심을 끌 수 있는 답변이라고 볼 수 있습니다. 또한 이러한 답변에 대해 면접위원이 아래와 같은 추가질문을 할 수도 있습니다.

> Q. 귀하가 이야기한 인수인계 시 메모지를 전달하는 행동은 실제 아르바이트 업무에서 어떤 이점이 있었나요?

이러한 탐침질문을 받게 될 경우 업무를 맡은 실무자의 관점에서 답변하는 것이 중요합니다. 상기의 상황을 상상해 본다면, 두 가지 경우를 상정할 수 있습니다. 이전에는 주먹구구식으로 인수인계를 한 것과 그로 인해 어렵거나 바람직하지 못한 부분이 있었다는 것입니다. 이는 답변을 하는 지원자나 질문을 하는 면접위원이 어느 정도 예상이나 공감을 할 수 있는 상황입니다. 따라서 이 두 가지 요소를 포함시켜 간명하게 답변한다면 바람직한 답변이 될 것이라 생각합니다.

아르바이트를 하다보면 다소 돌발적인 상황이 일어나는 경우가 있습니다. 이를 분명하게 인수인계하지 않으면 유사한 돌발사태에 다른 직원들 역시 당황하거나 대처하기 어려울 것입니다. 하지만 바쁜 매장의 특성상 구두로만 전달하면 누락될 가능성이 있습니다. 이 때문에 미리 메모로 일목요연하게 정리해 전달하면 인수인계 시간도 빨라지고, 중요한 인수인계사항을 두고두고 확인할 수 있으므로 실수를 하거나 돌발적인 상황을 미리 대비할 수 있는 이점이 있다고 생각했습니다.

답변 내용을 살펴보면 직무를 수행함에 있어 이점과 편익을 중심으로 간결하게 구술했습니다. 이러한 사항은 아르바이트와 같은 서비스직무만이 아니라 실제 대부분의 회사의 직무에서 통용되는 기본원칙이기도 합니다. 또 이러한 답변은 지원자의 자질을 우회적으로 드러내는 증거가 될 수도 있습니다.

아울러 앞에서 언급한 문제해결능력의 정의를 생각해봤을 때, 결국 답변에는 문제를 해결하기 위해 노력한 부분이 포함돼야 합니다. 여기서 노력은 여러 가지로 표현될 수 있지만, 개인적인 견해로는 '협업 마인드'가 가장 중요하다고 생각합니다. 물론 이는 대부분의 면접위원 역시 동감하는 부분일 것입니다. 직장에서는 과업을 수행할 때 혼자만의 특별한 능력으로 해결하는 것이 아니라 여러 사람이 협업해 해결해야 하는 상황이 많기 때문입니다. 이와 관련된 질문을 살펴보겠습니다.

> Q. 귀하가 어떤 문제를 해결할 때 가장 우선순위에 두는 것은 무엇입니까? 그리고 그렇게 생각하는 이유나 근거는 무엇인가요?

만약 지원하는 직무가 극히 배타적이고 혼자 수행해야 하는 일이 아니라면 협업이나 협동 또는 소통을 우선순위로 두고 답변하는 것이 필요합니다. 두 사람의 답변을 예시로 살펴보겠습니다.

지원자 C

저는 문제를 해결함에 있어 가장 중요한 것은 업무에 대한 전문성과 숙달에 있다고 생각합니다. 자신이 맡은 업무에 대해 깊이 알고 있는 경우 업무에서 파생되는 여러 문제에 능동적으로 내서할 수 있고 문제의 핵심을 빠르게 파악할 수 있으므로 문제를 해결하는 방법(과정)도 빠르게 도출할 수 있기 때문입니다.

지원자 D

저는 개인의 능력이나 자질도 중요하지만, 문제를 해결할 때 가장 중요한 것은 적극적인 소통능력 또는 협업능력이라고 생각합니다. 특히 귀사의 ○○○○ 업무의 경우 여러 부서가 협업하여 성과를 만들고 있으리라 생각되므로 조직의 구성원으로서 문제를 해결하기 위해 가장 필요한 미덕은 협업과 설득능력이라 생각합니다.

지면의 한계로 인해 상당히 내용을 축약하여 구성할 수밖에 없었지만 두 지원자의 답변을 간략하게 정리하자면, 지원자C는 직무전문성을 어필했고, 지원자D는 협업능력을 위주로 어필했습니다. 물론 어느 한 사람의 답변이 옳고 그르다는 의미는 아닙니다. 하지만 앞서 언급한 내용을 종합해 살펴보면 지원자D의 답변이 실무자의 관점에 더 부합하는 답변이라 할 수 있습니다. 특히 지원자D의 답변 중 '조직의 구성원으로서~'라는 단서조항을 추가한 것은 매우 바람직합니다. 업무를 수행하면서 어떤 문제가 생겼을 때 업무에 대한 전문성이 문제해결을 위한 가장 기본적인 전제조건임은 누구도 부인하지 못합니다. 그러나 전제조항을 제시함으로써 답변의 의도를 구체적으로 한정해 역할을 제시한 것은 좋은 표현이라 볼 수 있습니다.

이제 다른 유형의 질문을 살펴보겠습니다.

> Q. 귀하가 온갖 노력을 했음에도 불구하고 문제를 해결하지 못해 아쉬움이 남거나 후회가 남는 경험이 있다면 소개해 주십시오.

질문의 내용은 간단하지만 질문에 담긴 의도는 결코 간단하지 않습니다. 해당 질문은 면접위원이 지원자의 실패사례를 알고 싶어 질문한 것이 아니라 지원자가 해당 경험을 통해 어떤 고민을 하고 발전을 이뤄냈는지, 또 이러한 고민과 발전이 조직에 부합하는지 알기 위해 질문한 것입니다. 한 번의 답변에 모든 것을 포함해 말하는 것은 어려운 일이지만, 실패사례를 통해 자신에 대한 성찰과 그 이후 발전한 내용을 면접위원에게 어필해야 합니다. 아래의 답변을 살펴보겠습니다.

지원자 E

저는 학창시절에 동아리 활동을 했는데, 선후배 사이의 위계질서를 너무 강조해 마음에 들지 않았습니다. 그래서 선배와 후배 모두에게 이러한 의견을 전달하며 설득했으나 결국 모든 사람을 설득하지는 못했습니다. 제 의도를 동아리 회원 모두에게 잘 전달하지 못해 아쉬움이 남았고, 지금도 후회가 됩니다. 만약 앞으로 그런 기회가 있다면 조금 더 신중하게 고민해 더 좋은 방법을 모색하도록 노력할 것입니다.

지원자 F

저는 학창시절 동아리 활동을 했는데, 선후배 사이의 위계적인 분위기를 강조하는 점이 마음에 들지 않았습니다. 그래서 선배들에겐 적극적이고 친근한 모습으로, 후배들에겐 좀 더 편안한 멘토의 모습으로 다가섰습니다. 저의 의도가 모두에게 잘 통하지는 못해서 아쉬움이 남았지만, 어떤 일을 수행하면서 적극적인 소통이 문제를 해결할 수 있다고 생각하게 된 소중한 경험이 됐습니다.

두 사람의 답변을 같은 주제로 구성해 보았습니다. 이 역시 어느 한 사람의 답변이 옳고 다른 사람의 답변이 그르다고 단언할 수는 없습니다. 하지만 두 지원자의 답변을 비교해 보면 다음과 같은 차이점이 있습니다. 첫째, 같은 고민을 했음에도 불구하고 지원자F가 언급한 행동의 구체성이 더 설득력이 있다는 점, 둘째 어떤 일이 의도한 대로 이뤄지지 않아 아쉬움이 남는 것은 같지만 지원자E는 앞으로의 일을 모호하게 답변한 반면 지원자F는 '소통'이라는 화두를 구체적으로 서술했다는 점입니다. 즉, 동일한 사건(경험)에서도 사람에 따라 생각의 깊이나 행동의 변화 등은 다르게 표현되곤 하는데, 상대적으로 지원자E보다는 지원자F의 답변이 더 구체적이고 자기성찰의 측면이 담겨있을 뿐만 아니라 행동의 구체성도 더 잘 나타나 있다고 볼 수 있습니다. 따라서 지원자F의 답변에 가점의 요소가 더 많다고 볼 수 있겠습니다.

마지막으로 문제해결능력에 관한 또 다른 유형의 질문을 살펴보겠습니다.

> **Q. 만약 귀하가 업무를 수행하면서 전문성이 부족하다고 자각하게 된다면, 귀하는 구체적으로 어떻게 행동하시겠습니까?**

위와 같은 질문은 면접위원의 솔직한 심정이 담긴 질문이기도 합니다. 이는 '직장인으로서 문제해결능력이 어떠한가?'를 직설적으로 질문한 것이며, 이와 유사한 유형의 질문은 면접위원에게 있어 가장 핵심적인 질문일 가능성이 높습니다. 보통 직무역량이란 직무에 관련된 '지식'과 '기술', '태도(가치관)'를 모두 포함한 것을 말합니다. 따라서 지원자가 단순히 업무와 관련된 지식의 측면에서만 답변하면 부족한 답변이 될 것입니다. 직무의 유형이나 각자가 지닌 성

향에 따라 다를 수 있지만 일반적인 예시를 구성하면 다음과 같습니다.

지원자 G

제가 업무를 수행함에 있어 전문성이 부족하다고 생각하게 된다면, 첫째 업무에 관련한 지식은 기존의 업무서류 등을 미리 파악해 대비하도록 할 것이며, 둘째 업무의 숙련성은 선배(직원)에게 문의하고 조력하면서 빠른 시일 안에 갖추겠습니다. 그리고 무엇보다 이 일을 수행할 때 중요한 것은 대인관계능력이라 생각합니다. 따라서 평소 다른 사람과 협업하는 마음을 갖도록 늘 노력하는 자세로 임하겠습니다.

위의 답변은 요점만 간단히 구성한 내용이지만 구체적인 직무(지원직무)에 의거할 경우 답변의 내용은 더 길어질 수밖에 없습니다. 특히 지원하는 기업의 모토나 지원직무의 특수성을 포함해 답변한다면 더욱 바람직한 답변이 될 것입니다. 많은 기업이나 기관에서 면접평가 시 중요한 평가기준으로 '직무전문성'이나 '직무적합성'을 명시하고 있습니다. 이러한 질문에 답변하기 위해서는 평소 짧은 시간 안에 지식과 기술, 태도를 모두 담을 수 있는 자신만의 답변을 준비하는 것이 필요하리라 생각됩니다. 추가로 면접단계는 이미 우수한 지원자들이 선별되어 있는 가운데 경쟁을 하는 것이기 때문에 절대적인 평가가 아니라 상대적인 평가가 이뤄지게 됩니다. 따라서 다른 경쟁자보다 상대적으로 더 나은 답변이 무엇일지 고민해보고, 평소에 자신의 생각이나 의지를 담은 답변을 준비하는 것이 중요합니다. 🔲

필자 소개

안쌤(안성수)
채용컨설팅 및 취업 관련 콘텐츠/과제 개발
NCS 채용 컨설팅, NCS 퍼실리테이터
취업·채용 관련 강의, 코칭, 경력 및 직업상담
공공기업 외부면접관/면접관 교육 등
취업/채용 관련 칼럼니스트, 자유기고가
[저서] 〈NCS와 창의적 사고기법으로 접근하기〉 外

학교폭력에 대한
사회적 처벌의 적정 수위

학교폭력, 어디까지 처벌해야 하는가

학교폭력 가해자의 이력이 만천하에 공개되며 대중의 공분을 사는 사례가 근래 들어 더욱 많아지고 있습니다. 특히 피해자는 마음의 상흔으로 여전히 어려움을 겪고 있는데, 가해자는 반성하는 기색 없이 자신의 삶을 살아가는 모습이 극명한 대조를 이룹니다. 학교폭력을 철없던 시기에 벌여놓은 과거사로 치부하기에는 피해자가 입은 유무형의 손해가 막대합니다. 이러한 불균형을 바로잡기 위한 제도 수립 및 입법 시도가 진행 중이지만, 학교폭력 근절에 영향을 미칠지는 지켜봐야 하는 상황입니다.

학교폭력에 대한 사회적 처벌수위는 개별사례에 따라 달라질 수 있으며, 처벌목적은 학교폭력을 방지하는 것임을 전제하고 주장을 전개해야 합니다. 단순히 엄벌에 처하는 방식으로는 학교라는 환경의 특수성

을 반영하기 어렵고, 문제해결에 이르기 어려운 감정적 결정일 수 있기 때문입니다. 논거를 적용할 때, 학교폭력의 원인을 짚어내며 처벌수위의 적정선을 언계해 언급하는 구조로 다뤄야 글의 균형을 잡을 수 있습니다. 두 사례를 통해 원인을 진단하고 그에 대한 대응을 연결해 작성하는 방법을 알아보겠습니다.

예시 답안 1

학교폭력은 특정 집단의 이기주의로 인해 피해자의 몸과 마음이 곪아버리는 것을 쉬쉬하는 형태로 오늘날까지 발생하고 있다. 학교 측의 책임범위는 교내로 한정하는데, 이마저도 온전히 실행할 주체가 마땅치 않다. 학교의 이미지 실추와 교사 개입의 한계가 학교폭력 문제를 직면하기 어렵게 만들기 때문이다. 가장 일반적인 유형은 자기 식구를 우선시하는 가해자 부모의 행태일 것이다. 가해자의 부모는 피해사실을 왜곡하거나 등한시하고, 자식을 옹호하고 보호하기에 급급하다. 수단과 방법을 가리지 않고 자신의 자녀가 받을 피해를 최소화하는 데에만 집중하는 모습을 드라마가 아닌 현실에서 볼 수 있다는 점이 실로 충격적이다. 인성을 함양하는 학교에서 치졸한 이기주의가 버젓이 효과를 발휘하는 광경은 학생들에게 결코 교육적이지 않다. 오히려 이기주의가 현실을 살아가는 현명한 수단이자 수완으로 받아들일 여건을 학교에서 제공하는 셈이다.

어른들의 외면으로 해결방향을 상실한 학교폭력은 결국 이기주의가 윤리와 도덕의 상위에 있음을 자인하는 결과로 이어진다. 가해자와 그 부모가 이기적일수록 처벌에서 멀어지는 상황이 낯설지 않다. 후안무치(厚顔無恥)[1]의 부모, 사회적 지위로 위세를 떨치는 부모 등은 뉴스에 등장하는 가해자 부모의 대표

유형이다. 이들로 인해 학교와 교사가 부정적인 영향을 받으며 곤란을 겪게 될 경우 학교 측은 신속하게 사태를 수습하려는 유인이 생긴다. 대다수의 피해자는 가해자로부터 제대로 사과를 받기는커녕 보복이 두렵고 보호받을 방법이 온당치 않아 학교의 중재안을 수용한다. 이처럼 이기주의가 초래한 학교폭력의 부적절한 해결은 피해자의 생애에 영원한 흠을 남기고, 주변 학생들에게는 이기주의의 위력을 실감케 하며 그릇된 선례를 안긴다.

폭력은 범죄다. 범죄는 법률로 가해자를 처벌해 사회 규율을 바로잡는다. 엄벌로 가해자를 처벌해 피해자의 억울함을 일부 해소할 수 있더라도 가장 이상적인 상황은 피해를 방지하는 것이다. 피해 이전과 이후의 개인정서는 극명히 다르기 때문이다. 학교폭력을 성장기 학생들의 충돌 정도로 가볍게 치부하는 시각과 시간이 지나면 해결될 것이라는 안일한 사고가 학교의 피해방지 기능을 상실케 했다. 게다가 학생들의 인권이 교권 강화 수단을 무력화하며 교사의 적극적인 개입을 저지하자 학교폭력은 '방 안의 코끼리❷' 양상으로 치달았다.

실제로 코로나19 시기에 학교 음수대에 입을 대고 물을 마시는 초등학생을 제지하던 여교사가 해당 학생에게 폭력을 당하고도 아동학대로 검찰 조사를 받은 사례가 현재 교권의 실태를 보여준다. 학교에서 가장 적극적으로 폭력을 예방할 수 있는 교사를 민사와 형사 책임으로 묶어 놓는 방식으로는 해결이 요원하다. 정부가 발표한 '학교폭력 근절 종합대책'은 중대한 과실이 없다면 담당교사의 책임을 면제한다는 점에서 예방의 핵심 기능을 교사에게 부여할 것으로 기대된다. 나아가 예방은 교사뿐만 아니라 학생의 보호자인 부모도 협조해야 가능하다. 2026년 입시부터는 학교생활기록부에 학교폭력 기록을 졸업 후 4년간 보존한다. 입학과 취업에 영향을 미칠 수 있는 까닭에 가해학생의 부모가 자녀의 불이익을 방관하지 않는다는 기본 전제조건이 성립할 경우, 가정 내 개도와 훈육이 이뤄질 수 있다.

예방이 최우선이다. 지속적인 폭력은 어떤 식으로든 피해자에게 흔적을 남긴다. 그 과정을 살필 수 있는 환경은 교사와 부모가 협력하며 만들어야 한다. 가해

자에게 불이익을 주는 범위를 취업 시기까지 확대한 것은 상당한 진전이다. 엄벌주의로 선회한 학교폭력 처벌이 완전한 근절로 이어지기 위해서는 끊임없는 관찰과 관심이 필요하다.

학교폭력으로 인한 피해자가 가해자보다 불우한 미래를 살아가는 모습은 사회를 멍들게 만든다. 사회적 처벌은 제도 변화에 따라 강도를 높일 수 있지만, 피해자의 심신회복은 장담하기 어렵다. 따라서 피해자 중심의 상담치료와 가해자를 격리할 수 있는 분리요청권을 교내에서 적극적으로 활용할 수 있는 환경을 마련해야 한다. 범죄로부터 자신을 보호할 수 있는 학교시스템을 갖춰야 피해자의 미래를 보호할 수 있다. 피해자가 가해자보다 당당히 학교에서 생활할 수 있도록 학교 관계자들이 관심을 기울여야 한다. 이기주의와 폭력으로 일그러진 학교는 사회에 첫걸음을 내딛을 학생에게 병폐가 수완이라는 그릇된 인식을 남긴다. 예방, 보호, 처벌의 삼박자를 적절히 맞춰가는 상식적인 활동으로 학교와 폭력의 부적절한 조합을 미연에 차단해야 한다.

---

❶ 후안무치(厚顔無恥) : '낯짝이 두꺼워 부끄러움이 없다'는 뜻으로 체면을 차릴 줄 모르고 창피한 것을 모르는 뻔뻔한 사람을 이르는 말이다.

❷ 방 안의 코끼리 : 모두가 잘못됐다는 사실을 알면서도 먼저 그 말을 하게 될 경우 초래될 위험이 두려워서 누구도 먼저 말하지 못하는 상황을 가리킬 때 사용한다. 방 안에 코끼리가 있는 것처럼 평범하지 않거나 위험한 상황에서 그것을 목격한 사람들이 못 본 척하며 외면하는 것을 비유적으로 나타낸 것이다.

답안 분석

이기주의를 학교폭력의 원인으로 지목하고, 학교, 교사, 부모의 입장을 기술하며 문제를 심화하는 요소를 짚어냈습니다. 또 그러한 요소가 학생들의 교육에 이롭지 못하다는 내용을 강조하며 변화를 촉구했습니다.

학교폭력 예방과 해결을 어렵게 하는 요인으로 교권 약화를 언급했는데, 관련 사례를 소개하며 심각성

을 더했습니다. 사례에서는 교사 개입의 한계를 다뤘고, 추가로 부모의 이기주의가 초래하는 문제점도 소개할 여지가 있습니다.

처벌수위에 대해서는 정책의 방향을 고려해 제시하고, 처벌보다는 예방에 초점을 맞춰 단락을 구성했습니다. 피해자를 보호할 수 있는 환경조성의 중요성을 거듭 강조하며 정책 시행에 대한 기대감으로 단락을 매듭지었습니다.

예시 답안 2

학교폭력 처벌을 언급할 때마다 주홍글씨와 **낙인효과[1]**를 우려하는 일부 매체가 등장해 가해자의 사연을 소개한다. 폭력은 불우한 가정환경에서 시작했고, 이를 방관한 사회에 책임이 있다는 논리를 펼치며 가해자를 바라보는 따가운 시선을 동정으로 바꾸려 한다. 이에 덧붙여 주변의 도움으로 반성하고 나아지는 가해자의 모습을 그려내며 교화가 처벌보다 효과적임을 설파한다. 또 악독하게 교우를 괴롭히던 자신의 행동은 자의가 아니라 환경의 소산이며, 주변의 관심만 있었더라면 결코 학교폭력을 저지르지 않았을 것처럼 상황을 서술한다. 피해자가 겪어야 할 아픔은 어느새 가해자의 폭력을 합리화하는 소재가 되어있는 것이다.

학교폭력은 가해자가 미성년자라는 이유로 그동안 처벌이 미비했다. 그러나 피해자 역시 미성년자임에도 가해자만 유독 감싸는 행태는 정상적이지 않다. 학교폭력 기록이 입시에 부정적인 영향을 미치는 것이 온당치 않다는 일부 정당의 주장은 폭력을 실수로 치부하는 것과 마찬가지다. 단순히 학생들이 우발적으로 다툼을 벌인 것은 학교폭력이 아니다. 학교폭력은 피해자에게 고통을 줄 목적으로 신체적 또는 심리적 공격을 지속하는 일체의 행위를 의미하며, 성추행과 수치심 유발도 포함한다. 과거 실수로 학생의 창창한 미래를 얼룩지게 할 수 없다는 정도의 가벼운 사안이 아니다.

게다가 학교폭력의 주체는 무지로 그와 같은 행위를 행하는 것도 아니다. 이미 학교에서는 그에 대한 정기교육을 시행하고 있고, 여러 매체를 통해 학교폭력의 피해자가 입을 신체적 또는 정신적 타격의 심각성에 대해서도 가해자는 인지하고 있다. 그럼에도 학교폭력을 자행하는 상황에서 가해자를 두둔하는 일부 매체와 정당의 주장은 현실과의 괴리가 지나치게 크다. 가해자는 미성년자에게 부여하는 솜방망이식 처벌에 더해 망각의 혜택까지 고스란히 입으며 살아가겠지만, 피해자는 망가진 자존감과 상처로부터 벗어나고자 필요 이상으로 발버둥 쳐야 한다. 안타깝게도 피해자가 고통을 이기지 못하고 극단적인 선택을 하는 경우도 있는데, 그 빈도는 결코 무시할 수준이 아니다. 설령 모질게 이겨내도 평생의 트라우마로 남는 경우가 대부분이다. 학교폭력의 심각성은 주홍글씨와 낙인효과로 가해자가 입을 피해를 우려해줄 만큼 여유로운 사안이 아니다. 온전히 피해자의 미래에 주목해야 한다. 이를 위해서는 학교환경에서 피해자를 적절히 관리하고 보호할 수 있는 방법을 끊임없이 강구하는 것이 중요하다.

엄벌주의로 강력한 처벌이 가능한 교육환경을 만들어야 학교폭력을 예방할 수 있다. **촉법소년[2]** 연령 하향이 교화와 교정에 효과가 없다는 이유로 대법원이 반대 의견을 내세우고 있지만, 처벌과 반성을 병행해야 가해자가 범죄의 중대성을 이해할 수 있다. 사회적 지원을 통한 근본적 해결은 반성과는 별개다. 이는 재발을 방지하기 위한 조치이지 범죄의 책임을 사회에 전가하며 가해행위를 용인하려는 것은 아니기 때문이다. 만 14세 이상부터는 형법 적용이 가능하므로 가해자는 죄질에 따라 마땅한 처벌을 받아야 예방효과를 높일 수 있다. 이러한 환경을 조성하는 데 학교폭력대책심의위원회의 공정한 역할이 필요하다. 폭력의 심각성과 지속성에 가중치를 부여해 사안을 판별하고, 피해자 보호조치를 더욱 강화해야 학교폭력에 대한 경각심을 고취할 수 있다.

정부가 제시한 '학교폭력 근절 종합대책' 중 처분기록 생활기록부 보존기간 확대는 예방효과가 지극히 제한적일 수밖에 없다. 입시 결과에 행동을 제약받는 경우는 학생의 성적이 중상위권인 경우다. 그 외에는 가해자가 불이익을 체감할 수 없다. 학교폭력 해결을 위한 조치수위의 초점을 입시가 아닌, 취업에 맞춰야 하는 이유다. 보존기간을 현실적인 취업 가능 시기로

확대해야 가해자가 학교폭력에 따른 불이익 여부를 고려할 수 있다. 엄벌주의는 예방효과를 높이는 것이 목적이므로 일부에게만 효과가 있는 처벌보다는 보편성을 갖춘 처벌을 내려야 한다. 가해자가 감수해야 할 낙인효과보다 피해자의 트라우마를 먼저 살핀다면 학교폭력의 처벌수위를 현실의 눈높이에 맞출 수 있을 것이다.

❶ 낙인효과 : 타인으로부터 부정적인 낙인이 찍힌 사람은 일날행농을 저지르게 되고 결국 그러한 부정적 인식이 바뀌지 않게 되는 것을 일컫는 말이다. '스티그마효과'라고도 한다. 이와 반대로 다른 사람으로부터 긍정적인 기대를 받으면 기대에 부응하기 위해 노력하고 긍정적 결과가 나타나는 것은 '피그말리온효과'라고 한다.

❷ 촉법소년 : 법에 저촉되는 행위를 한 만 10세 이상~14세 미만의 형사미성년자를 말한다. 형법 제9조에서는 '14세가 되지 아니한 자의 행위는 벌하지 아니한다'고 규정하고 있다. 이들은 형사책임능력이 없어 형법에 저촉되는 행위를 하더라도 형사처벌 대상이 아니며, 다만 가정법원이 소년원으로 보내거나 보호관찰을 받게 하는 등의 '보호처분'만 가능하다.

답안 분석

정책에는 응당 찬반 의견이 따르기 마련인데, 학교폭력 처벌 사안에는 가해자의 인권을 보호하는 취지의 반대 의견이 클리셰처럼 등장합니다. 사례에서는 익숙한 반대 의견에 반박하며 강력한 처벌의 당위성을 강조했습니다.

일부 부모의 사례를 일반화하는 오류가 있을 수 있지만, 처벌 없이 교화에 성공한 사례도 일반화의 오류를 내포하고 있어 주장하는 방향에 맞게 근거로 활용하는 것은 가능합니다. 학교폭력이 충분히 오랜 기간 문제를 야기했음에도 피해 예방과 보호가 여전히 허술한데, 그 원인으로 사회의 안일한 인식을 언급했습니다. 또 정부의 엄벌주의 기조에 보편적 처벌 효과를 덧붙이며 수위를 다소 높였습니다. 시대

자기소개서 작성 팁을 유튜브로 만나자!

필자 소개

정승재(peoy19@gmail.com)
홈페이지 오로지첨삭(www.오로지첨삭.한국)
오로지면접(fabinterview.com)
유튜브 채널 : 오로지첨삭
저서 <합격하는 편입자소서 & 학업계획서>
<합격하는 취업, 자소서로 스펙 뛰어넘기>

농작물재해보험 손해평가 전문가
손해평가사

손해평가사란?

최근 예측하기 어려운 이상기후에 대한 우려와 함께 매년 주기적으로 발생하는 농업새해에 따른 피해보상에 농업인들의 관심이 높아지면서 농작물재해보험에 가입하는 농가수도 지속적으로 증가해 왔다. 특히 대상품목이 증가하고 정부와 지자체에서 보험료의 상당 부분을 지원해주고 있어 추후 더 많은 수요가 발생할 것으로 전망된다. 농림축산식품부는 농업재해보험 제도를 시행함에 있어 손해평가에 대한 신뢰 확보와 더불어 재해가 발생한 경우 신속·정확하고 전문적인 손해평가를 위해 손해평가사 자격제도를 도입했다.

이에 따라 손해평가사는 자연재해, 병충해, 화재 등 농업재해로 인한 보험금 지급사유가 발행하는 경우 보험관련 법규와 약관을 근거로 전문적인 능력과 지

식을 활용해 보험사고를 조사·평가하는 일을 수행한다. 농작물 재해가 발생했을 때 관련 손해를 평가하는 업무는 손해사정사 중 재물손해사정사, 손해평가인, 손해평가사가 수행하고 있다. 이중 손해평가사는 농어업재해보험법에 따라 농작물재해보험에 관한 피해사실의 확인, 보험가액 및 손해액의 평가 등을 담당하고 있어 손해평가인이나 손해사정사의 보조인이 아니다.

자격증 취득정보 및 관련 자격

손해평가사는 국가전문자격으로 한국산업인력공단에서 1년에 한 번 시행하고 있다. 기본적으로 응시자격에 제한이 없지만 관련 규정에 의해 결격사유에 해당하는 자는 시험에 응시할 수 없다. 시험은 1차와 2차로 나눠서 치러진다.

1차 시험은 ▲ '상법' 보험편 ▲ 농어업재해보험법령 ▲ 농학개론 중 재배학 및 원예작물학 등 총 3과목으로 구성돼 있으며 시험시간은 90분이다. 객관식 4지 택일형으로 과목당 25문항씩 총 75문항이 출제된다. 2차 시험은 ▲ 농작물재해보험 및 가축재해보험의 이론과 실무 ▲ 농작물재해보험 및 가축재해보험 손해평가의 이론과 실무 등 2과목으로 시험시간은 120분이다. 주관식으로 구성돼 있으며 과목별로 단답형 5문항과 서술형 5문항으로 총 10문항이 출제된다. 1차와 2차 모두 100점 만점을 기준으로 과목당 40점 이상, 전 과목 평균 60점 이상 득점해야 합격한다.

범위한 영역에서 발생하는 사고 관련 업무를 수행한다고 볼 수 있다.

자격전망 및 시험일정

손해평가사는 손해사정법인이나 지역농협에 취업할 수 있고, 재해보험협회에 가입해 프리랜서로 활동할 수도 있다. 농작물재해보험의 사업자인 NH농협손해보험이 태풍, 동상해 등 농작물 피해가 발생하면 손해사정법인이나 손해평가사가 가입된 한국농어업재해보험협회와 한국손해평가사협회 비영리단체 등에 손해평가 업무를 위탁계약 형태로 농가의 조사를 이행하고 있어 손해사정법인 및 협회로의 채용이 가장 활발하게 이루어지고 있다. 시대

다만 일정 기준을 만족하는 사람에 한해서 1차 시험을 면제해주고 있다. 우선 1차 시험에 합격한 사람에 대해서는 다음 회에 한정해 시험을 면제하고, 손해사정사 자격 취득자나 손해사정 관련 업무에 3년 이상 종사한 경력이 있는 사람, 손해평가인으로 위촉된 기간이 3년 이상인 사람으로서 손해평가 업무를 수행한 경력이 있는 사람들도 1차 시험을 면제받을 수 있다. 그러나 최근 5년간의 합격률을 보면 1차 시험은 60~70%대로 다소 높은 합격률을 보이는 반면 2차 시험의 경우 2021년(25.6%)을 제외한 2018~2022년은 대부분 10% 안팎의 합격률을 기록하고 있어 철저한 준비가 필요하다.

관련 자격 중 명칭이 비슷한 손해사정사와 손해평가사를 혼동하는 경우가 있는데, 두 자격의 가장 큰 차이는 담당하는 업무의 내용이다. 손해평가사는 농작물재해와 관련된 손해액을 평가하는 업무를 담당하는 반면 손해사정사는 재물, 차량, 신체 등 다양한 영역에서 발생하는 사고로 인한 손해액을 산정하고 그에 따른 보험금을 책정하는 업무를 수행한다. 업무의 성격이 다를 뿐만 아니라 손해사정사가 더 광

2023년 제9회 손해평가사 시험일정

구분	원서접수기간	시험일자	합격자발표
1차	5. 8(월)~5. 12(금)	6. 10(토)	7. 12(수)
2차	7. 24(월)~7. 28(금)	9. 2(토)	11. 22(수)

2023 SD에듀 손해평가사 1차 한권으로 끝내기

과목별 핵심이론과 최근 8개년 기출문제를 수록하고 개정법령을 반영해 시험에 완벽 대비할 수 있도록 구성된 도서다. 또한 다양한 출제예상문제를 엄선하여 수록, 반복적인 문제풀이를 통해 학습한 내용을 완전히 습득할 수 있도록 했다.

편저 정경철, 김원철 외 손해평가연구회

상식 더하기 +

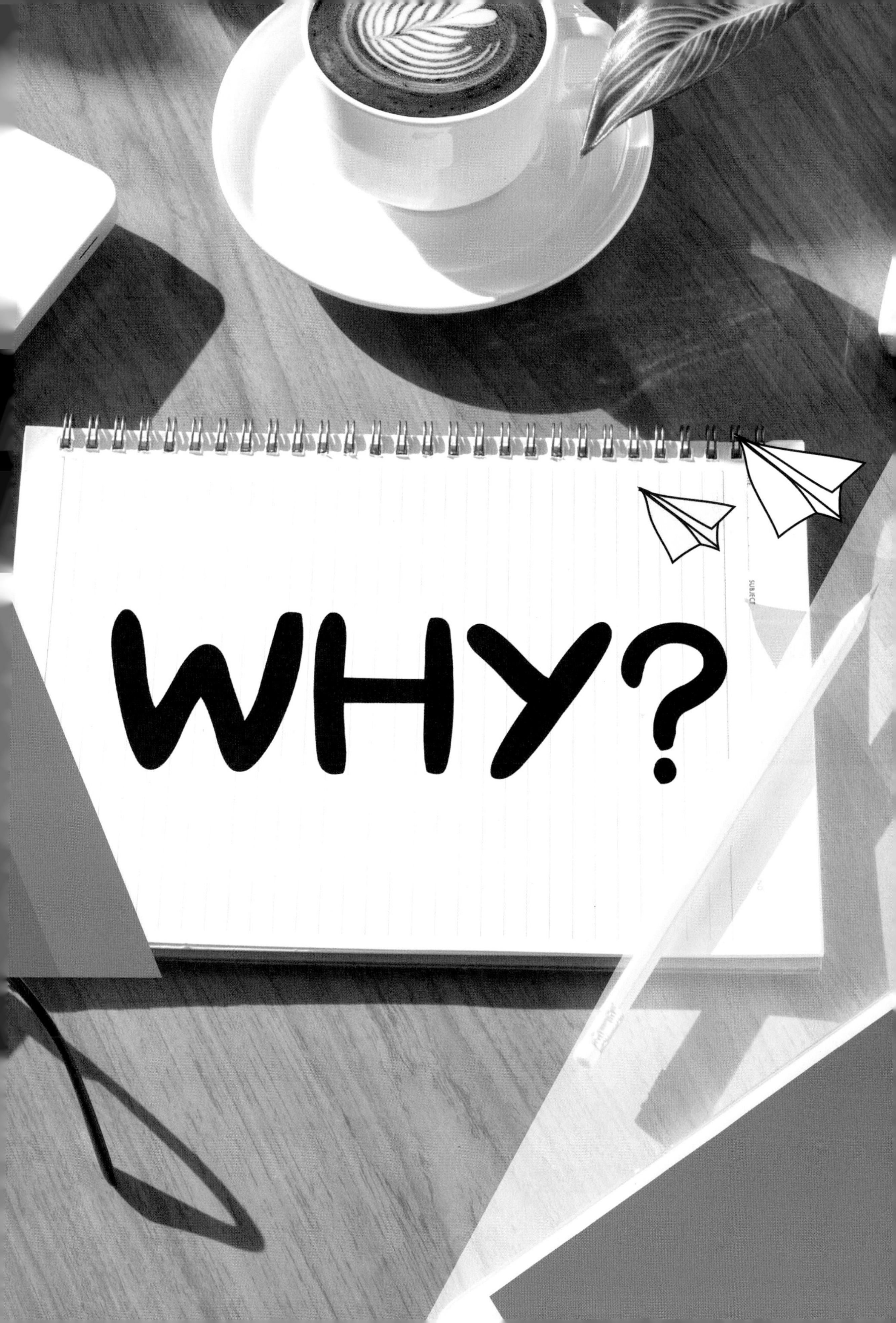
WHY?

살 빠져도 장시간은 금물!

공복 유산소운동

지방을 태우는 공복 유산소운동

요즘 출근 전에 헬스장에 들르는 사람들이 많은데 요. 살 빼는 데 효과가 좋다는 공복 유산소운동을 하기 위해서죠. 공복 유산소운동과 식단관리를 병행해 체중감량에 크게 성공했다는 이야기를 흔히 들을 수 있습니다. 그렇다면 공복 유산소운동은 정말 다이어트에 좋을까요?

유산소운동은 운동 중 산소공급을 통해 지방과 탄수화물을 에너지화해 소모하게 하는 전신운동인데요. 걷기, 조깅, 자전거 타기, 수영, 등산 등이 해당합니다. 또 공복에 하는 유산소운동은 30분~1시간 정도로 했을 때 체중감량에 효과적이라고 합니다. 유산소운동을 하면 탄수화물과 지방이 함께 타는데요. 먹은 게 없으면 체내 소모할 탄수화물이 없어 대신 지방을 태우게 되죠. 특히 대사가 빠른 내장지

방은 더 빠르게 연소합니다. 따라서 공복 유산소운동은 체지방 감량에 도움이 될 수 있죠.

근육량 증가가 목표라면 유의해야

하지만 목표가 근육량 증가라면 공복운동은 유의해야 합니다. 공복에 운동을 오래 하면 탄수화물과 지방 외에 단백질을 태우면서 근육량을 감소시킬 수도 있기 때문입니다. 근육량이 줄면 기초대사량이 줄어 오히려 살이 찌기 좋은 체질로 변할 수 있고, 또 공복운동 후에는 공복감이 더 심해져 과식이나 폭식할 위험성도 있습니다. 강재헌 강북삼성병원 가정의학과 교수는 "유산소운동을 공복 시에 75분 이상 지속하면 근육이 일부 분해돼 사용될 수도 있다"면서 "에너지를 가장 많이 소비하는 신체조직이 근육이기 때문에 근육량이 줄어들면 기초대사량도 줄어들게 된다"고 설명했습니다.

목적에 따라 운동량 조절해야 부작용 없어

또 당뇨병 환자는 공복운동을 피해야 합니다. 공복에 유산소운동을 하는 경우 스트레스를 받으면 분비되는 호르몬인 코르티솔이 많이 나오는데요. 코르티솔이 인슐린 분비를 억제해 혈당이 올라갈 수 있죠. 당뇨약을 복용하는 사람은 공복운동 시 체내 소모할 탄수화물이 없어 저혈당이 올 위험도 있습니다.

이처럼 공복 유산소운동은 각자의 다이어트 목적과 건강상태에 따라 금(金)이 될 수도, 독(毒)이 될 수도 있는데요. 서민석 가톨릭대학교 인천성모병원 가정의학과 교수는 "체중감량 목적이라고 하면 30분 정도 중강도의 운동을 하면 좋다"고 조언했습니다. 이어 "유산소운동을 하면 혈당이 좀 더 떨어진다. 탄수화물을 충분히 섭취하는 게 중요하고, 너무 무리해서 운동할 필요는 없다"고 말했습니다. 시대

대사질환 예방에 최고 …
유산소와 근력운동 함께해요!

각종 성인병의 주범으로 꼽히는 대사증후군을 예방하려면 유산소운동과 근력운동을 병행하는 게 가장 효과적인 것으로 나타났습니다. 대사증후군이란 허리둘레, 공복혈당, 혈압, 중성지방, 고밀도 콜레스테롤 중 정상범위를 벗어난 항목이 3개 이상일 때를 말하는데요.

인제대 서울백병원 조영규 교수 연구팀은 2014~2019년 국민건강영양조사에 참여한 40세 이상 한국인 2만 2,467명을 대상으로 평상시 개인벌 운동유형이 대사증후군에 미치는 영향을 분석한 결과 연관성이 확인됐다고 밝혔습니다. 연구팀은 평소 운동유형에 따라 유산소운동군, 근력강화운동군, 복합(유산소+근력강화)운동군으로 나눠 대사증후군 발병위험을 비운동군과 비교해 분석했습니다.

이 결과 남성의 경우 대사증후군 발병위험이 유산소운동군 15%, 근력강화운동군 19%, 복합운동군 35% 순으로 낮았고, 여성의 경우 유산소운동군 17%, 근력강화운동군 27%, 복합운동군 26%로 각각 집계됐습니다. 전체적으로는 남녀 모두 어떤 운동을 해도 일관성 있게 대사증후군 위험을 낮추는 효과를 내는 것으로 평가됐는데요. 다만 연구팀은 성인병 예방을 위해서는 유산소운동이나 근력강화운동 중 한 쪽에 집중하기보다 이들 운동을 병행하는 게 가장 좋다고 권고했습니다.

다섯 번째 수업
스파인 스트레치 포워드

필라테스 수업을 진행할 때 강사의 입장에서 참기 힘든 몇 가지 순간들이 있습니다. 그중 하나가 동작을 따라하는 수강생들의 어깨가 잔뜩 올라가 있는 순간입니다. 그냥 넘어가도 괜찮다는 것을 알면서도 잔뜩 올라간 어깨를 보면 왠지 당장 내려드리고 싶은 마음이 간절해집니다. 이론적으로 몸의 중앙부에 위치한 근육들의 힘이 약한 초보자의 경우 동작을 하다 보면 어깨가 자꾸 경직되는 것이 오히려 당연한 일인데도요. 지금 바로 해결할 수 있는 문제가 아니죠.

스파인 스트레치 포워드 동작은 척추를 앞의 방향으로 스트레치를 하려는 뚜렷한 목표가 있는 운동입니다. 하지만 수강생들의 잔뜩 긴장한 상부 승모근을 보면 강사들은 척추 이야기를 하기도 전에 이런 말을 자꾸 반복하게 됩니다.

"어깨 끌어 내리세요."
"어깨에 힘 푸세요."

이때 주로 힘이 들어가는 근육은 승모근과 광배근입니다. 승모근은 등에 있는 근육 중 하나로 목덜미부터 양쪽 어깨와 등 가운데를 가로지르고 있으며, 전체적으로 봤을 때 사다리꼴 모양을 띤 근육입니다. 일반적으로 어깨 부분만 승모근이라고 생각하는 사람들이 많지만 사실 그보다 훨씬 더 넓은 면적을 차지하고 있습니다. 승모근은 하나의 근육이지만 위쪽과 아래쪽의 기능이 조금 다릅니다. 그래서 위에서부터 삼등분하여 상부 승모근, 중부 승모근, 하부 승모근이라고 부릅니다. 상부는 어깨를 올리는 움직임을 담당하는 반면 하부는 반대로 어깨를 내리는 역할을 담당하고 있습니다. 아무리 크기가 크다고 해도 하나의 근육이 정반대의 역할을 맡는 경우가 흔한 일은 아닙니다. 이 때문에 하나의 동작을 설명하면서 상부 승모근은 이완시키고 하부 승모근은 수축시키라고 하면 이해하기 어렵다는 반응이 나오곤 합니다. 하지만 강사들의 진짜 의도는 하부 승모근과 함께 아래쪽의 근육을 강화시키려는 것에 있습니다.

광배근은 '넓은 등 근육'이라는 뜻으로 등의 하부에 넓게 펼쳐져 있습니다. 주로 팔을 몸쪽으로 가까이 당길 때 사용되는데, 앞으로 올린 팔을 내리거나 옆으로 벌린 팔을 모으거나 안으로 말린 어깨를 열어서 뒤로 넘기는 것이 모두 광배근의 역할에 해당합니다. 광배근은 승모근과 함께 어깨를 끌어 내리는

역할도 담당하고 있습니다. 스파인 스트레치 포워드 동작에서 양팔을 앞으로 내밀고 몸통을 숙이기 시작하면 척추와 주변부 근육들이 견뎌야 하는 중력의 힘이 갑자기 급증하기 시작합니다. 그 중력을 견디기 위해 주변부 근육들이 급작스럽게 활성화되면서 어깨가 결리는 느낌이나 담이 올 것 같은 느낌이 듭니다. 그래서 강사들은 면적이 좁은 상부 승모근만 사용하기보다는 아래의 넓고 두꺼운 하부 승모근과 광배근을 함께 사용하길 권하는 것입니다. 신대

스파인 스트레치 포워드 (Spine Stretch Forward)

❶ 양쪽 다리를 앞으로 쭉 뻗고 앉아 허리를 곧게 폅니다.

❷ 두 발은 플렉스(발가락을 몸쪽으로 당기고 뒤꿈치를 앞쪽으로 밀어내는 동작)로 만듭니다.

❸ 양팔은 '앞으로 나란히' 상태로 올려주세요.

❹ 호흡을 크고 깊게 마신 다음 손을 앞으로 계속 뻗으면서 천천히 몸통을 앞으로 숙입니다.

❺ 최대한 끝까지 내쉰 다음 천천히 숨을 마시면서 처음의 자세로 돌아와 바르게 앉습니다.

❻ ❶~❺ 동작을 모두 수행하는 것이 1회입니다. 이 동작을 5회 반복해주세요.

필라테스로 배우는 근육의 세계

쉽게 배우는 필라테스! 강사의 지도 없이 혼자서도 따라 할 수 있는 필라테스 동작들과 우리 몸에서 중요한 근육들을 소개한다.

저자 김다은
필라테스 강사이자 아들러를 전공한 상담 전문가. 새로운 프로그램을 만들어 제공하는 콘텐츠 크리에이터로도 활동하고 있다.

의미가 변화한
불교용어

"이 세상 모든 것은 헛된 것이니
구태여 가지려 허덕이지 말며
잃었다 하여 번민하지 말라"

– 법구경

지역에 따라 기후나 생활방식이 다르듯 세계 각지에서 생겨난 종교 역시 저마다 다른 모습으로 전파되고 발전해왔다. 우리나라에도 다양한 종교가 자리 잡고 있는데, 그중 삼국시대에 전파된 불교는 우리나라 고유의 생활습관과 제도에 많은 영향을 미쳤다. 그러나 고려 말기 정치와 종교가 모두 타락하면서 사회적 혼란을 야기한 결과 조선시대에 들어서며 탄압의 대상이 됐다.

불교가 탄압받았던 조선시대

조선은 유교를 나라의 근본이자 통치이념으로 삼은 국가였다. 이 때문에 고려시대까지만 해도 융성했던 불교는 조선의 건국과 함께 배척의 대상이 될 수밖에 없었는데, 그 과정에서 불교에서 사용하던 용어가 왜곡되기 시작했다. 대표적인 사례가 '야단법석'이다. 이 단어는 원래 부처님이 '법화경'을 설파하고자 했는데 너무 많은 중생이 모여들자 실내 법당에서 나와 '들판에 단을 만들고(野壇) 법회를 열었다(法席)'는 데서 유래한 용어다. 이후 큰스님들이 대규모 법회를 열 때 이 용어를 사용했는데, 불교가 탄압받기 시작한 이후 '여러 사람이 모여 시끄럽고 정신없는 상황'이라는 말로 의미가 왜곡된 것이다.

지금은 '막다른 데 이르러 어쩔 수 없는 상황'이라는 의미로 사용되는 '이판사판' 역시 원래 불교에서 유래한 용어다. 불교가 탄압받던 조선시대 사찰에서는 승려들을 역할에 따라 이판승과 사판승으로 나눴다. 본연의 참선을 수행하고자 정진하는 승려는 '이판승'이라고 하고, 이들이 정진할 수 있도록 조정의 노역에 응하거나 공양을 위해 절을 찾아온 교인들을 응대하는 등 사찰 유지를 위한 잡일을 도맡아 하는 승려들을 '사판승'으로 구분한 것이다. 그런데 삼국시대부터 고려시대까지만 해도 정식 종교로서 우대받았던 불교는 조선시대에 들어서면서 이단시됐고, 승려가 되면 천민 신분으로 강등당하는 것으로 취급받았다. 이러한 시대적 상황과 맞물리면서 승려가 된다는 것은 인생의 막다른 '마지막 선택'을 의미하게 됐고, 이판이든 사판이든 단어 자체만으로도 '끝장'이라는 의미로 받아들여진 것이다.

일상생활에서 의미가 다르게 사용되는 불교용어

우리가 일상적으로 사용하는 단어 중에서도 불교에서 유래한 것들이 많다. '살림'은 절의 재산을 관리하는 일을 의미했던 것이 일반가정의 재산 및 생활을 관리한다는 의미로 뜻이 확장된 경우다. '식당'은 불교도량에서 음식공양을 하던 건물을 가리키던 것이 음식을 파는 곳으로 의미가 변한 것이고, '강당'

은 설법을 강의하던 큰 집을 의미하는 용어였다. 또 '점심'은 원래 '마음에 점을 찍다'라는 의미로 아침식사와 저녁식사 사이 간단히 음식을 먹으며 마음을 다스리는 시간을 의미했다. 실제로 인류의 역사에서 하루 세 끼를 모두 챙겨 먹기 시작한 역사는 그리 오래되지 않았다.

소설이나 영화, 드라마의 주역을 의미하는 '주인공'도 불교에서 '득도한 이', '참된 자아'를 가리키던 말이다. 일상다반사에서의 '다반사'도 '차를 마시고 밥을 먹는 일'을 의미하는데, 참선이라는 것이 유별난 방법이 있는 것이 아니며 차를 마시고 밥을 먹듯 일상생활이 곧 선(禪)으로 연결됨을 상징하는 말이었다고 한다.

흔히 아주 짧은 시간을 말할 때 '찰나'라고 하는데 이는 75분의 1초, 약 0.013초에 해당하는 불교계의 시간 단위다. 또 고인의 가족에게 "명복을 빕니다"라고 전하는 애도의 표현도 불교용어다. 불교에서는 사람이 죽은 후 환생하기 전에 명부에 가서 염라대왕에게 그간의 삶에 대한 심판을 받아 다음 생을 결정받게 된다고 믿었다. 따라서 "명복을 빈다"라는 말에는 명부에 가서 좋은 판결을 받길 기원하는 의미가 담겨 있다. ■

음식혁명의 출발
냉장고

5월 19일은 발명의 날이다. 발명인의 사기 진작과 국민의 발명의식 고취를 위해 1957년에 제정한 법정기념일이다. 그런데 2018년 특허청은 제53회 발명의 날을 앞두고 페이스북 친구(페친)를 대상으로 설문을 실시했다. 질문은 '세계 최고의 발명품'. 그리고 발명의 날에 '페친들이 뽑은 세계 10대 발명품'이란 제목 아래 선정된 발명품 10개를 발표했다.

인터넷·개인용 컴퓨터를 비롯해 세탁기·텔레비전·가스레인지와 같은 가전에 금속활자 등이 포함됐다. 코로나19 팬데믹이 있기 전이었음에도 백신도 포함됐고, 오늘날엔 사용하는 사람보다 사용하지 않는 사람이 더 적다시피 한 안경도 당당히 순위에 이름을 올렸다. 그러나 이날 최고의 위치에 오른 것은 바로 냉장고였다. '살아가면서 제일 많이 사용'하고, '냉장고가 없었으면 상한 음식 먹고 식중독으로 많이 고생'했을 것이며, '더운 날 시원한 얼음을 만들어주기 때문'이라는 게 선정이유였다.

점점 더워지고 있는 요즘 나른한 오후의 즐거운 먹거리 중 하나인 아이스크림도 냉장고가 있었기 때문에 대중화될 수 있었다. 17세기 잉글랜드 국왕 찰스 1세도 풍부한 크림이 들어간 아이스크림을 무척 좋아했다. 그가 먹은 건 과일음료를 얼린 이전의 셔벗 형태가 아니라 우유와 크림을 주재료로 한 오늘날과 비슷한 부드러운 아이스크림이었는데, 어찌나 좋아했는지 아이스크림을 개발한 주방장에게 제조방법을 유출하지 않는 조건으로 평생 연금을 약속했다.

오로지 왕과 왕이 허락하는 일부만 즐기겠다는 것이었다. 국왕의 권력은 신(神)으로부터 받은 것이라는 왕권신수설의 옹호자다운 발상이었다. 하지만 찰스 1세가 죽자 주방장은 아이스크림 제조방법을 세상에 공개해버렸다. 하지만 그렇다고 해서 아이스크림이 곧바로 모두의 먹거리가 되지는 못했다. '메리 에일스 요리책(Mrs. Mary Eales Receipts, 1781년)'에 아이스크림 제조법이 비교적 상세하게 기술된 것도 찰스 1세가 죽은 지 100년이나 더 지나서였다. 냉장고가 없었기 때문이다.

1930년대 미국 벌빙작업

냉장고가 없던 시절 사람들은 한겨울에 강이나 호수에서 자연스럽게 생성된 얼음을 캐서 서늘한 땅속이나 동굴 등에 보관해두고 필요할 때 야금야금 사용했다. 얼음은 캐고 이동하고 보관하는 데 많은 노동력과 비용이 필요한 만큼 그만한 노동력과 비용을 동원할 수 있는 권력이나 재력이 있는 왕실과 일부 상류층만 누릴 수 있는 사치였다. 그것은 20세기에도 마찬가지였다.

냉장고의 태동에는 윌리엄 컬런이 있다. 그는 1748년 '열의 이동'에 대해 연구하다가 액체가 기체로 바뀔 때 주변의 열을 빼앗는 기화열을 발견했고, 이를 이용해 에틸에테르를 반 진공상태에서 기화시켜 물을 냉동시키는 데 성공했다. 하지만 기화된 에틸에테르를 다시 액체로 만드는 방법을 찾지 못했다. 그러다 90여 년 후인 1834년 제이콥 퍼킨스라는 발명가가 특허를 출원했다. 에테르를 압축하면 주변의 열을 빼앗아 냉각효과를 내면서 증발했다가 압력을 가하면 다시 액체로 되돌아오는 원리를 발견하고 압축기를 만든 것이다. 이로써 오늘날 냉장고에도 이용되고 있는 기본원리가 탄생했다.

그의 압축기는 대단한 관심을 받았다. 하지만 상업화하는 데 난항을 겪던 1862년 스코틀랜드 인쇄공 제임스 해리슨이 에테르를 냉매로 사용한 자신만의 공기압축기를 개발하고 이를 장착한 냉장고를 세상에 내놨다. 활자 틀에 낀 잉크를 제거하는 데 사용하던 에테르는 인쇄공이었던 그에게 매우 익숙한 약품이었고, 그래서 이를 사용할 때마다 손이 시리다는 것에서 아이디어를 얻을 수 있었던 것이다. 그렇다고 그 길이 수월했던 것은 아니다. 한창 연구 중이던 때 퍼킨스의 성공소식을 접한 것이다. 낙심할 수밖에 없는 상황이었다. 그러나 그는 포기 대신 새로운 도전을 시작했다. 공장처럼 큰 냉장시설이 아니라 주변에서 흔하게 사용할 수 있는 작은 냉장장치를 만들기로 한 것이다. 결국 그는 제품을 완성시키고 국제박람회에 출품했다. 그 결과는 육류 가공업체와 맥주업체 등으로부터 쏟아진 주문이었다. 이후 에테르였던 냉매는 암모니아, 이산화황을 거쳐 현재 프레온으로 개선됐고, 1918년에는 가정용 냉장고까지 등장했다. 외형 또한 찬장이나 캐비닛의 단순하고 투박한 형태에서 내구성이 강하고 세련된 디자인으로 계속해서 탈바꿈하고 있다.

1929년 미국 제너럴 일렉트릭(GE)의 가정용 냉장고

제임스 해리슨의 냉장고

혹자는 냉장고가 신이 내린 선물이라고 한다. 냉장고로 인해 인류가 처음으로 음식보관에 대한 걱정을 덜었기 때문이다. 가정에서뿐 아니라 산업에서도 냉장 트럭, 냉장 컨테이너 등을 등장시키면서 인류의 식생활 자체를 바꿔놓았다. 짧은 유통기한으로 그림의 떡이었던 아르헨티나의 대평원인 팜파스 지역에서 사육되고 가공된 값싼 소고기가 유럽 서민들의 식탁 위에 오를 수 있었고, 시베리아 동토의 주민들도 얼지 않은 싱싱한 식재료를 먹을 수 있게 됐다. 또한 세탁기와 함께 가사노동의 부담을 덜어주면서 여성의 사회진출을 이끌기도 했다. 얼음이나 아이스크림 때문이 아니더라도 인류 최고의 발명품이라고 손꼽을 만하지 않을까? 신대

공중에서 도심 누벼볼까
도심항공교통

자동차에 탄 채로 꽉 막힌 도심의 도로 한복판에 서 있노라면, 마치 SF영화의 한 장면처럼 자동차가 비행기로 변신해서 앞의 차량을 제치고 날아갔으면 하는 상상을 하게 된다. 그런데 이런 상상을 한 것이 우리뿐만은 아니었던 것 같다. 이번 호에서 다룰 도심항공교통은 도시의 공중을 항공기로 날아다니며 오가는 새로운 형태의 교통시스템이다. 심지어 아주 먼 미래에 도입될 기술도 아니다. 실제로 사람이 타고 다닐 도심항공기들의 콘셉트가 고안되고, 개발도 조금씩 이뤄지고 있다. 도심항공교통은 얼마나 가까이 와 있을까?

지난 4월 5일 엑스포(EXPO) 유치 실사를 위해 부산을 찾은 국제박람회기구(BIE)의 실사단은 특별한 경험을 했다. 부산컨벤션센터 한 편에 마련된 제험부스에서 도심항공교통(UAM, Urban Air Mobility)과 관련된 영상을 시청하고 드론 형태의 UAM 기체에 탑승해 준비된 VR 고글을 쓰고 부산 시내 비행체험을 한 것이다. 이들은 '혼합현실' 공간 속에서 UAM 기체를 타고 부산항대교와 북항 일대를 날아다니는 체험을 했다. 실사단은 체험을 마친 뒤 UAM 기체의 충전이 얼마나 걸리는지, 차량정체는 얼마나 해소되는지 질문을 쏟아냈다.

교통수단의 편리화와 발전은 멈출 줄 모르고 있고, UAM은 그중에서도 몇 안 되는 가시화된 교통수단으로서 개발이 진행 중이다. UAM에 이용되는 기체는 도심에서의 이동 효율성을 극대화하기 위해 활주로가 필요 없는 '수직이착륙(VTOL, Vertical Take-Off and Landing)' 방식으로 개발되고 있다. 또한 날개가 회전하면서 일어나는 소음이 적어야 하고, 배터리의 안정성도 보장되어야 한다. 보통 3개 이상의 회전익(회전운동을 하면서 양력을 발생하는 날개)을 단 기존의 드론 형태를 띠고 있는데, 세계 유수의 항공기·자동차 제작 기업들은 나름의 콘셉트 모델을 내놓고 사업에 뛰어들고 있는 상황이다. 2019년 관련 부서를 신설한 현대자동차그룹이 내놓은 UAM 기체의 첫 콘셉트 모델 'S-A1'은 총 8개의 회전익을 장착하고, 조종사를 포함해 총 5명이 탑승할 수 있도록 설계됐다. 최대 항속거리는 약 100km, 최고 속력은 시속 290km로 구상됐다.

현대자동차그룹의 UAM 기체 콘셉트 모델 S-A1

ICT 업계의 새로운 화두, UAM

UAM에 항공사와 자동차 기업만 관심을 쏟고 있는 것은 아니다. UAM 시장은 이미 거대 ICT 기업들의 격전장이 되고 있다. 단순히 기체만 만든다고 해서 UAM이 완성되는 것은 아니다. UAM 운영에 필요한 인프라가 구축되어야 한다. 공중을 떠다니는 기체가 추락하면 대형사고의 위험이 있기 때문에 항상 기체의 상태를 확인하고 점검할 수 있는 네트워크가 구축돼야 한다. 또한 기체의 위치를 추적할 수 있도록 적절한 항공관제시스템이 만들어져야 시민들이 안심하고 편하게 UAM을 이용할 수 있다. 우리가 현재 버스와 전철을 이용하면서 쉽게 위치를 파악하듯 UAM도 그런 환경을 갖추어야 한다는 의미다. 또 우리가 모바일로 택시를 호출하듯, UAM을 이용할 수 있는 플랫폼도 필요하다.

아울러 UAM 기체가 이착륙할 수 있는 시설도 만들어야 하는데, 이는 이미 국내 건설사들이 '버티포트(Vertiport)'라는 이름으로 기술개발을 추진하고 있다. 이 버티포트와 각각의 기체, 이용자와 관리자를 연결할 네트워크를 구축하는 것은 ICT 기업의 몫이

다. 이들은 현재 다른 기업과 손을 잡고 UAM 구축 사업을 진행하고 있다. SK텔레콤은 한화시스템과 KT는 현대자동차, 대한항공과 힘을 합쳐 시장을 공략할 청사진을 그리고 있다.

UAM 상용화는 언제쯤?

지난 2020년 5월 우리 정부는 한국형 도심항공교통 시스템인 'K-UAM' 구축 계획을 발표했다. 당시 정부 계획에 따르면 2025년부터는 부분적으로 UAM의 상용화가 이뤄진다고 봤다. 또한 한국공항공사는 인천국제공항에 세계최대규모의 '버티포트 허브'를 세울 것이라는 계획도 내놨다. 비행기에서 내리면 곧바로 UAM 기체를 타고 서울 도심으로 이동할 수 있는 노선을 구축한다는 것이다.

그러나 2021년 한국무역협회의 보고에 따르면 실질적인 상용화는 2030년 이후는 돼야 본격적인 궤도에 오를 것으로 전망됐다. 안전한 UAM 기체가 당장 빠른 시일 내에 개발된다 해도 교통은 도시의 혈맥과 같기 때문에 인구밀집도, 경제성, 다른 교통수단과의 호환성 등을 종합적으로 고려해야 한다. 더불어 시민들에게 혼란을 야기하지 않도록 다른 영역의 교통과도 충돌하지 않게 시스템을 잘 설계해야 한다.

UAM의 세부기준이 법률로 정해지지 않은 것도 걸림돌이다. 법과 제도가 바탕이 되어야 기업들이 인프라와 기체를 개발하며 표준화를 시도하고, UAM이 도시에 잘 녹아들 수 있도록 로드맵을 닦을 수 있다. 2022년 국회에는 UAM 관련 법안이 발의됐으나 아직 계류 중인 것으로 알려졌다. 시대

펜으로 독립을 외치다
장덕준 지사

대한민국의 언론인이자 사회운동가였던 고(故) 리영희 선생은 "기자는 진실을 추구하는 직업이다. 언론이 약자를 배신하면 언론인이 아니라 언롱(弄)인이다. 기자는 권력에 정절을 팔면 안 된다"고 했다. 어떤 외압이나 협박에도 굴하지 않고 진실만을 좇으며 이를 독자들에게 알려 정의로운 사회를 만드는 데 일조해야 한다는 것이다. 몰상식이 판치던 야만의 시대에 조국과 동포를 위해 진실을 알리고자 했던 장덕준 지사처럼 말이다.

조선인의 독립사상과 애국정신은
혈액과 뇌수에 의해 발생한다.
결코 소수 야심가와 선동가에 의한 것이 아니므로
선각자와 유식자를 단속·압박하더라도
조선혼과 독립사상은 추호도 타격받을 리 없다.
또한 일본인도 조선인도
같은 황국신민이니 차별 없이 다루겠다는
일제의 '일시동인주의(一視同仁主義)'도
기만적인 것으로
강자와 약자를 평등한 처지에서
자유경쟁하게 하는 것은 불공평하며
조선인의 저항을 융화하려는 수단에 지나지 않는다.

1920년 4월 2일 '동아일보'에 '조선소요에 대한 일본 여론을 비평함'이란 제목의 논설이 실렸다. 해당 논설은 이날부터 13일까지 10회에 걸쳐 이어졌고, 글쓴이는 이름을 '추송(秋松)'이라는 호로 대신했다. 내용은 제목 그대로 왜곡된 일본여론에 대한 비판이었다. 앞서 1919년 3월부터 만세운동이 이어지자 교토제국대학의 스에히로 시게오는 그해 7월 잡지 '태양'에 만세운동의 원인을 총독의 무단정치에 있으므로 조선의 자치를 허용해야 한다고 주장(조선자치론)했고, 같은 대학 오가와 고타로는 11월 '오사카아사히 신문'에 '조선에는 다수의 무식자가 있으며, 다수한 무식자는 독립의 이상이 없으므로 제도적으로 조선인을 일본인처럼 체질개선해 통치해야 한다'는 '일시동인론'과 '조선통치론'을 주장했다.

추송의 논설은 '한일병탄은 일본에게는 국운의 성쇠에 관한 문제지만, 한국에게는 존망(存亡)의 문제'임을 적시한 뒤 3·1만세운동을 빌미로 강화된 일제의 식민지정책과 그에 이론적 바탕을 제공하는 일본 지식인들의 주장에 대해 논리적으로 반박해나갔다. 펜으로 독립의 정당성과 일제 식민정책의 모순을 알린 추송은 동아일보의 논설반원이자 통신부장 겸 조사부장으로 활약하던 장덕준 지사의 호였다.

논설 '조선소용에 대한 일본여론을 비평함(1920.4.2.)' 일부

장덕준 지사
(1892.6.25~1920.10.?)

장덕준 지사는 황해도 재령군에서 태어나 1911년 명신중학교를 졸업한 후 모교에서 2년간 교사로 일하다가 일본인이 발행하는 일본어 신문인 '평양일일신문사'에 입사해 언론인으로서 첫발을 내디뎠다. 그러나 1년 만에 돌연 일본으로 건너가 세이소쿠 예비학교에 진학했다. 그 시기 그는 재동경조선인유학생 학우회가 발행한 '학지광(學之光)'에 '오인(吾人)의 이상'이라는 글을 쓰면서 처음으로 '추송'이라는 필명을 사용했다. 또한 유학생 학우회 총회 평의원, 동경 조선기독청년회 부간사, 노동동지회 회장을 맡는 등 재일 조선인들의 구심점으로도 활약했다.

4년 만에 귀국한 장 지사는 김성수 등과 함께 품행이 단정하고 학력이 우수한 자를 선발하여 외국에 유학시키는 것을 목적으로 한 육영회 결성에 앞장섰다. 그러나 100원 이상이나 되는 납부금이 발목을 잡았고, 일제 고등경찰의 방해와 탄압으로 결국 무산되고 말았다. 이에 장 지사는 1919년 7월 무렵부터 신문사 설립을 추진하고 10월 초 제호를 정한 후 총독부에 신문발행허가를 신청, 1920년 4월 1일 마침내 민간신문 '동아일보'를 창간했다. 그리고 바로 그 다음 날 앞서 말한 논설을 게재한 것이다.

시작부터 일제 식민통치에 반발한 신문에는 황해도 재령·해주, 평안도 평양·진남·강서·선천·의주·신의주 등지를 순회하며 조선인을 차별하고 학대하고 멸시하며 일본인 위주의 행정으로 일관하는 현장을 '삼민생(三民生)'이라는 르포를 통해 고발했다. 또 1920년 8월 동아시아를 방문하는 미국의원단 일정에 맞춰 특파원을 파견, '동란의 북경에서'라는 특파원 기사로 당시 중국상황을 보도했다. 물론 이 모든 기사는 장 지사의 발과 손에 의해 탄생했다.

기사만이 아니었다. 안창호의 도움으로 미국 하원 외교분과 위원회 위원장과 미국 위원단장을 만나 한반도에서 자행되고 있는 일제의 불법행위를 알렸으며, 위원단의 경성 방문 시에는 식민의 부당함을 위원단에 호소하려는 시민들을 알리고, 이를 방해하고 탄압하는 일제를 비판했다. 그로 인해 신문은 무기한으로 정간됐다가 해를 넘겨 1921년 1월 10일에야 해제됐다. 그러나 다시 발행된 신문에서는 장덕준이라는 이름도 추송이라는 필명도 더는 볼 수 없었다.

정간 중이던 10월 만주 훈춘에서 일본군이 청산리에서 독립군에 패한 보복으로 조선 동포 5,000여 명을 학살(간도참변)하자 장 지사는 폐병에 걸려 피까지 토하는 상태에서도 이를 취재하기 위해 두만강을 건넜다. 그리고 곧바로 "빨간 핏덩이만 가지고 나의 동포를 해하는 자가 누구이냐고 쫓아와 보니 우리가 상상하던 바와 조금도 틀리지 않는다", "살풍경이 일어나 공포의 기운이 가득한 간도 일대에는 죄가 있고 없고 간에 남녀노소가 살육의 난"을 당하고 있는 광경 등 일군의 만행을 알려왔다. 그러나 그것이 끝이었다. 11월의 어느 날 아침, 일본인 두세 명에 불리어 나간 후로 소식이 영영 돌아오지 못했다.

대한민국정부는 1963년 건국훈장 독립장을 추서했고, 한국기자협회는 1971년에 '기자협회 기장(記章)'을 제정하며 메달 뒷면에 장덕준 지사의 얼굴을 새겨 넣어 우리나라 최초의 순직기자로 기리고 있다. 권력의 시녀가 되기 쉬운 언론, 그래서 그 권력과 검열에 굴하지 않고 백지와 비판으로 맞섰던 결기가 간절해지는 요즘이다. ☒

시민들이여, 깨어나라!

시민불복종

Civil Disobedience

부당하다고 판단되는 법에 시민들이 비폭력적으로 저항하는 일

#사티아그라하 #무저항 불복종 #헨리 데이비드 소로 #간디

'소크라테스의 죽음'(1787), 자크루이 다비드

기원전 399년 아테네 법정은 초로의 학자에게 다음과 같은 죄를 저질렀다고 판결했다.

**"나라가 인정하는 신들을 인정하지 않고,
새로운 다른 신령들을 들여오는 죄를 범했다.
그리고 그는 젊은이들을 타락시키는 죄도 범했다."**

쉽게 말하자면 '신성모독', '대중선동'쯤 될까? 500명의 재판관의 표결결과는 유죄가 280, 무죄가 220이었고, 그에 따라 형량을 사형으로 한다는 표결에서는 찬성이 360, 반대가 140으로 나왔다. 말이야 고상하게 젊은이들을 타락시켰다고 했지만, 실상은 공포정치를 했다는 이유로 퇴출시킨 삼십인정권의 우두머리 크리티아스의 스승이라는 것이었다.

삼십인정권은 참주가 무려 30인이라는 의미인데, 펠로폰네소스반도의 실질적 지배자였던 아테네와 스파르타를 중심으로 한 각각의 동맹 사이에 벌어졌던 펠로폰네소스전쟁에서 스파르타 측이 승리한 후 아테네에 들어선 친 스파르타 성향의 과두정권을 말한다. 이때 크리티아스는 참주들을 이끄는 우두머리였다가 폭압정치를 펼치다 쫓겨난 인물이다.

이후 정권을 잡은 민주파 정권은 과두정에 부역했던 시민들에게 과거의 행적을 묻지 않는다며 대사면령을 내렸다. 따라서 과두정 관련 혐의는 애초에 기소사항이 될 수 없었다. 그런데도 민주파 정권은 그를 재판정에 세우고 싶었다. 젊은이들과 지식인들이 따르는 그가 여전히 눈엣가시였기 때문이다. 그래서 추가적인 죄를 물었다. 아테네가 인정한 공식적인 신을 인정하지 않는다는 것이었다. 말이야 그랬지만 실상은 속된 말로 (그들이 보기에) 너무 잘난 체를 했다는 것이다. 결국 재판이 벌어졌고, 사형이 선고됐다. 아테네 시민의 스승이었던 소크라테스가 죽음에 이른 것이다. 그를 따르는 사람들은 분노했고, 소크라테스 절친 크리톤은 사형 전날 밤 감옥을 찾아 간수를 매수해놨으니 탈옥해 도망가라고 애원했다. 그러나 그는 이렇게 말했다.

**"살 날이 얼마 남지 않은 노인이
법률을 어기면서까지
삶에 집착한다고 말할 사람이 없을까?
그만두게.
법률이 권하는 대로 하세.
다만 아스클레피오스에게 닭을 빚졌으니
나 대신 자네가 갚아 줬으면 하네."**

아스클레피오스는 그리스신화에 등장하는 의술의 신인데, 질병이 있을 때 그리스 사람들은 그의 신전을 찾아 치료받고 그 대가로 닭을 제물로 바쳤다. 학자는 죽음을 앞두고 신전에 외상값을 갚아달라는 부탁을 한 것이다. 신을 믿지 않는 죄인의 마지막 발언이 신에 대한 것이라니, 아이러니하지 않을 수 없다.

아무튼 소크라테스는 독배를 마셨다. 그런데 우리는 그를 진리를 추구했던 학자였다는 것보다 법을 지키는 시민의 표상으로 더 많이 기억한다. 1937년 일본

법학자이자 '현행법은 완전무결하다'고 주장한 실정법주의자 오다카 도모오가 소크라테스가 탈옥 대신 독배를 선택한 것을 두고 실정법을 중요시한 탓이라고 설명하면서 만들어낸 "악법도 법이다"라는 말 때문이다. 그는 일제강점기 경성제국대 법학부 교수를 하면서 제자를 양성했고, 그 제자들이 해방 후 대한민국 법학계의 중심인물들이 되면서 여과 없이 우리에게 전수됐다. 여기에 유신의 박정희정권이 이 말을 비민주적인 헌법과 법률을 강제할 도덕적 가치로서 악용했다.

"악법도 법이다"는 불합리하고 비민주적이더라도 시민이라면 일단 법을 지켜야 한다는 것이다. 그런데 이런 생각을 전면적으로 거부한 사람이 있다. 오다카 도모오보다 100년을 앞서 살았던 헨리 데이비드 소로(Henry David Thoreau, 1817~1862)다.

헨리 데이비드 소로

소로는 사회와 인연을 끊고, 매사추세츠주 월든호수가 있는 숲속에서 간소한 삶을 살았는데, 월든으로 들어와 산 지 1년쯤 지난 1846년 8월 14일이었다. 그는 망가진 구두를 고치기 위해 시내에 나갔다가 매사추세츠주 징세관에게 붙잡혔다. 6년간 인두세를 내지 않았다는 것이다.

"국민의 세금이 노예제도 유지에 들어가기에 낼 수 없다"는 게 그동안의 그의 소신이었다. 최후 독촉장을 받고도 "멕시코와 비도덕적이고 명분 없는 전쟁에 벌이는 정부라면 더더욱 세금을 못 내겠다"고 버텼다. 결국 그날 소로는 곧바로 감옥에 갇혔다. 앞뒤 상황도 듣지 않고 세금을 대신 내준 고모 덕에 수감 기간은 달랑 하루였지만.

월든호수로 돌아온 그는 그날의 경험을 바탕으로 '국가가 불의한 일을 시민들에게 강요해서 안 되며, 시민은 그러한 국가의 강요를 거부할 수 있는 권리를 가진다'는 내용을 골자로 하는 길지 않은 수필을 썼다. 1849년에 발표된 '시민불복종(Civil Disobedience)'이 그것이다.

당시 미국은 노예제도가 합법이었고, 강경한 팽창정책의 일환으로 멕시코를 짓밟고 있었다. 이에 여론은 미국정부의 입장에 동조하는 다수파와 우려를 표하는 소수파로 양분되어 있었다. 이런 때에 소로는 정부의 입장에 반대하는 자신과 의견을 같이하는 지식인들과 함께 소수라 하더라도 다수보다 도덕적 정당성에서 우위에 있다면 소수가 다수를 이길 수 있다는 의미로 '한 사람의 다수(Majority of One)'를 주장하고, 정부 등의 세납을 거부하고 탄원서를 쓰는 등 적극적으로 행동했다. 핵심은 도덕적 정당성이 다수보다 우위에 있다는 것.

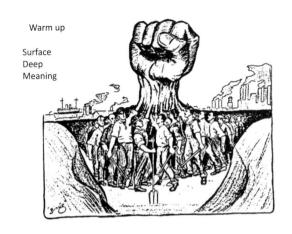

Warm up

Surface
Deep
Meaning

정 법률에 대한 저항으로서 정부의 양보나 승인·용인을 획득하려는 사회운동을 이끌었다. 이런 현대 시민불복종의 개념을 가장 명확하게 규정했던 사람은 동양과 서양의 사상으로부터 사티아그라하(saty graha, 무저항 불복종)의 이념을 발전시킨 마하트마 간디였다. 마틴 루터 킹 주니어가 이끌었던 1950~70년대의 미국의 흑인인권운동도 시민불복종의 전술과 이념을 채택했다.

그리고 부당한 다수에 저항하기 위해서는 다음과 같은 조건이 필요하다고 했다.

❖ 목적이 정당할 것
❖ 처벌을 감수할 것
❖ 비폭력을 준수할 것
❖ 최후의 수단으로 사용할 것
❖ 공공의 이익에 부합할 것
❖ 공개적으로 할 것

도덕성과 정당성이 확보돼야만 여론의 전환을 기대할 수 있으며, 부당한 권력에 대한 투쟁이므로 준법시위 외의 불법행위들을 불사할 수밖에 없고, 결과적으로 그로 인한 처벌이 있을 수밖에 없으므로 평화적이어야만 한다는 것이다. 또한 시민불복종의 근본적인 가치는 헌법과 같은 현재의 법체제가 아니라 보다 근본적이고 절대적인 보편적 가치에 있다고 봤다. 그래서 소로는 법이 불의를 행하라고 요구한다면 "법을 어겨라"라고 말했다. 소로의 시민불복종은 롤스에 와서 보다 더 확장됐다.

시민불복종은 20세기 아프리카와 인도의 민족주의운동, 미국 흑인의 시민권운동, 여러 국가의 노동운동과 반전운동에서 주요한 전술과 이념으로 전반적인 법체제나 정부 자체에 대한 거부가 아니라 특

인도의 비폭력 민족주의운동을 이끈 마하트마 간디

한편 '저항'은 시민불복종과는 다른 개념이다. 시민불복종이 현 체제의 인정 위에서 일부의 시정을 요구하는 것이라면 저항은 체제 자체에 대한 반기를 의미한다. 국가나 법이 민주주의의 기본원칙을 무시하고 국민을 무력으로 억압할 때 주로 나타나는 이유가 여기에 있다.

우리는 많은 불복종을 통해 제도의 개혁을 이뤄냈다. 또한 저항을 통해 부정선거와 국정농단을 일삼은 정권을 몰아내기도 했다. 지금 우리가 누리고 있는 자유는 권력이 '옛다'하고 내준 것이 아니라 우리 스스로 불복하고 저항하여 이뤄냈다는 자각과 자긍심을 가져도 될 만하다. 앞으로를 위해서라도!

영화와 책으로 보는 따끈따끈한
문화가 소식

뉴지컬

연극

시카고 오리지널 내한

올해로 25주년을 맞는 브로드웨이 뮤지컬 〈시카고〉의 오리지널 내한 공연이 열린다. 오리지널팀은 미국 전역 투어를 마치고 6년 만에 우리나라를 찾는다. 1975년 처음으로 무대화된 이 작품은 1996년 연출가 '월터 바비'와 안무가 '앤 레인킹'에 의해 재탄생한 뒤 25년간 무대를 지키며 브로드웨이 역사상 최장기간 공연한 미국 뮤지컬로 기록됐다. 1920년대 미국을 배경으로 살인과 탐욕, 부패와 폭력, 간통과 배신이 난무한 시대의 이야기를 펼친다. 희극과 노래, 춤이 더해진 통속적인 쇼인 '보드빌' 무대를 그대로 옮겨냈으며, 관능적인 배우들이 풍자와 위트로 가득 찬 이야기를 선사한다.

주요 출연진 벨마 켈리, 록시 하트 등
장소 블루스퀘어 신한카드홀
날짜 2023.05.27 ~ 2023.08.06

오셀로

예술의전당 전관 개관 30주년을 맞아 영국의 대문호 '윌리엄 셰익스피어'의 4대 비극 중 하나인 〈오셀로〉가 관객들을 찾는다. '토월전통연극' 시리즈의 부활을 알리는 이 작품은 등장인물들의 광기 어린 추악한 욕망과 질투, 나락으로 추락하는 고결한 사랑을 다루며, 셰익스피어의 4대 비극 중 특히 심리묘사가 돋보이는 작품으로 손꼽힌다. 배경은 베니스 공화국이며 무어인 장군 '오셀로'를 중심으로 사건이 진행되는 연극이다. 오셀로가 원로원 의원의 딸과 사랑에 빠지며 이어지는 욕망과 분노, 질투와 음모와 함께 비극적인 파국에 대해 이야기한다.

주요 출연진 박호산, 손상규 등
장소 예술의전당 CJ토월극장
날짜 2023.05.12 ~ 2023.06.04

서울재즈페스티벌 2023

2016년을 시작으로 완성도 높은 무대를 선보이며 사랑받아온 서울재즈페스티벌이 화려한 막을 올린다. 올림픽공원에서 사흘간 열리는 이번 페스티벌은 지난 1월 19일 세계적 아티스트인 브라질 출신 보사노바의 제왕 '세르지오 멘데스'와 영국의 싱어송라이터 '미카'를 비롯해 아일랜드 출신의 싱어송라이터 '데미안 라이스', 그래미 어워즈를 2회 수상한 재즈 보컬리스트 '그레고리 포터', 재즈 피아니스트 겸 프로듀서 '로버트 글래스퍼', 노르웨이 출신 싱어송라이터 '시그리드' 등 6팀을 1차 라인업으로 공개한 바 있다. 이밖에 국내의 정상급 아티스트가 총출동하는 이번 페스티벌은 관객들의 눈과 귀를 즐겁게 해줄 다채롭고 수준 높은 공연으로 가득 채워질 예정이다.

장소 올림픽공원   **날짜** 2023.05.26 ~ 2023.05.28

당신에게도 세 번의 대운은 반드시 찾아온다

SBS라디오 팟캐스트 방송 '톡톡사주'의 진행자로 활동한 사주명리상담가 '소림' 선생이 그간 수많은 사람들과 만나 상담을 해오며 깨우친 '인생'과 '운'의 이야기를 책으로 풀어냈다. 본래 심리학을 전공한 저자는 사주명리학이 상담도구로서 탁월하다는 것을 깨닫고 이를 깊이 공부하여 젊은 역술인이자 사주명리상담가로 거듭났다. 그는 연예인, 부자, 어린아이, 학생, 성소수자 등 다양한 사람들과 나눈 인생이야기를 들려주며 운명과 삶에 대한 통찰을 보여준다. 아울러 저자는 사람의 사주팔자는 좋고 나쁜 것이 없으며, 누구에게나 세 번의 대운은 찾아온다는 이야기와 함께 이를 설득력 있게 상세히 설명하고 있다.

저자 소림   **출판사** 트로이목마

요즘 어른을 위한 최소한의 맞춤법

살면서 가장 헷갈리는 맞춤법을 알기 쉽게 획기적인 방법으로 설명해주는 책이 나왔다. 남녀노소를 분문하고 문해력 논란이 불거지는 요즘 시대에 가장 필요한 책이다. 맞춤법으로 그 사람의 교양 수준을 판단하고 신뢰성까지 담보하는 시대에 우리가 일상에서 가장 혼동하고 알아야 하는 맞춤법 70가지를 골라 넣었다. '왠'과 '웬'의 구분, '심심한 사과', '봬요'와 '뵈요' 등 우리가 무심코 잘못 사용하는 말들을 제시하고, 정확한 사용법을 유쾌하게 알려준다. 직장인과 대학생, 취업준비생 등을 막론하고 다양한 계층의 이들이 보면 좋은 책이다.

저자 이주윤   **출판사** 빅피시

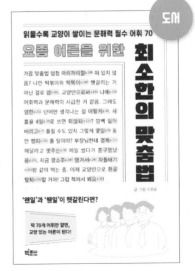

내 인생을 바꾸는 모멘텀

박재희 교수의
마음을 다스리는 고전이야기

군자는 물러나고 소인만 득실하다

천지비(天地否) – 〈주역(周易)〉

어떤 조직이든 소통(疏通)이 중요합니다. 가정은 부모와 자식들이 서로 소통할 때 화목해지고, 국가는 온 국민이 소통할 때 부국이 됩니다. 그런데 요즘 '소통의 부재'라는 말이 나옵니다. 도시와 농촌, 청년층과 장년층, 여성과 남성, 경영자와 노동자 사이의 갈등의 원인을 소통의 부재에서 찾습니다.

'주역'은 64괘를 통해 '얼마나 통하고 있는가'에 따라 조직의 흥망이 교차한다고 설명합니다. 그중에서도 12번째 괘 비(否)를 통해 최악의 소통을 제시합니다. 천지비괘(天地否卦, ䷋)는 겉으로는 정상으로 보입니다. 위에 하늘, 아래에 땅이 있으니까요. 그러나 하늘도 땅도 자신만 옳다며 군림하려 하고 서로를 배척합니다. 서로 교류하지 못하는 형상이지요. 서로 등을 지고 해볼 테면 해보자는 갈등과 반목의 형상입니다. 소통이 없습니다. 그래서 '주역'은 이를 '비인간적인 형상'이라고 말합니다. 서로 교류하지 못하니 그런 나라에는 '군자들이 내쳐진 채 소인들만 득시글거린다'고 비판합니다.

天地否
천지비
天地不交而 萬物不通也
천지불교이 만물불통야

하늘과 땅이 막혀 있구나.
하늘 땅이 통하지 않으니 만물이 불통이로다.

하지만 소통은 강요한다고 해서 가능한 것이 아닙니다. 낮은 곳으로 임하는 리더의 자세가 있어야만 이를 믿고 따르는 자발적 소통이 가능해집니다.

불통은 결국
소통으로 변합니다.

天   地   否

하늘 천   땅 지   막힐 비

포주지신(抱柱之信)

중국의 전국시대에는 종횡가(縱橫家)라고 불린 사람들이 있었습니다. 그들은 패권을 다투던 당시 각국을 돌아다니며 독특한 변설로 책략을 도모하는 사람들이었습니다. 전국칠웅(戰國七雄) 중에서 손꼽히는 강국으로 성장한 진(秦)나라가 본격적인 세력확장을 시작하면서 판도가 진나라를 중심으로 돌아가자 진나라에 대응하기 위한 외교정책이 화두가 되는데, 이때 진나라 동쪽에 세로로 죽 늘어선 여섯 나라가 동맹을 맺어야 한다는 합종(合縱, 세로로 합하다)과 여섯 나라가 각각 진나라를 섬겨 전쟁을 막자는 연횡(連橫, 가로로 연결하다)이 주요한 정책으로 떠올랐습니다. 그리고 이런 때에 종과 횡의 외교정책을 주장하며 당시의 외교판세를 바꿔나가던 이들이 바로 종횡가들입니다.

그중에 합종책을 기획한 전략가가 소진(蘇秦)입니다. 소진은 본래 동주(東周) 사람이었는데, 여러 나라를 전전한 끝에 연(燕)나라의 지원을 받아 합종을 이루기는 했으나 제나라가 배신하면서 비난을 받게 됐습니다. 이에 소진은 자신을 불신하게 된 연의 소양왕(昭襄王)에게 나아가 자신을 변호했습니다.

"만일 증삼(曾參)과 같은 효자, 백이(伯夷)와 같은 고결한 인격자, 미생(尾生)처럼 약속을 잘 지키는 사람이 전하의 신하라 하면 어떠시겠습니까?"

"더할 나위 없이 좋을 것이오."

"증삼과 같은 효자는 결코 하룻밤도 부모의 곁을 떠나 밖에서 잠을 자지 않습니다. 그와 같은 사람을 어떤 방법으로 천 리 밖 연나라에 오게 할 것이며, 어떻게 위기에 빠진 이 연나라를 위해 봉사하게 하겠습니까?

또한 고결한 인격의 백이는 고죽국(孤竹國)의 국왕 자리도 마다하고 신하가 되는 일도 달갑게 생각하지 않아 결국 수양산에 들어가 굶어 죽고 말았습니다. 그와 같이 고결한 사람을 어떻게 천 리 밖의 제나라에 가게 할 수 있겠습니까?

신의(信義)를 목숨처럼 여긴 미생은 어떠합니까? 그는 연인과의 약속을 지키기 위해 갑작스레 내린 비에 강물이 불어났음에도 자리를 뜨지 않았다가 끝내 교각을 붙든[抱柱] 채 익사하고 말았습니다. 이런 사람을 어떻게 천릿길을 가

게 해서 강대한 제나라의 군대를 물러가게 하겠습니까? 저는 대왕께 충성스럽고 성실했기 때문에 죄를 얻었을 뿐입니다."

그날 소양왕은 소진에 대한 불신을 버리고 벼슬을 내렸습니다. 하지만 같은 시대를 살았던 장자(莊子)는 미생에 대해 소진과 달리 평가했습니다.

"이런 자는 책형(磔刑, 죄인을 기둥에 묶고 창으로 찔러 죽이던 형벌)을 당한 개나 물에 떠내려간 돼지, 아니면 쪽박을 들고 빌어먹는 거지와 다를 게 없다. 쓸데없는 명목에 구애되어 소중한 목숨을 소홀히 하는 인간은 진정한 삶의 길을 모르는 놈이다."

미생의 처지에서 보면 죽음을 불사할 정도로 자신의 가치에 대한 신념을 지켰다고 볼 수 있습니다. 하지만 내일 만나도 되고 다리 위에서 기다린다는 차선책도 있는데 끝끝내 다리 밑을 고수해야 했는가, 싶은 마음이 드는 것은 어쩔 수 없습니다.

선택의 순간, 최선이라고 생각한 것을 포기해야 했을 때 우리는 '최선이 아니면 차선'이라며 스스로를 위로합니다. 그러나 차선이라는 것도 생각해보면 최선이라고 여기던 것에 문제가 생긴 탓에 어쩔 수 없이 버리고 선택한 '또 다른 최선'입니다. 산불로 국토가 신음을 토하고 있다면 굳이 '해야 할 때'에 하는 쥐불놀이는 최선이 아닙니다. 행사를 포기하는 게 오히려 최선입니다. 차선을 선택하는 것이 아니라 또 다른 최선을 선택한 것입니다. 시대

抱	柱	之	信
던질 포	살 주	갈 지	믿을 신

완전 재미있는 낱말퀴즈

¹		²			⁷
³					
				⁶	
			⁵		
⁴					

가로

❶ 유교의 도덕에서 기본이 되는 세 가지 강령과 지켜야 할 다섯 가지 도리
❸ 생산이나 생활의 기반을 형성하는 중요한 구조물
❹ 몹시 가난하고 천할 때 고생을 함께 겪어 온 아내를 이르는 말
❺ 어떤 일에 부수적으로 일어나는 바람직하지 못한 일
❻ 사물이나 현상을 주의하여 자세히 살펴봄

세로

❷ 주로 극지방에서 초고층 대기 중에 나타나는 발광 현상
❸ 사람들이 자신의 태도와 행동이 서로 모순되어 양립할 수 없다고 느끼는 불균형 상태
❺ '석가모니'의 다른 이름
❻ 남의 잘못 따위를 너그럽게 받아들이거나 용서함
❼ 병역 의무기간 동안 군 복무 대신 업무보조를 하는 경찰

<이슈&시사상식> 4월호 정답

		¹아	비	규	환
	²제	갈	량		
	주				
	³도	⁴약			
	육		⁶명	왕	성
	⁵강	원	도		
	식				

참여해주신 모든 분께 감사드립니다.
당첨되신 분께는 개별적으로 연락드립니다.

당첨선물 ·

정답을 맞힌 독자분들 중 가장 인상적인 감상평을 남기신 분께는 <발칙하고 유쾌한 별별 지식백과>, <소워니놀이터의 띠부띠부 직업놀이>, <지금 내게 필요한 멜로디>, <미국에서 기죽지 않는 쓸만한 영어 : 일상생활 필수 생존회화> 등 푸짐한 선물을 드립니다!
❖ 참여하실 때는 반드시 희망 도서를 하나 골라 기입해주세요.

취준생 맞춤 도서

 이＊훈(서울시 강동구)

취준생들을 위해 시대고시기획에서 출간하고 있는 〈이슈&시사상식〉. 최근 이슈가 된 사회현안을 파악하고 변화하는 취업시장에 민감하게 대응하기 위해 종종 읽어보는 편이다. 현재 대내외적으로 쉽지 않은 상황인 만큼 여러 사람이 함께 고민해 봐야 할 주제들 위주로 수록됐고, 취준생들에게 도움이 될 만한 정보들을 많이 제공하고 있다. 개인적으로 이 책을 통해 평소 관심 있게 보지 않았던 이슈에 대해서도 따로 찾아보는 등 변화가 생기기도 했다. 이렇게 사회정책과 흐름을 꾸준히 파악하다 보면 빠르게 바뀌는 취업시장에도 유연하게 대응할 수 있을 것 같다.

면접·논술 대비에 딱!

 김＊연(수원시 팔달구)

〈이슈&시사상식〉은 최신이슈 및 취업과 관련한 정보, 다양한 읽을거리들로 구성된 종합잡지다. 매달 읽어보지는 못하지만 여러모로 도움이 되는 내용들이 많아서 시간이 날 때마다 찾아서 읽어보고 있다. 취준생의 입장에서 이슈와 관련된 내용도 물론 중요하지만 아무래도 자격증 정보나 시사용어, 채용일정 등 실질적으로 도움이 되는 코너들을 더 관심 있게 살펴보는 편인데, 그중에서도 '답변의 기술'과 '레벨업 논술' 코너가 도움이 많이 됐다. 특히 주제에 대해 모호하게 방향만 제시하는 것이 아니라 구체적인 예시답변이 함께 기술되어 있어서 좋았다.

유용한 정보만 쏙쏙

 김＊진(하남시 미사동)

최신시사를 알고 싶지만 어떤 기준으로 봐야 할지 잘 모르겠다는 사람들에게 꼭 추천하고 싶은 〈이슈&시사상식〉! 이 책은 지난 한 달 동안 화제가 된 주요 이슈와 취업준비생들에게 도움이 될 만한 취업정보를 제공하고 있어서 나에게 필요한 내용들을 골라서 읽을 수 있다는 점이 장점으로 꼽는다. 특히 취업과 관련된 새로운 소식이나 면접에서 활용할 수 있는 콘텐츠가 수록되어 있어서 여러모로 유용하게 활용하고 있다. 또 지루하지 않도록 다양한 읽을거리도 제공하고 있는데, 잘 알려지지 않았던 내용이 소개되는 경우가 많아서 흥미롭게 읽어볼 수 있다.

쉽게 배우는 시사상식

 이＊정(서울시 마포구)

평소 시사상식에 대한 기초가 부족하다 보니 뉴스를 볼 때마다 생소한 용어와 어려운 내용 때문에 점점 뉴스를 멀리하게 되는 느낌이 들었다. 조금 더 쉽고 효율적으로 기사를 볼 수 있는 방법이 없을까 고민하던 중 〈이슈&시사상식〉이라는 잡지를 알게 됐다. 기본지식이 부족한 입장이라 어쩔 수 없이 어렵게 느껴지는 내용도 있지만, 그래도 용어설명과 함께 내용이 서술되어 있고 전반적으로 기사가 잘 정리되어 있어서 이 정도면 나도 충분히 읽을 수 있을 것 같아 꾸준히 구독해 볼 생각이다. 더불어 일반상식도 함께 공부할 수 있으니 일석이조가 아닐까 싶다.

독자 여러분 함께해요!

〈이슈&시사상식〉은 독자 여러분의 리뷰를 기다리고 있습니다. 분야·주제 모두 묻지도 따지지도 않습니다. 보내주신 리뷰 중 채택된 리뷰는 다음 호에 수록됩니다.

참여방법 ▶ 이메일 issue@sdedu.co.kr
당첨선물 ▶ 정답을 맞힌 독자분들 중 가장 인상적인 감상평을 남기신 분께는 〈발칙하고 유쾌한 별별 지식백과〉, 〈소워니놀이터의 띠부띠부 직업놀이〉, 〈지금 내게 필요한 멜로디〉, 〈미국에서 기죽지 않는 쓸만한 영어 : 일상생활 필수 생존회화〉 등 푸짐한 선물을 드립니다!
❖ 참여하실 때는 반드시 희망 도서를 하나 골라 기입해주세요.

나눔시대

함께 배우고 성장하는 배움터! (주)시대고시기획 시대교육(주) 입니다.
앞으로도 희망을 나누는 기업으로서 더 큰 나눔을 실천하겠습니다.
나눔은 행복입니다.

재외동포재단, 경인교육대학교
한국어능력시험 관련 교재 기증

장병 1인 1자격,
학점 취득 지원

전국 야학 지원
청소년, 어린이 장학금 지원

> **숨은 독자를 찾아라!**
> 〈이슈&시사상식〉을 함께 나누세요.

대학 후배들이 하루의 대부분을 보내고 있을
동아리 사무실에 〈이슈&시사상식〉을 선물하고
싶다는 선배의 사연

마을 도서관에 시사월간지가 비치된다면 그동
안 아이들과 주부들이 주로 찾던 도서관을 온
가족이 함께 이용하게 될 것으로 기대한다는
희망까지…

〈이슈&시사상식〉, 전국 도서관
및 희망자 나눔 기증

양서가 주는 감동은 나눌수록 더욱 커집니다. 저희 〈이슈&시사상식〉도 힘을 보태겠습니다.
기증 신청 및 추천 사연을 보내주세요. 사연 심사 후 희망 기증처로 선정된 곳에 1년간 〈이슈&시사상식〉을 무료로 보내드립니다.

* 보내주실 곳 : 이메일(issue@sdedu.co.kr)
* 희망 기증처 최종 선정은 2023 나눔시대 선정위원이 맡게 됩니다. 선정 여부는 개별적으로 알려드립니다.

SD에듀
(주)시대고시기획

각종 자격증, 공무원, 취업, 학습, IT, 상식부터 외국어까지!

이 시대의 모든 "합격"을 책임지는
SD에듀!

"100만명 이상 수험생의 선택!"

독자의 선택으로 검증된 SD에듀의 명품 도서를 소개합니다.

"취득" 보장! 각종 '자격증' 취득 대비 도서

각 분야의 전문가들과 집필! 각종 기능사/기사/산업기사 및 국가자격/기술자격, 경제/금융/회계 분야 자격증 등
각종 자격증 '취득'을 보장하는 도서!

직업상담사 2급

사회조사분석사 2급

스포츠지도사 2급

사회복지사 1급

영양사

소방안전관리자 1급

화학분석기능사

전기기능사

드론 무인비행장치

운전면허

유통관리사 2급

텔레마케팅관리사

"합격" 보장! 각종 '시험' 합격 대비 도서

각 분야의 1등 강사진과 집필! 공무원 시험부터 NCS 및 각종 기업체 취업 시험, 중졸/고졸 검정고시와 같은 학습 관련 시험 및 매경테스트, 그리고 IT 관련 시험 및 TOPIK, G-TELP, ITT 등의 어학 시험 등 각종 시험에서의 '합격' 을 보장하는 도서!

9급 공무원

경찰공무원

군무원

PSAT

지텔프(G-TELP)

NCS 기출문제

SOC 공기업

대기업 · 공기업 고졸채용

ROTC 학사장교

육군 부사관

한국사능력검정시험

영재성 검사

일본어 한자

토픽(TOPIK)

영어회화

엑셀